곽선희 목사 설교집
35

행복을 잃어버린 부자

곽선희 지음

계몽문화사

머리말

'복음은 들음에서'—이는 진리이며 우리의 경험입니다. 하나님께서 우리에게 주신 복 가운데 가장 큰 복은 말씀을 주신 것입니다. '말씀이 육신을 입어서 오신 것' 입니다. 말씀을 주셨고 들을 수 있게 하셨고 마음문을 열고 받아 믿게 하신 것, 참 놀라운 은혜입니다.

말씀은 단순한 지식이 아닙니다. 추상적인 이론이 아닙니다. 말씀은 선포되는 하나님의 계시적 능력인 것입니다. 말씀의 권능, 그 능력을 알고 체험하면서 비로소 '말씀 안에서 태어나는 생명적 기적' 이 나타나게 됩니다. 오늘도 그 말씀이 증거되고 새롭게 선포되고 있습니다. 설교가 곧 말씀입니다. 성령의 역사와 함께 끊임없이 이루어지는 생명의 역사입니다. 이 선포되는 말씀, 증거되는 진리를 통하여 구원의 능력은 항상 새로워집니다. 말씀 안에서 새 생명이 탄생하고 말씀 안에서 영혼이 소생하며, 그 큰 능력 안에서 우리는 강건해집니다. 우상을 이기는 능력의 사람으로 성장해가는 신비롭고 놀라운 사건을 강단에서 늘 경험하고 있습니다.

여기에 또다시 설교말씀을 모아 책자로 내어놓습니다. 소망교회 강단을 통하여 하나님께서 우리에게 주신 말씀입니다. 이제 그 말씀을 책자로 엮어 내어놓음으로써 우리가 시간과 공간을 초월하여 개별적으로 하나님을 만나게 되는 '말씀의 역사' 에 귀중한 방편이 되고자 합니다. 책자라는 그릇에 담긴 이 말씀들은 읽는 자의 마음 안에서 또다른 '말씀의 신비한 기적' 을 낳게 되리라 확신합니다.

한 시간 한 시간의 설교를 위하여 간절히 기도해주신 소망교회 성도들과 이 책자를 출간하기까지 수고해주신 여러분께 진심으로 감사를 드립니다. 그리고 또다시 영광을 오직 하나님께 돌리면서……

곽선희

차 례

머리말 ─────── 3
오직 은혜(고전 15: 3-11) ─────── 8
복의 근원이 된 사람(창 30: 25-32) ─────── 18
그 여자만 남았더라(요 8: 1-11) ─────── 29
복받은 자의 생활(신 28: 1-6) ─────── 39
풍랑 속의 고요함(막 4: 35-41) ─────── 50
지도자되게 한 지도자(행 9: 26-31) ─────── 60
신앙인의 실존의식(에 4: 10-17) ─────── 70
예수를 본받아서(롬 15: 1-6) ─────── 80
냉수 한 그릇의 의미(마 10: 40-42) ─────── 91
그의 나라와 그의 의(마 6: 28-34) ─────── 101
이 사람의 회개(눅 5: 1-11) ─────── 111
사도들의 기도(눅 17: 5-10) ─────── 122
나날이 새로워집니다(고후 4: 16-18) ─────── 133

예수의 결심(눅 9: 51-56) ——— 143
찬미를 온전케 하시는 하나님(마 21: 12-17) ——— 154
부활신앙의 증인(행 3: 11-16) ——— 164
마음과 마음의 만남(말 4: 1-6) ——— 173
그가 너를 영화롭게 하리라(잠 4: 1-9) ——— 183
십자가에 못박힌 사람(갈 2: 17-21) ——— 193
홍해의 광야길(출 13: 17-22) ——— 203
빈 집의 위험(마 12: 43-45) ——— 213
성령 충만한 자의 담력(행 4: 13-22) ——— 222
주여 뉘시오니이까(행 9: 1-9) ——— 233
행복을 잃어버린 부자(눅 12: 13-21) ——— 243
전쟁의 경륜적 속성(삼상 17: 41-49) ——— 253
원초적 사랑의 속성(요일 4: 7-11) ——— 262
게으른 자의 변명(잠 22: 11-16) ——— 272

곽선희 목사
장로회 신학대학 졸업
프린스턴 신학석사
풀러신학 선교신학박사
인천제일교회 목사
장로회 신학대학 교수 역임
숭의여자전문대학 학장 역임
서울장로회신학교 교장 역임
소망교회 원로목사

곽선희 목사 설교집 제35권
행복을 잃어버린 부자

인쇄 · 2004년 1월 5일
발행 · 2004년 1월 10일
지은이 · 곽선희
펴낸이 · 김종호
펴낸곳 · 계몽문화사
등록일 · 1993년 10월 11일
등록번호 · 제16—765호
전화 · (02)917-0656
정가 · 13,000원
총판 · 비전북 / (031)907-3927
ISBN 89-89628-09-1 03230

* 잘못 만들어진 책은 바꾸어 드립니다.

행복을 잃어버린 부자

오직 은혜

내가 받은 것을 먼저 너희에게 전하였노니 이는 성경대로 그리스도께서 우리 죄를 위하여 죽으시고 장사 지낸 바 되었다가 성경대로 사흘 만에 다시 살아나사 게바에게 보이시고 후에 열 두 제자에게와 그 후에 오백여 형제에게 일시에 보이셨나니 그 중에 지금까지 태반이나 살아 있고 어떤 이는 잠들었으며 그 후에 야고보에게 보이셨으며 그 후에 모든 사도에게와 맨 나중에 만삭되지 못하여 난 자 같은 내게도 보이셨느니라 나는 사도 중에 지극히 작은 자라 내가 하나님의 교회를 핍박하였으므로 사도라 칭함을 받기에 감당치 못할 자로라 그러나 나의 나 된 것은 하나님의 은혜로 된 것이니 내게 주신 그의 은혜가 헛되지 아니하여 내가 모든 사도보다 더 많이 수고하였으나 내가 아니요 오직 나와 함께하신 하나님의 은혜로라 그러므로 내나 저희나 이같이 전파하매 너희도 이같이 믿었느니라

(고린도전서 15 : 3 - 11)

오직 은혜

　몇년 전 중국 상하이에 갔을 때 8명의 상하이대학 젊은 교수들과 자리를 같이하여 오찬을 나눈 일이 있습니다. 다행히 그 여덟 사람이 다 영어를 충분히 잘하기 때문에 모처럼 통역 없이 아주 자유롭게 즐거운 이야기를 나누면서 특유의 좋은 중국음식을 먹을 수 있었습니다. 식사 중에 복잡한 얘기는 할 것이 아니므로 화제는 자연히 음식으로 돌아갔습니다. 중국사람들은 어떻게 이렇듯 음식을 잘 만드느냐, 세계적으로 '중국음식'하면 침을 삼키는데 도대체 그 비결이 뭐냐… 이런 얘기 저런 얘기 재미있게 하다가 '음식문화'로 이야기가 돌아갔습니다. 이야기의 초점은 이것이었습니다. 중국에서는 거의 100% 남자가 음식을 만드는데 한국에서는 전부 여자가 음식을 만든다, 이렇게 가까이 인접한 나라인데도 음식문화가 이렇게 다를 수 있나, 했습니다. 또 언젠가 그곳 농림부장관에게도 제가 물어보았습니다. 중국사람들은 남자가 음식을 만드는 걸로 알고 있는데 당신도 그렇게 하느냐고 했더니 "그럼요. 음식 하는 것은 내 취미가 되어서 괜찮데요. 그건 재미있고 좋은데 장보는 게 좀 귀찮지요" 하고 대답합니다. 장도 남자가 보는 것입니다. "오늘도 새벽에 나가서 장 봐다놓고 왔어요." 이게 장관의 말입니다. 거기까지는 그렇다치고 문제는 음식을 만들어주었을 때 그 부인이 그냥 고맙게 먹어주면 좋겠는데 탈을 잡고 잔소리가 많다는 것입니다. 뭐 이따위로 했느냐, 맛이 뭐 이 모양이냐… 이거 참 견디기 힘들다고 합니다. 아주 딴세상같지요? 그게 바로 압록강 너머의 일입니다. 인구 13억입니다, 13억. 그러니 우리, 여기 있는 남자분들 오늘 집에 가거든 부인한테 엎드려 절하십시오. 참으로 고마운 일입니다. 밥투정 해서는 안됩니다. 이렇게 한국은 여자가, 중국은 남자가 밥한다―얘기가 오고가는데 보니 교수 중에 한 사람이 아주 자랑스러운 기색이고 다른 교수들은 그 교수를 몹시 부러워하는 눈치였습니다. 왜 그런가 했더니 그 교수는 한국여자하고 결혼한 사람이었습니다. 그렇고보니 어떤 관계가 이루어지느냐―이것은 굉장히 중요한 문제입니다. 당연히 남자인 자기가 해야 될 일을 부인이 해줍니다. 더러 부인이 바쁘면 장을 봐다주는 정도입니다. 당연히 자기가 해야 될 일을 부인이 해주고 있으니 전폭적으로 은혜인 것입니다. 얼마나 고마운 일이겠습니까. 그런가하면 한국인 부인의 입장에서 보면 음식 장만은 당연히 자신의 몫입니다. 장보기부터 상차림까지. 우리네 문화 대로. 그런데 남편이 그걸 도와주는가하면 남편이 전적으로 담당할 때도 있습니다. 중국사람 특유의 솜씨로 음식을 해주는 것입니다. 고마운 일이지요. 이것도 전폭적으로 은혜인 것입니다. 이게 그대로가 신학적 문제이더라고요. 율법이냐 은혜냐. '마땅히 내가 할 일이다, 해야 된다, 의무다'―이것은 율법입니다. 그런데 내가 해야 할 일인데도 불구하고, 또 자기가 해야 될 이유가 없는데도 내게 해주었습니다. 이런 고마운 일이 없습니다. 은혜입니다. 여기서 중요한 문제를 저는 생각하였습니다. 행복이란 율법과 은혜의 긴장관계 속에서 나의 존재의식을 어디에 귀속시키느냐에 달려 있는 것입니다. 행복은 결코 물리적인 것이 아닙니다. 그 마음속에서 율법적으로 생각하느냐, 은혜적으로 생각하느냐에 달려 있는 것입니다.

    그런데 여기에 중요한 신학적 논리가 있습니다. 마르틴 루터의 신학원리입니다. 율법이 없는 은혜는 없습니다. 율법을 알아야 됩니다. 이 무서운 하나님의 법, 죄값은 사망입니다. 그 무서운 율법을 다 알고, 나는 죽어 마땅하다, 하는 율법적 심판을 받은 그 속에서 다시 은혜를 생각하게 됩니다. 그러면 전적으로 은혜입니다. 전적인 타락과 전적인 심판을 알고 비로소 전적인 은혜에 대한 긍정이 오는 것입니다. 이 원리를 우리는 잊어서는 안됩니다. 율법이 없는 은혜는 없습니다. 율법적 심판에 대한 바른 의식을 가지지 못한 사람은 은혜도 은혜인 줄 모르는 것입니다. 문제는 그래서 생깁니다.

우리가 지금 한 해를 또 보냅니다. 지난 1년 동안을 여러분은 어떻게 반성하고 회고하고 또 정산하는 것입니까? 백남준이라고 하는 예술가가 있습니다. 세계적으로 top class에 있는 한국예술인입니다. 생각해보십시오. 그가 그 정상에까지 올라가는 동안 얼마나 많은 수고를 하였겠습니까. 그러나 그는 잠깐 입원해서 병중에 있을 때 이렇게 고백하고 있습니다. "그동안 허송세월 한 것에 대하여 자신에게 화가 났다." 허송세월 한 데 대하여 나 자신에게 화가 났다—그렇다면 여러분, 도대체 얼마나 부지런하게 살아야 화가 안나겠습니까. 얼마나 열심히 살아야 그만하면 좋이 살았다고 할 수 있습니까. 백남준선생의 이 말을 다시한번 새겨봅시다. 여러분은 최선을 다했다고 생각하십니까? 부지런을 다했다고 생각하십니까? 이만하면 됐다고 생각하십니까? 아직도 여유가 많았습니다. 좀더 할일이 있었습니다. 뭔가 우리는 많이 잘못하였습니다. 그리고 지금 연말을 맞게 됩니다. 율법적 관점에서 보면 결국은 끝없는 것입니다. 자기비판, 끝이 없는 것입니다. 원망과 불평, 끝이 없습니다. 나아가 율법적 관점에서는 그대로 절망할 수밖에 없습니다. 우리가 하는 짓, 복받을 만한 것이 뭐가 있습니까? 뭘 가졌고 뭘 했다는 것입니까. 개인이나 사회나 민족이나 간에 하는 짓거리가 복받을 게 하나도 없습니다. 그런데도 지금 오늘, 우리가 이렇게 있습니다. 이야말로 전적으로 은혜가 아닙니까. 은혜 아닌 것이 없습니다. 아우구스티누스의 「참회록」에 보면 이런 말이 있습니다. '하나님이여, 말하는 것, 생각하는 것, 행동하는 것, 그 어느 것 하나 죄 아닌 것이 있었습니까.' 그런고로 오늘의 나, 이것은 이대로가 은혜라는 것입니다. 오직 은혜. 우리가 율법의 심판 앞에서 자신을 비판해볼 때 나는 점점 더 작아져서 없어지고 맙니다. 용서할 수 없는 죄인입니다. 그야말로 "만삭되지 못하여 난 자같은" 구제불능의 죄인입니다. 이것을 자인하는 순간에 우리는 오직 하나님의 은혜, 그 큰 은혜를 긍정하고 수용하고 믿고 받아들일 수밖에 없는 것이라는 말입니다.

    목사님이자 찬송가 작가인 영국의 존 뉴턴, 우리가 잘 부르는 405장 찬송 '나같은 죄인 살리신…'을 작사한 이 분의 글에 아주 유명한 말 한마디가 있습니다. '내가 만일에 천국에 가게되면 거기서 나는 틀림없이 깜짝놀랄 일 세 가지를 보게 될 것이다. 하나는, 그 사람은 틀림없이 천국에 와 있으리라고 생각했는데 와보니 천국에 그 사람이 없더라는 것이다. 또 한 가지는, 저런 사람은 천국과는 담쌓았다, 영영 구제받을 수 없는 사람이다, 생각했는데 이 사람이 천국에 와 있더라는 것이다. 또 한 가지는, 아무리 생각해도 나는 구원받을만한 사람이 못되는데 그런 나 자신이 천국에 있는 것을 알고 깜짝놀라는 것이다.' 결국은 전적인 은혜입니다. 사도 바울은 본문에서 이렇게 고백합니다. 나의 나됨은 그 자체가 근본적으로, 본질적으로 은혜라고, 오직 은혜라고. 확실하게 구체적으로 그런 은혜를 말씀하고 있습니다. 은혜를 은혜로 아는 은혜를 받았다는 것입니다.

여러분, 환경이 바뀌었다고 은혜가 아닙니다. 은혜란 깨달음에 있습니다. 은혜를 은혜로 깨닫는 은혜가 중요한 것입니다. 그것을 깨닫게 하신 것이 중요한 것입니다. 은혜를 은혜로 안다는 것이 중요합니다.

서양사람들 참 개를 퍽도 좋아합니다. 개를 사랑하여 같이 끼고 자고 먹이고 음식을 따로 만들어주고 개한테 유산까지 남겨주고, 개 죽으면 무덤에 묘비까지 만들어주고… 별짓 다 합니다. 어떻게 그럴 수 있느냐, 물어보았더니 참 무서운 소리 합니다. 개는 배반하는 일이 없다는 것입니다. 은혜를 저버리는 법이 없다는 것입니다. 자식놈도 키워놓으면 은혜를 배반하는데 개는 절대로 배신을 하지 않는다—참 기가막힌 얘기입니다. 은혜를 은혜로 알아야 되는데 은혜를 은혜로 모르니까 고마움도 없고 감사도 없고 기쁨도 없고 마지막에는 원수가 되어버립니다. 그런고로 은혜를 은혜로 안다는 것 자체가 큰 은혜인 것입니다. 여러분, 이런 것도 은혜요 저런 것도 은혜입니다, 라고 생각된다면 그거 큰 축복입니다. 똑같은 환경, 더 좋은 환경에서도 꼭 나쁜 면으로만 생각하고 꼭 부정적으로만 보아서 비꼬고 비트는 사람이 있습니다. 이것 참 구제불능입니다. 그저 이래도 감사하고 저래도 좋고, 자꾸 은혜로운 방향으로만 생각된다면 이것은 은혜입니다. 그 깨달음 자체가 은혜입니다.

사도 바울은 생각합니다. 그는 길리기아 다소에서 태어났습니다. 그 역사적인 순간, 길리기아 다소, 이방땅에서 태어났다는 것 자체가 하나님의 높은 경륜 속에서 은혜입니다. 이방인의 사도가 되기 위하여 그곳에서 내가 디아스포라로 태어났다, 하나님께서 나로 그렇게 태어나도록 하셨다—이것이 은혜입니다. 그런가하면 하나님께서 오래오래 참아주셨다―그것은 내가 미처 모르고 있었던 것입니다. 우리는 하나님의 인내 속에 내가 있음을 미처 모르고 있습니다. 내가 잘못할 때 그대로 벼락을 치셨으면 나는 애저녁에 다 끝났지요. 그러나 그 많은 죄악 중에서 짐짓 죄를 범하고 못된 짓 하고 있지마는 하나님께서는 오래오래 참아주셨습니다. 하나님의 오래 참으심, 나를 향하여 참아주신 것, 그것이 은혜인 것을 깨달았습니다.

또한 나를 하나님의 자녀로 불러주시고 또 오늘본문에 보는대로 베드로에게, 12사도들에게, 5백여 형제에게, 야고보에게 그 부활하신 거룩한 몸을 보여주셨습니다. 그래서 그들이 그리스도의 부활의 증인이 되었는데, 만삭되지 못하여 난 자같은 나에게 나타나주셨다, 나에게 계시해주셨으니 이 얼마나 큰 은혜냐, 합니다. 나같은 죄인에게 주께서 그 거룩한 영광으로 나타나주셨다―이를 감사하는 것입니다. 더 깊은 깨달음이 되는 것입니다. 그가 환난을 당할 때, 곤고를 겪을 때, 예수 이름으로 매맞을 때가 다 은혜일 뿐만 아니라 육체의 가시, 그 병 때문에 늘 쓰러지지만 이것도 은혜입니다. 왜냐하면 그리하여 나로하여금 교만하지 못하게 하시기 때문입니다. 겸손을 지켜가도록, 하나님만 의지하도록, 하나님의 사람으로 굳게 서도록 하나님께서 나에게 은혜 주신 것이라고, 큰 은혜라고 깨닫습니다. 이렇게 은혜를 은혜로 깨닫는 과정, 깨닫는 깊이, 이것 또한 하나님의 은혜임을 그는 압니다. 그래서 감사하고 있습니다.

또한 그는 은혜를 은혜로 느끼고 있습니다. 너무도 감격합니다. 그 감격으로 모든 시험과 어려움을 다 쉽게 이길 수 있습니다. 그런고로 원수도 없습니다. 늘 찬송합니다. 빌립보감옥에서 심히 매를 맞고 다 죽은 것같이 되었으나 정신이 들면 그는 찬송하였습니다.

기뻐하였습니다. 이게 얼마나 큰 축복이냐—감지덕지입니다. 이러한 감격, 충만함이 있는 것 그 자체가 은혜입니다.

보함이라고 하는 작가가 자기의 겪은 일을 하나 그의 책에 쓰고 있습니다. 사랑하는 친구네집에 가서 한 일 주일 머물러야 할 때가 있었습니다. "그저 자네집으로 알고 아랫방이든 윗방이든 냉장고든 뭐든 다 마음대로 쓰고 먹게. 그러나 한 가지는 지켜주기 바라네. 맞은편에 있는 저 방, 그 한 방은 절대로 문을 열고 들여다보지 말아주게나." 간곡한 부탁이었습니다. 왜 그럴까? 자꾸만 궁금해 못견디겠습니다. 도대체 그 방 안에 뭐가 있기에? 하지만 친구의 간곡한 부탁이므로 약속을 지켜가고 있었는데, 어느날 밤중 잠결에 무슨 소리가 들려 눈을 떴습니다. 소리는 바로 그 의문의 방에서 나는 것이었습니다. 호기심에 자기침실을 나와서 보니 마침 그 방 문이 조금 열려 있었습니다. 그 문틈으로 소리를 듣게 되었습니다. 잠깐 안을 들여다볼 수도 있었습니다. 보니 그 사랑하는 친구의 어머니되는 분이 침대 곁에 무릎을 꿇고 앉아 있습니다. 침대에는 스무 살쯤 되어보이는 한 청년이 천장만 쳐다보고 누워 있습니다. 어머니는 기도를 하면서 눈물로 호소합니다. "내가 너를 낳았다. 내가 너에게 생명을 주었다. 나는 오늘까지 정성을 다하여 너를 돌보았다. 나는 너를 사랑한다. 내가 너에게 베푼 사랑을 되돌려받겠다는 것은 아니다. 그러나 네가 내 사랑을 느끼고 그저 한번 웃는 얼굴을 보여다오. '나는 이렇게 사랑을 받아서 행복합니다'하고 한번 웃어봐다오." 애타게 호소하고 있더라는 것입니다.

여러분, 우리는 하나님의 은혜를 많이 받고 사는데 기뻐할 줄을 모릅니다. 행복할 줄도 모릅니다. 이 얼마나 답답한 일입니까. 여러분이 자녀들 위해서 수고 많이 합니다. 내가 정성을 다했으면 자녀는 그저 '아버지 어머니 감사합니다'하고 행복해주었으면 좋으련만 그렇지 않은 경우가 많습니다. 심지어는 나를 왜 낳아주었느냐고 원망하는 일까지 있습니다. 이것은 큰 죄입니다. 은혜를 은혜로 느끼지 못하는 것, 참으로 불행한 일입니다. 사도 바울은 빌립보서 2장에서 말씀합니다. "만일 너희 믿음의 제물과 봉사 위에 내가 나를 관제로 드릴지라도 나는 기뻐하고 너희 무리와 함께 기뻐하리니"—은혜에 충만하고보니 이대로 피를 쏟고 죽어도 나는 좋다, 합니다. 나는 좋다, 나는 행복하다—은혜를 은혜로 알고 충만히 감격해서 사는 것, 그것이 바울의 은혜에 대한 느낌입니다.

또한 그는 은혜를 능력으로 체험하는 그런 은혜를 감사하고 있습니다. "내게 주신 그의 은혜가 헛되지 아니하여 내가 모든 사도보다 더 많이 수고하였으나"라고 말씀합니다. 헛되지 않았다—은혜가 생산적이라는 말씀입니다. 은혜가 곧 능력으로 나타나고 가능성으로 나타나고, 지혜로 나타난다는 말씀입니다. 생명력으로 솟구친다는 말씀입니다. 사실이 그렇습니다. 은혜가 충만할 때 이 은혜는, 이 감사하는 마음은 생동력으로 나타나는 것입니다. 그래서 내가 큰일을 할 수 있었다—이것을 감사하고 있는 것입니다. 하나님께서 내게 직분을 맡기신 것도 은혜입니다. 특별히 직분을 감당하게 하신 것도 은혜입니다. 하찮은 나를 통해서 위대한 역사를 이루어가시는 것, 그것이 은혜입니다.

더러 어떤 분들이 제가 소망교회를 세우고 이만큼 하였다고해서 무슨 굉장한 일이라도 되는 것처럼 "목사님 큰일 하셨어요"하고 말합니다. 저는 그럴 때마다 말합니다. "죄송합니다. 큰일 한 것도 없고 열심히 한 것도 없고…" 아무리 생각해도 저는 큰일 한 것 없습니다. 다만 하나님께서 내게 주신 은혜를 통하여 당신의 일을 이루어 가시는 것일 뿐입니다. 이것을 알아야 합니다. 내게 직분을 맡기시고, 감당하게 하시고, 하나님 스스로 영광을 받으시는 것입니다. 내게 주신 은혜가 헛되지 아니하여 이같은 일을 이루었다, 그런고로 내가 아니요 오직 하나님의 은혜다―이러한 결산이 있어야 하겠습니다.

성도 여러분, 여러분은 지난 일 년을 어떤 시각으로 되돌아보고 있습니까? 후회할 것도 없고 자책할 것도 없습니다. 절망하지도 맙시다. 깊이깊이 생각해보십시오. 은혜 아닌 것이 없습니다. 이대로가 은혜입니다. 현재가 은혜입니다. 받은바 은혜, 너무너무 큽니다. 은혜를 은혜로 깨닫고, 은혜로 느끼고―그리할 때 이 은혜는 솟구치는 생명력으로 밝은 미래를 창출하게 되는 것입니다. 삶의 힘이요, 용기요, 지혜가 될 것입니다. 오직 은혜, 그 은혜 가운데서 새해를 맞게 되기를 바랍니다. △

복의 근원이 된 사람

라헬이 요셉을 낳은 때에 야곱이 라반에게 이르되 나를 보내어 내 고향 내 본토로 가게 하시되 내가 외삼촌에게 일하고 얻은 처자를 내게 주어 나로 가게 하소서 내가 외삼촌께 한 일은 외삼촌이 아시나이다 라반이 그에게 이르되 여호와께서 너로 인하여 내게 복 주신 줄을 내가 깨달았노니 네가 나를 사랑스럽게 여기거든 유하라 또 가로되 네 품삯을 정하라 내가 그것을 주리라 야곱이 그에게 이르되 내가 어떻게 외삼촌을 섬겼는지, 어떻게 외삼촌의 짐승을 쳤는지 외삼촌이 아시나이다 내가 오기 전에는 외삼촌의 소유가 적더니 번성하여 떼를 이루었나이다 나의 공력을 따라 여호와께서 외삼촌에게 복을 주셨나이다 그러나 나는 어느 때에나 내 집을 세우리이까 라반이 가로되 내가 무엇으로 네게 주랴 야곱이 가로되 외삼촌께서 아무것도 내게 주실 것이 아니라 나를 위하여 이 일을 행하시면 내가 다시 외삼촌의 양떼를 먹이고 지키리이다 오늘 내가 외삼촌의 양떼로 두루 다니며 그 양 중에 아롱진 자와 점 있는 자와 검은 자를 가리어 내며 염소 중에 점 있는 자와 아롱진 자를 가리어 내리니 이같은 것이 나면 나의 삯이 되리이다

(창세기 30 : 25 - 32)

복의 근원이 된 사람

　헤르만 헤세의 「어거스터스」라고 하는 작품에 나오는 이야기입니다. 오랫동안 자식이 없어서 몹시도 초조하게 기다려오던 어느 부부가 마침내 아들을 낳았습니다. 온집안이 기뻐합니다. 산모의 기쁨은 더더욱 말할수없었습니다. 그러한 때에 밤에 신비한 노인이 이 산모에게 나타나서 "이 아기를 위해서 한 가지 소원을 말하라. 그 소원은 내가 꼭 들어주마"하고 말하는 것입니다. 산모는 생각하였습니다. 딱 한 가지라고 하니 잘 생각해보지 않을 수 없었습니다. 무슨 소원을 말할까? 많이 생각하다가 이렇게 이야기하였습니다. "지금 낳은 이 아들은 앞으로 모든 사람으로부터 사랑을 받는 그런 사람으로 살아가게 해주십시오." 노인은 대답합니다. "알았다. 네 소원을 들어주마." 이 아이는 자라면서 부모님의 사랑을 받고 형제의 사랑을 받고 선생님의 사랑을 받고 이웃의 사랑을 받고… 온통 사랑을 독차지하고 많은 칭찬을 받습니다. 어느날 그 노인이 아이의 어머니에게 다시 나타났습니다. "그래, 만족스러우냐?" 노인이 묻자 여인은 생각을 바꾸었습니다. 왜냐하면 아이가 늘 사랑만 받으니까 제가 당연히 사랑받아야 되는 자인 줄 알고 이기적이고 자기중심적이고 교만하고 걷잡을수없이 극단적인 정신적 미숙아로 자라게 되었기 때문입니다. 그래서 어머니는 노인 보고 "이제는 사랑받기보다 사랑할 줄 아는 사람, 베풀 줄 아는 사람이 되게 해주십시오"하고 간곡하게 구하였다고 합니다.
　여러분, 참행복은 어디에 있습니까? 우리는 내 소원이 이루어지면 되겠다고, 출세하면 되겠다고, 재물을 얻으면 되겠다고 생각을 합니다. 심지어는 그저 병 없이 늘 건강해도 좋겠다고 합니다. 욕망이 많습니다. 새해에 들어서 또다시 욕망이 있습니다. 그러나 이상하게도 우리의 소원 가운데는 '하나님이여, 금년에는 베푸는 사람이 되게 해주소서'하는 소원이 없습니다. '어떻게든지 남을 섬기는 사람이 되게 해주십시오. 위로받기보다는 위로하는 사람으로 살아가게 해주십시오.' 이 소원이 없는 것입니다. 사실은 이것이 아니고는 행복은 없습니다. 여기에 이르지 않고는 그 누구도 행복하지 못합니다. 이것을 잊지 말 것입니다.

　　창세기 12장은 신구약을 막론하고 매우 중요한 사건이 기록된 말씀입니다. 하나님께서 아브람을 선택하시고 고향과 친척을 떠나라, 명령하시면서 그에게 약속을 주십니다. "너는 복의 근원이 될지라." 여러분, 이것을 깊이 생각하십시오. 네가 복되게 살리라, 하신 것이 아니고 "너는 복의 근원이 될지라" 하십니다. 물론 너 자신도 행복해야겠지, 하지만 너로 인해서 많은 사람이 복을 받으리라─이 얼마나 큰 축복입니까. 여러분 아시는대로 내가 아무리 배부르면 뭐 합니까, 주변에 굶는 사람이 많은데. 내가 아무리 좋은 집에 살면 뭐 합니까, 내 문간에 하루종일 거지가 찾아오는데. 내 주변사람들이 이렇게 불행한데 난들 어떻게 복되다는말입니까. 그것은 결코 복이 아닌 것입니다. 좀더 적극적으로 생각하면 오히려 나로 인해서 다른 사람들이 행복해지는 것, 나로 인해서 다른 사람들이 복을 받는 것, 그것이야말로 나의 복인 것입니다. 하나님께서 "복의 근원이 될지라" 하십니다. 나로 인해서 다른 사람들이 복을 받는 것입니다. 아브라함은 그러했습니다. 한평생 발붙일 만큼도 땅을 얻지 못하고 나그네로 살았습니다. 아브라함이 부자도 아니고 자식이 많은 사람도 아닙니다. 부귀권세 없습니다. 한평생 천막 걷어 지고 유목민으로 이리 방황하고 저리 방황하고 이리 쫓기고 저리 쫓기고 살았습니다. 그러나 그는 복의 근원이 되었습니다. 아브라함으로 인해서 모든 민족이, 모든 나라가, 모든 사람이 복을 받게 되었습니다. 복의 근원이 되리라—얼마나 깊고 귀중한 말씀입니까.

　일본의 하루야마 시게오라고 하는 의사가 쓴 책 (여러번 제가 강단에서 말씀을 드렸으므로 이 책을 읽으신 분이 많을 것입니다. 그런데 목사의 말을 영 안듣는 사람들은 보라고 권해도 영 안보고맙디다)「뇌내혁명(腦內革命)」은 신앙적인 책은 아니지만 한 번쯤 꼭 읽을만한 책입니다. 우리나라에서도 한 3년 전에 번역되어 나왔고, 지금까지도 많은 사람들에게 읽히는 베스트 셀러의 하나입니다. 이 책에서 저자는 다음과 같은 것을 말합니다. 사람에게 제일 중요한 것이 뭘까, 아마도 건강일 것이다, 건강이 복의 근원이다, 합니다. 병들고 행복한 법 없습니다. 병들고야 돈이면 뭐하고 부자면 뭐합니까. 명예면 뭐합니까. 어떻게 하면 건강하게 살 수 있을까—이것을 연구해서 내놓은 책입니다. 그는 요약해서 이렇게 말합니다. 첫째, 피곤치 않게 살 것이다, 무슨 일이든지 너무 무리하지 말고 몰두하지 말고 피곤치 않게 건강을 돌보며 살아야 된다, 합니다. 두 번째는 적절하게 잠을 자야 된다, 하였습니다. 잠까지 설치면서 뭘 하겠다는 것은 미련한 짓이다, 잠을 잘 자야 되겠다, 하였습니다. 또하나는 식욕을 절제해야 한다는 것입니다. 먹고 싶다고 많이 먹고, 먹고 싶지 않다고 안먹고 해서는 건강할 수가 없다, 식욕을 절제할 줄 아는 인격이라야 한다, 하였습니다. 그 다음에는 화를 내지 말라, 하였습니다. 화내면 나쁘다는 것을 누가 모르겠습니까마는 좌우간 건강에는 해로운 것입니다. 화를 내지 말아야 한다, 곧 마음을 다스려야 하겠다, 하였습니다. 또한, 계속적으로 두뇌활동을 하여야 한다, 하였습니다. 자꾸 생각을 하여야 한다는 것입니다. 그래 얼마전에 세상을 떠난 어느 노시인은 늘 하루종일 계속해서 무슨 강, 무슨 강, 무슨 산, 무슨 산, 하고 산 이름, 강 이름을 외었다고 합니다. 정신이 흐려지면 안되니까, 뇌를 사용하여야 되니까. 세계의 많은 강 이름까지 다 외었다는 것입니다. 어쨌든 머리를 많이 써야 건강합니다. 멍청하게 앉아 있으면 치매걸리기 십상일 뿐더러 몸도 뒤틀려집니다. 그렇기 때문에 머리를 많이 써야 한다, 하는 것입니다. 뇌의 건강운동을 하는 것입니다. 그리고 적당한 육체운동을 하여야 한다― 이렇게 서술하고 있습니다. 그런데 이런 것 다 말하고나서 다시 깊이깊이 생각해본즉 그것들보다 더 중요한 것이 빠졌더라, 그것은 바로 마음의 평안이더라, 하였습니다. 그게 55%입니다. 마음을 다스리고 마음이 평안하여야 되겠다, 하고는 또다시 연구를 깊이 한 나머지 제2권에 가서 또 말합니다. 정말 마음이 평안해지려면 어떻게 하여야 되겠는가? 나름대로 생각을 많이 해보고 그는 중심부에서 이렇게 말합니다. 아무 조건 없는, 무조건적인 봉사, 아무런 바램이 없는 희생적 봉사를 할 때 비로소 사람은 정신이 가장 맑고 또 몸이 건강해질 수 있다는 것입니다. 희생적 봉사를 할 때, 자원봉사를 할 때는 대뇌피에서 아주 고질의, 높은 질의 엔도르핀이 펑펑 쏟아져나오는데 이럴 때는 아드레날린은 전혀 나오지 않는다고 합니다. 그래서 어떤 병균도 이길 수 있고 건강할 수 있다, 하는 것이 결론입니다. 여러분, 알아서 하십시오. 이것만은 분명합니다. 베풀지 아니하고는 절대로 평안할 수 없습니다. 평안하여야 여러분이 가진 건강도 지킬 수 있고 모든것을 지킬 수 있는 것입니다.

　요새 우리는 너무나도 슬픈 이야기를 많이 듣습니다. 정치 한다는 사람들, 경제 한다는 사람들 물고찢고 싸우느라 정신이 없습니다. 시기, 질투, 모략, 중상… 언제까지 이럴 것입니까. 정말 목불인견(目不忍見)입니다. 모택동영감의 어록이 생각납니다. 그는 이렇게 말했습니다. '칼이 없는 전쟁이 정치다. 칼이 있는 정치가 전쟁이다.' 우리는 지금 전쟁을 하고 있는 것입니다. 피비린내나는 전쟁을 하고 있습니다. 이러고 이 땅에 복이 임하겠습니까. 오늘 깊이 생각하여야 될 문제입니다. 하나님의 뜻은 여기에 있습니다. 하나님께서는 이렇게 답답하고 괴로운 세상을 다 보시면서도, 우리생각에는 어찌생각하면 천지개벽을 해서 당장 '화끈하게' 문제를 처리하셔야 될 것같으나 그러지 않으십니다. 한 사람을 선택하시고, 한 가정을 선택하시고, 한 민족을 선택하셔서 그를 통하여 서서히, 마치 겨자씨를 보는 것같이, 씨뿌리는 비유말씀에서와 같이 조용히조용히 하나님의 구원의 역사를 이루시는 것을 볼 수 있습니다. 이것이 창세기 12장에 나타난 선택의 도리입니다. 하나님께서는 만백성을 구원하고자 하시면서 한 사람을 먼저 선택하셨습니다, 먼저. 그 다음에는 그가 선택받은 자로, 하나님의 사람으로 하나님과 동행하며 살아가기를 원하십니다. 그런가하면 하나님의 사람 된 증인으로 살기를 원하십니다. 그를 통해서 하나님께서는 많은 사람이 구원받는 것을 좋아하십니다. 이것이 바로 인격적 구원입니다. 물리적이고 기회론적이고 운명적이고, 무슨 천지개벽을 하는 방법이 아닙니다. 정말 인격적입니다. 한 사람 한 사람을 감화하고 중생케 하고 가르치고 바로잡고, 그리고 그 역사가 파급, 파급, 파급되어서 위대한 역사를 이루어가도록—여러분, 이것이 인격적 하나님의 구원의 방법입니다. 보십시오. 노아홍수 때 많은 사람이 범죄하였습니다. 도저히 그냥 보실 수가 없어서 홍수로 멸하고자 하실 때, 보십시오. 망하는 데 무슨 준비가 필요합니까. 당장 쳐서 없애면 그만이지요. 그런데 그러지 않으셨습니다. 노아라고 하는 한 사람을 부르십니다. "방주를 만들어라." 120년 동안입니다. 방주 만드는 데 120년 걸린 것이 아닙니다. 문제는 120년이 집행유예의 기간이요, 선교기간이요, 구원을 기다리는 기간이었다는 것입니다. 노아의 식구들을 통하여 전체가 감동 감화 되어서 이 진노를 면하고 구원받기를 원하시는 하나님의 경륜이 거기 있습니다. 그러나 저들은 이것을 이루지 못했습니다. 노아의 여덟 식구만 구원받고 나머지는 다 홍수에 죽어갑니다. 또한 출애굽기를 보면 이스라엘백성이 크게 범죄하였을 때 하나님께서 크게크게 진노하십니다. 당장 전부 진멸하겠다고 하시는데 모세라는 사람 하나가 하나님 앞에 서서 간절하게 중보적 기도를 드립니다. 이로써 진노를 거두시는 것을 성경에서 읽을 수 있습니다(출 32:32-34). 또, 요셉은 분명히 애굽으로 팔려간 하나의 노예입니다. 보디발이라고 하는 사람의 집에 팔려간 노예입니다마는 그 요셉이 거기에서 하나님 앞에 신앙적으로 바로 서고 윤리적으로 바로 서고 도덕적으로 바로 서고 하나님의 사람으로 살아갈 때 하나님께서는 요셉을 위하여 그 집에 복을 주십니다. 그 집 안주인은 요사스러운 여자였습니다. 그 남편 보디발도 우상을 섬기는 사람이었습니다. 복받을 것은 없습니다. 그러나 요셉이 그 집에 있는 동안 요셉으로 말미암아 하나님께서 그 집에 복을 주십니다. 그 덕에 보디발도 형통하여 하는 일이 다 잘되었다는 것입니다. 요셉 그는 복의 근원이었던 것입니다.
 신약으로 돌아와봅시다. 여기 로마로 가는 배 한 척이 있습니다. 276명이 타고 가는 중인데 그들의 행동으로 보아서는 이 배는 파선될 수밖에 없었습니다. 선장도 백부장도 선주도 못됐습니다. 그러나 그 가운데는 바울이라는 사람 하나가 있습니다. 이 바울 때문에 하나님께서는 그 배를 무사하게 하십니다. 네가 가이사 앞에 서야 하겠다—그 경륜 때문에 그들은 다 무사했고 하나님께서 말씀하십니다. '저들의 생명을 네 손에 붙였느니라.' 너 때문에 이 사람들을 살려준다—이런 귀한 말씀이 있습니다(행 27:24). 이, 복음이 아니겠습니까. 소돔과 고모라가 멸망할 때도 하나님께서는 의인 열 명을 찾으십니다. 의인 열 명만 있으면 이 성을 사하리라—그러나 열 명이 없었습니다. 예레미야 5장 1절에 하나님 말씀하십니다. 너는 예루살렘 거리를 왕래하며 하나님을 찾는 사람 하나를 만나라, 그런 사람 한 사람만 있어도 이 성을 사하리라, 하십니다. 바로 이런 사람들이 복의 근원입니다. 망하는 세상이지만 이 사람이 꼭 필요합니다. 이 사람만 있으면 망하지 않습니다. 이것을 깊이 생각하여야 합니다. 신학적으로 깊이 연구해보면 노아홍수 이전에 하나님께서는 에녹이라는 사람을 미리 데려가셨습니다. 에녹을 데려가신 다음에 내려치셨습니다. 에녹이 있는 세상을 하나님께서 심판하시지 못합니다. 그것이 하나님의 역사입니다. 그의 의와 그의 믿음과 그의 진실과 그의 순종을 보시고, 그 한 사람을 보시고 전체를 사하십니다. 그 한 사람을 보시고 진노를 멈추시고, 때로는 거두십니다. 왜요? 이 한 사람을 통해서 파급효과가 이루어지기를 기다리시기 때문입니다. 그래서 전체에 대하여 참으십니다. 이 의미, 역사에 기대를 걸고 하나님께서는 진노를 참으시는 것입니다.
    그리고 하나님의 사람들에게 복을 주십니다. 하나님 기뻐하시는 사람들에게 복을 주십니다. 그들이 괴로워하고 슬퍼하는 것을 하나님께서 원치 않으십니다. 하나님께서 한 아버지에게 복을 주실 때 자식이 망하는 것을 눈으로 보도록 하지 않으십니다. 한 어머니에게 복을 주실 때 그 자식이 잘못되는 것을 그 어머니가 보도록 내버려두지 않으십니다. 이것을 알아야 합니다. 하나님께서는 당신의 사람들이 행복하게 살기를 원하십니다. 그 행복 중에 이웃사람들도 다 평안하기를 바라시는 마음이 있습니다. 다른 사람들은 다 죽어가고 고생하고 너 하나만 살리리라—그런 하나님이 아니십니다. 그것은 행복도 아니고요. 더불어 기뻐하고 다같이 행복하여야만 행복이 아니겠습니까. 그런고로 하나님의 사람 하나를 위하여 그 이웃과 그 가정과 그 가문과 그 전체를 참아주시고 기다려주시고 복주시는 것을 볼 수 있습니다.
    오늘본문에 보면 라반이라고 하는 사람이 나옵니다. 이 사람은 거짓말도 잘하고 욕심도 많습니다. 또 우상섬기는 사람입니다. 그러나 이 집에 그의 조카 되는 야곱이 있습니다. 야곱이 와서 머슴살이를 하고 있습니다. 이 머슴 하나를 보시고 하나님께서 이 집에 복을 주시는 것입니다. 라반도 눈치가 있었습니다. 그 사실을 알고 있습니다. 나는 복받을 사람이 못되지만 너 때문에 하나님께서 우리집에 복을 주신다는 것을 내가 깨달았노라—이 한마디가 아주 귀합니다. 그 깨달음이 아주 중요한 것입니다. 그 증거가 아주 중요한 것입니다. 너 때문에 하나님께서 내 집에 복을 주신 것을 아노라, 그런고로 가지 말고 여기 있어다오—이 얼마나 아름다운 이야기입니까. 야곱은 하나님의 사람입니다. 하나님을 믿고 살 뿐 아니라 윤리면에서도 반듯하게 살았습니다. 진리 안에 살고 진실하게 살고 충성되게 살았습니다. 하나님께서 야곱을 보시고 라반의 집에 복을 주셨습니다.

확실한 지도자가 요새처럼 필요한 때는 없었던 것같습니다. 어느 때든지 그랬지마는 지도자 한 사람이 얼마나 중요합니까. 귀한 지도자 한 사람이 이렇게 아쉽습니다. 요새는 리더십에 관해서도 학문이 많이 발전하고 있습니다마는 리더십에 몇가지가 있습니다. 요새와서 소유경영인이니 전문경영인이니 하고 '경영인'이라는 말을 많이 합니다. 사장님이다 회장님이다 재벌이다 하는 사람들은 '이건 내 소유다, 내꺼다, 내가 왕이다'하고 틀어쥐고 있지요. 이런 경영, 이것 가지고는 안됩니다. 그래서 소위 구조조정을 해가지고 전문경영인에게 경영권을 돌려라, 하는데 이게 바로 오늘의 사회문제가 아닙니까. 전문경영인가지고 되는 게 아닙니다. 그 위에 '인격경영인'이 있습니다. 모든 사람이 기쁨으로 즐거움으로 열심히 일할 수 있도록 분위기를 만들어주어야 합니다. 그래야 이 나라도 살고 경제도 사는 것입니다. 이것보다도 더 나아가 신학적으로 말씀드리면 오늘 여기 '신앙적 경영인'이 절실히 필요합니다. 하나님께서 보실 때 그 사람을 보시고 그 회사에 복을 내리시고, 하나님께서 그 사람을 보시고 그 가정에 복을 내리시고 그 민족에게 복을 내리실 수 있는, 그러한 복의 근원이 필요한 것입니다.

여러분, 세상이 어둡습니다. 우리눈에 보이는 것, 우리귀에 들리는 것이 다 못마땅합니다. 그러나 언제까지 세상탓만 하겠습니까. 문제는 나 하나의 문제입니다. 내가 복의 근원이 될 때 내가 속한 직장이 삽니다. 내가 속한 가정이 삽니다. 여러분, 세상 너무 탓하지 마십시오. 세상이 달라지기를 바라고, 눈이 돌아가게 변하기를 바라고 몸부림치지 마십시오. 하나님께서는 오늘도 기다리고 계십니다. 여러분이, 우리가 다같이 복의 근원이 되기를 바라십니다. 그러할 때 이 민족 앞에 하나님께서는 큰 복을 더하실 것입니다. 기도의 사람, 진실의 사람, 믿음의 사람, 순종의 사람, 하나님께서 함께하시는 사람, 그 몇사람으로 인해서 하나님께서는 이 땅에 복을 내리실 것입니다. △

그 여자만 남았더라

예수는 감람산으로 가시다 아침에 다시 성전으로 들어오시니 백성이 다 나아오는지라 앉으사 저희를 가르치시더니 서기관들과 바리새인들이 간음 중에 잡힌 여자를 끌고 와서 가운데 세우고 예수께 말하되 선생이여 이 여자가 간음하다가 현장에서 잡혔나이다 모세는 율법에 이러한 여자를 돌로 치라 명하였거니와 선생은 어떻게 말하겠나이까 저희가 이렇게 말함은 고소할 조건을 얻고자 하여 예수를 시험함이러라 예수께서 몸을 굽히사 손가락으로 땅에 쓰시니 저희가 묻기를 마지 아니하는지라 이에 일어나 가라사대 너희 중에 죄 없는 자가 먼저 돌로 치라 하시고 다시 몸을 굽히사 손가락으로 땅에 쓰시니 저희가 이 말씀을 듣고 양심의 가책을 받아 어른으로 시작하여 젊은이까지 하나씩 하나씩 나가고 오직 예수와 그 가운데 섰는 여자만 남았더라 예수께서 일어나사 여자 외에 아무도 없는 것을 보시고 이르시되 여자여 너를 고소하던 그들이 어디 있느냐 너를 정죄한 자가 없느냐 대답하되 주여 없나이다 예수께서 가라사대 나도 너를 정죄하지 아니하노니 가서 다시는 죄를 범치 말라 하시니라

(요한복음 8 : 1 - 11)

그 여자만 남았더라

　　본문내용은 여러분이 너무나 잘 아는 이야기요 또 사건입니다. 이 본문을 읽을 때마다 저는 늘 세 가지의 질문을 하고 싶습니다. 하나는, 예수님께서 무슨 글씨로 땅에 쓰셨을까입니다. 당시에는 히브리말도 있고 아람말도 있고, 헬라말도 있고 로마말도 있었습니다. 이 복잡한 언어문화 안에서 예수님께서는 땅에다가 어느 말로 글을 쓰셨을까? 그리고 무엇이라고 쓰셨을까? 왜 말씀으로 하시지 아니하고 땅에다가 글을 쓰셨을까? 그런 궁금한 마음이 있습니다. 또하나는, 간음이라는 것이 혼자만 범하는 죄가 아닙니다. 한 남자와 한 여자가 만나서 간음죄를 지었을 것인데 여자는 끌려왔다, 남자는 지금 어디에 있는가? 그것이 궁금합니다. 레위기 20장 10절이나 신명기 22장 22절에 보면 간통죄에 대하여는 그 남녀를 함께 죽이라 하였습니다. 한데 지금은 남자는 어디 있고 여자만 끌려와서 이렇게 비참한 일을 당하게 되었을까? 궁금한 것은 또하나 있습니다. 예수님께서 이 여자에게 말씀하시기를 "가서 다시는 죄를 범치 말라"하고 용서하시는데, 만일 이 여자가 나가서 다시 범죄하고 두 번째로 붙들려왔다면 예수님께서 그때는 뭐라고 하셨을까? 그것이 알고 싶습니다.
　　오늘의 이 사건은 예루살렘성전에서 된 사건입니다. 성전마당에서 된 사건입니다. 사람들이 여자를 끌고온 것에 대하여 오늘 성경에는 그 목적이 기록되어 있습니다. 예수님을 제소(提訴)하기 위해서입니다. 예수님을 책잡아서, 올무로 옭아서 십자가에 못박으려고 이같은 사건을 만들었다는 것입니다. 어디 간음한 여자가 이 여자뿐이었겠습니까. 문제는 이렇게 함으로써 예수님을 난처하게 만들자는 데 있었습니다. 당시는 로마가 이 나라를 지배하고 있는 때입니다. 이 나라에서 사형집행권은 반드시 로마총독에게 있습니다. 로마총독이 아니고는 누구도 어떤 죄도 정죄할 수 없습니다. 그러니, 만일 예수님께서 율법대로 '쳐라'하시는 날이면 로마총독만이 지닌 사형집행권을 정면으로 범한 것이 되므로 반역죄로 몰아갈 구실이 되고, 또 만일 예수님께서 자비의 마음으로 '치지 말라'하시면 율법을 거역하는 것이 되어 이 또한 문죄할 구실이 되는 것입니다. '메시야라고 하는 이 사람은 모세의 법을 어긴 사람이다. 모세의 법을 거역하라고 가르친 사람이다'하고 떠들어댈 참입니다. 이래서 예수님과 백성을 이간시키려고 하는 것입니다. 이러한 시간에 예수님께서는 소중한 기회를 포착하시고 더 소중한 교훈을 말씀하고 계시는 것같습니다. "죄 없는 자가 먼저 돌로 치라"—저는 이런 생각을 합니다. 그래도 이때는 사람들이 양심이 한줌이라도 있어서 이 말을 듣고 다 하나씩하나씩 차례로 돌아갔다고 하지마는 만일에 요새 이런 일이 있다면 저마다 돌을 집어들어 칠 것입니다. 나는 죄없는 사람이다—이렇게 자신을 증거하기 위해서 열심히 돌로 칠 것입니다. 그러나 이 당시 사람들은 그래도 일말의 양심이 있어서 다들 피해갔다, 합니다. "저희가 이 말씀을 듣고 양심의 가책을 받아…"

예수님께서 땅에 글을 쓰십니다. 왜 쓰실까? 그 이유가 있다면 모름지기 심리학적인 것같습니다. 저들을 cool down시키겠다는 것입니다. 현대미국의 신학자 라인홀트 니버(Reinhold Niebuhr)의 기도문을 기억하실 것입니다. "하나님이여, 고칠 수 있는 것에 대해서는 그것을 고칠 수 있는 용기를 주시고, 고칠 수 없는 것에 대해서는 그것을 받아들일 수 있는 냉정함을 주시옵소서. 그리하여 고칠 수 있는 것과 고칠 수 없는 것을 식별하는 지혜를 주십시오." 세 가지를 구합니다. 용기, 냉정, 그리고 지혜 — courage, sincerity, 그리고 wisdom. 그런데 오늘 이 시간은 냉정이 필요한 시간입니다. 이 사람들은 지금 격분했습니다. 정신들이 없습니다. 분노했습니다. "저희가 묻기를 마지 아니하는지라" — 재촉하고 있습니다. 군중심리가 발동했습니다. 떼로 모여서 고함치며 돌을 들어 여인을 막 치려는 순간입니다. 예수님께서는 일단 저들의 흥분상태를 가라앉히려 하십니다. 냉정을 찾도록 하시려는 것입니다. 밝은 이성과 밝은 양심을 가지고 깊이 생각하게 하시려는 것입니다. 그것이 필요합니다.

'야만인'이라는 말이 있습니다. 야만인이 뭡니까. 그 특징이 많이 있겠습니다마는 그 중의 하나가 감정주도적이라는 것입니다. 화가 나면 정신을 못차립니다. 인사불성이 되어 제 집 제 재산도 다 때려부숩니다. 가문 망신시키고 자손만대에 망신할 짓도 막 저지르는 것입니다. 이것이 야만입니다. 야만인들이 족속들끼리 싸울 때는 한번 화가 났다하면 모조리 다 죽여버리지 않습니까. "너 죽고 나 죽자" — 이런 소리 더러 합디다. 이게 무슨 말입니까? '너 죽고 나 살고'도 아닌 '너 죽고 나 죽고'이니 어떻게 하겠다는 것입니까. 전혀 생각이 없는 이 감정, 폭발하는 감정에 사로잡혀서 행동하는 것, 이게 '야만'입니다. 그런데 오늘 이 시간에는 예수님께서 저들을 cool down시키려 하십니다. 냉정을 찾아야 한다는 것입니다. 의과대학 교수님이 외과의사 될 사람들을 가르치면서 물었습니다. "의사로서 환자를 대할 때의 가장 중요한 일이 무엇이겠는가?" 그랬더니 친절이요, 인간관계요, 주사를 잘 놔야 돼요, 처방을 잘해야 돼요, 뭐요,

뭐요, 뭐요, 하고 저마다 대답합니다. 다 듣고나서 교수님은 말했습니다. "가장 중요한 것은 진단이다." diagnosis, 진단이 먼저입니다. 사실이 뭐냐, 이것입니다. 어디까지가 사실이냐—감정에 앞서 진실을 찾는 것이 먼저입니다. 이것을 잃어버리면 안됩니다. 그래서 예수님께서는 저들이 잠깐 멈추도록 땅에 글씨를 쓰십니다. 자책을 유도하고 계십니다. 당시에는 글을 알아보는 사람이 많지 않았습니다. 옛날 우리나라에도 편지가 오면 이걸 읽지 못해서 남한테 읽어달라고 부탁하는 사람이 많았습니다. 지금은 우리가 거의 다 글을 봅니다마는 옛날에는 글을 못보는 사람이 많았습니다. 2000년 전 그때 그 나라에서도 글 보는 사람 몇 안됐습니다. 글만 읽으면 지성인이라 할 정도였습니다. 그런고로 예수님께서 땅에 글을 쓰십니다. 지성인 먼저, 글을 볼 줄 아는 사람 먼저, 와서 보라, 하심입니다. 아주 중요한 일입니다. 이래서 감정을 바꾸고, 지성인 먼저 생각해보라, 깨달으라, 하심입니다.

문제는 뭐라고 쓰셨을까입니다. 성경에는 그 언급이 없습니다. 많은 사람이, 많은 학자들이 생각을 해봅니다마는 대체로 두 가지의 추측을 할 뿐입니다. 하나는, 예수님 말씀하신대로 '죄 없는 자가 먼저 돌로 치라'라고 쓰셨을 것이다, 그래 글 읽는 사람은 먼저 읽고 글 못읽는 사람들은 자꾸만 재촉을 하게 되었다, 글 읽는 사람들은 읽고 양심에 가책을 받아 먼저 돌아가버리고 글 못읽는 사람들, 남은 사람들에게 예수님께서 말씀으로 하신 것같다, 하는 추측입니다. 또 하나는, 예수님께서 죄목을 쓰셨을 것이다, 살인, 간음, 도적질, 거짓, 위선, 교만… 이렇게 죄목을 죽 쓰셨을 것이다, 하는 추측입니다. 여기서 우리가 유심히 주목해야 할 것이 있습니다. 이렇게 지금 감정과 격동이 집단화하여 행동으로 나타나는 때인데 예수님께서는 이것을 개별화하십니다. 흩어놓으십니다. 한 사람 한 사람 와서 보게 만드십니다. 모름지기 문제거리는 개별적으로 처리하여야 됩니다. 집단적인 행동이란 언제든지 크게 잘못될 가능성이 많습니다. 그래서 '나 먼저 죄인임을 생각하라' 하시는 것입니다. 나 자신을 먼저 생각하라시는 것입니다. '내가 이렇게 할 수 있는 사람인가?' 사건 앞에서 자신을 먼저 살필 줄 알아야 하기 때문입니다. 갈라디아서 6장 1절에 보면 "네 자신을 돌아보아 너도 시험을 받을까 두려워하라" 하고 말씀합니다. 앞차가 고장이 났으면 내 차는 어떤가 생각해야 되고, 앞사람이 넘어지는 것을 보았으면 나도 넘어질 수 있다는 것을 생각해야 합니다. 넘어지는 사람과 내가 상관이 없는 것으로 생각해서는 안됩니다. 다른 사람이 실수하는 것을 볼 때 그 사람과 나, 같은 사람이라는 것을 먼저 생각할 줄 알아야 합니다. 깊이 생각할 일입니다. 나를 먼저 돌아보아야 됩니다. self-examination chance입니다. 저들은 자신들을 시험할 때가 되었습니다. 남의 실수를 보면서 나 자신을 돌아보고 '내게는 그런 실수가 있나 없나?' '나도 그런 실수를 할 수 있구나.' 함께 이렇게 생각할 수 있어야 하는 것입니다. 독일소설가 레마르크(Remarque, E. M.)의 작품에 「서부전선 이상 없다」라는 소설이 있습니다. 보신 분이 많을 것입니다. 영화로도 만들어졌었습니다. 배경은 일차대전, 전범국 독일의 아주 어린 소년 일곱 명이 자원해서 전쟁에 나갑니다. 3년 동안 이 어린 소년들이 무자비한 군인으로서 용감하게 싸우다가 여섯 명이 죽고 하나가 남는데 이 하나가 한때 적과 마주쳐 총을 쏩니다. 무차별로 총을 난사합니다. 한참 쏘다보니 사방이 조용해졌습니다. 웬일인가? 살펴보

앴더니 적군이고 아군이고 다 죽어버린 것입니다. 그는 시체들을 돌아보았습니다. 지금 막 죽어가는 사람이 있는가하면 갖은 모습으로 처참하게 전사한 사람들이 즐비했습니다. 마침내 그는 그 시체들을 향하여 절규를 합니다. "이제 나는 비로소 당신들이 나와 똑같은 인간임을 깨달았노라!" 당신들이 죽은 것처럼 나도 죽을 수 있고, 당신들에게도 어머니가 있어서 당신들을 보내면서 괴로워하였고 지금도 조마조마 기다리고 있다, 당신들에게도 사랑하는 사람이 있고 나에게도 있다, 나도 죽음에 대한 두려움이 있다, 당신들도 죽음을 두려워하면서 죽어갔다, 당신들도 용서를 바라는 사람이요 나도 용서받아야 할 사람이다 — 같은 인간이라는 것을 깨닫고 이렇게 절규하는 모습이 나옵니다. 이게 클라이맥스입니다.

내가 총을 쏘아서 저 사람이 죽었습니다. 그 사람과 내가 다릅니까. 같은 인간이라는 것을 알아야 하지 않겠습니까. 누가 누구를 비난합니까. 누가 누구를 비방할 수 있다는 것입니까. 자신을 돌아보아야 합니다. 현대인에게 결정적인 죄가 이것입니다. 자기자신을 모르는 것입니다. 자기자신을 잃어버린 것입니다. 그뿐이 아닙니다. 잃어버렸다는 사실마저 잊어버렸습니다. 아무런 생각이 없습니다. 뻔뻔합니다. 바로 그것이 현대인의 모습입니다. 오늘 이 사람들, 자기눈에 들보가 있는 것을 모르고 남의 눈에 있는 티를 탓하고 있습니다. 언젠가 이런 일이 있었습니다. 어떤 여집사님이 저를 찾아와서 이야기를 합니다. 어느 집사는 이혼을 했고 어느 집사는 별거생활 중이고, 어느 집사는 어떻고… 줄줄이 엮어 험담을 합니다. 무슨 재주가 있는 건지 용케도 많이 알고 있습디다. 한참 듣고나서 제가 이렇게 물어보았습니다. "집사님, 집사님은 결혼생활 하면서 '에이,

이혼해버리고 말자'해본 적 없습니까?" 했더니 "몇번 해보았지요." "그러면 혼자 살 자신이 없었구만요. 용기가 없었구만요." 얼굴이 파랗게 질립니다. 여러분, 누가 누구를 정죄할 것입니까. 말조심 합시다. 감히 어떻게 그럴 생각을 할 수가 있습니까. 오늘 이걸 알아야 됩니다. 예수님 말씀하십니다. "죄 없는 자가 먼저 돌로 치라." 주님의 말씀입니다. 소크라테스는 유명한 말을 했습니다. 'Know thyself(키노시 아우터스, 너 자신을 알라).' 뭘 알라는 것입니까? 나 자신의 무지함을 알라, 나의 무능을 알라, 내가 지혜가 없음을 알라, 그것입니다. 그리스도인으로서 한마디 더 하겠습니다. '당신이 죄인임을 알라.'

16세기 폴란드의 유명한 천문학자 코페르니쿠스가 세상을 떠날 때 그는 자기의 묘비명을 자신이 썼습니다. '하나님이여, 나는 바울이 가졌던 특권을 구하지도 않습니다. 베드로에게 주셨던 능력을 구하지도 않습니다. 다만 예수님 십자가 지실 때 옆에 있던 강도에게 베푸신 그 긍휼을 구할 뿐입니다.' 여러분은 무엇을 구하고 있습니까? 그저 십자가 옆에 있던 강도에게 베푸신 그 긍휼을 주여, 나에게 베푸시옵소서, 합니다. 무슨 말입니까. 나는 저 강도같은 사람입니다—이것이 그의 마지막 유언적인 진실한 고백이었습니다. 여기에 귀중한 복음이 있습니다.

예수님 말씀하십니다. "너를 정죄한 자가 없느냐?" 아무도 없고 예수님과 이 여자만 남아 있습니다. 예수님 말씀하십니다. "나도 너를 정죄하지 아니하노니 가서 다시는 죄를 범치 말라." 여자를 자유하게 해주십니다. 나도 너를 정죄하지 않는다—신학적으로는 이것이 성육신, incarnation입니다. 예수님, 죄 없으십니다. 죄 없으시니

유일하게 당신은 돌을 던지실 수 있습니다. 그러나 "나도…"라고 말씀하십니다. 이 시간은 예수님께서 당신자신을 스스로가 죄인으로 간주하시는 시간입니다. 자신이 죄인 되시는 시간입니다. 의인의 권리를 포기하시는 시간입니다. 하나님의 아들 되심을 포기하는 시간입니다. 영적으로 십자가를 지신 시간, 죄인의 모습으로 나타나시는 시간입니다. "나도 너를 정죄하지 아니하노니…" 여기에 구원이 있습니다. 여기에 놀라운 은총이 있는 것입니다. 깊이 명심할 것입니다. 이 여자, 이제 예수님을 만났습니다. 너무나도 감격합니다. 그 예수님, 글쎄요. 간음하다 붙들려온 여자이기에 부끄러워서도 감히 그렇게는 못했겠지만 그 예수님의 발에 입을 맞추고 싶고 예수님을 포옹하고 싶었겠지요. 이 감격과 이 고마움, 한 사람을 구원합니다. 유명한 이야기가 있습니다. 야나이하라라고 하는 일본사람은 1920~1927년에 우리나라의 송두용, 함석헌, 김교신, 양인성, 유석동, 정상훈씨 등과 함께 신학자 우찌무라 간조로부터 성경을 배우고 같이 기도하고 예수님을 발견한 사람입니다. 그는 동경제국대학의 경제학부교수가 되었습니다. 그러나 그는 나라에서 하는 일이 못마땅했습니다. 일본이 한국을 점령하고 중국대륙을 쳐들어갈 때 이래서는 안된다고, 침략전쟁은 안된다고 맹렬하게 비판을 했습니다. 결국은 나라에서 그를 교수직에서 쫓아냈습니다. 비참하게 되었습니다. 그리고 제2차세계대전이 끝난 다음에 높임을 받아서 제국대학이 아닌 동경대학의 제2대 총장이 되어 귀한 일을 많이 한 어른입니다. 어느날 기자가 그에게 물었습니다. "총장님, 만일에 죽었다가 다시 태어나신다면 어떤 사람으로 태어나시고 싶습니까?" 총장님은 빙그레 웃고 대답했습니다. "안태어나고 싶습니다." "어째서입니까?" 그는 말하였습니다. "일본은 우상이 많은 나라입니다. 미신과 우상이 가득한 나라입니다. 여기 태어나서 예수 그리스도를 만난다는 것은 기적입니다. 그 확률이 적습니다. 이제 내가 예수를 알았으니 이 얼마나 고마운 일입니까. 나는 다시 태어나고 싶지 않습니다." 여러분, 예수 그리스도를 만난다는 것, 예수를 안다는 것, 그리하여 하나님의 자녀가 된다는 이 사건은 엄청난 것입니다. 다시 태어날 것 없지요. 예수님을 오늘 알았으면 오늘 죽어도 좋은 것입니다.

여러분, 다시한번 생각해보십시오. 오늘날이 그때의 예루살렘 마당처럼 시끄럽습니다. 모두가 남을 비판하고 모두가 죽여라, 소리 지릅니다. 비판의 소리입니까? 죽여라 죽여라, 하는 소리입니다. 언제까지 이 고함소리를 들어야 합니까? 당신은 누구입니까? 누가 누구를 비판합니까? 그리스도를 만난 이 여자가 예수님 앞에 홀로 서 있는 것같이 여러분, 고함을 지르는 그 사람 생각하지 마시고 오돌오돌 떨고 있는 이 여자를 생각하십시오. 그것이 바로 내 모습이라고 생각하십시오. 그 속에서 나 자신을 발견하십시오. 여기에 창조적인 구원의 기회가 있는 것입니다.

그 여인만 홀로 남았습니다. △

복받은 자의 생활

네가 네 하나님 여호와의 말씀을 삼가 듣고 내가 오늘날 네게 명하는 그 모든 명령을 지켜 행하면 네 하나님 여호와께서 너를 세계 모든 민족 위에 뛰어나게 하실 것이라 네가 네 하나님 여호와의 말씀을 순종하면 이 모든 복이 네게 임하며 네게 미치리니 성읍에서도 복을 받고 들에서도 복을 받을 것이며 네 몸의 소생과 네 토지의 소산과 네 짐승의 새끼와 네 우양의 새끼가 복을 받을 것이며 네 광주리와 떡반죽 그릇이 복을 받을 것이며 네가 들어와도 복을 받고 나가도 복을 받을 것이니라

(신명기 28 : 1 - 6)

복받은 자의 생활

「적극적 사고방식」이라고 하는 책을 저술한 노만 빈센트 빌 박사가 어느날 기차를 타고 여행을 하다가 시장기를 느껴서 열차식당을 들어갔습니다. 아시는대로 열차식당은 아주 좌석이 좁습니다. 그 한 자리에 앉았는데 옆자리에 앉은 초로의 부부가 나누는 이야기를 하도 큰 소리여서 본의아니게 들었습니다. 야채가 신선하지 않은 것 같다는 둥 고기가 너무 오래된 것같다는 둥 날씨가 변덕스럽고 좋지 않다는 둥 아무래도 오늘의 이 여행길은 잘못 떠난 것같다는 둥 부인은 계속 불평을 합니다. 옆에 앉은 빌 박사 보기에 민망해서인지 그 남편이 안절부절못하다가 양해를 구합니다. "선생님, 죄송합니다. 제 아내의 직업이 워낙 그래서요." 빌 박사는 궁금했습니다. 도대체 여자의 직업이 뭐길래 저렇듯 투덜거리는 것인가? "무슨 직업인데요?" 그는 물었습니다. "제조업입니다." 그 남편이 대답합니다. 박사는 더 궁금해졌습니다. 도대체 무엇을 만드는 직업이기에? "무엇을 만드는데요?" 또 물었습니다. 그 남편은 심각해져서 아주 미안하다는 표정으로 대답합니다. "죄송합니다마는 불행제조공장을 운영하고 있습니다."

여러분, 세상에는 꼭 불행제조공장을 하는 사람이 많습니다. 그런 말 그런 행동 그런 사고로는 스스로도 불행하고 다른 사람까지 불행하게 만듭니다. 결국은 불행제조업자들입니다. 이것 좌충우돌입니다. 구제불능입니다. 어디 갖다놓아도 불평입니다. 그렇게 살아서야 어찌 복이 들어오겠습니까. 들어왔던 복도 다 나갈 수밖에 없습니다. 깊이 생각할 일입니다. 「우리는 사소한 일에 목숨을 건다」라고 하는 책을 쓴 리차드 칼슨은 무려 십 년 동안을 스트레스 치유상담가로 활약한 사람입니다. 그가 많은 사람의 스트레스라고 하는 고민을 위해서 십 년 동안 상담역을 해본 나머지 깨달은 게 하나 있다고 합니다. 그것은 뭐냐하면 이렇게 많은 고민을 하는 사람들에게 아주 동일한 증상이 있다는 것입니다. 동일증후가 있다는 것입니다. 저마다 자기만 그런 줄 아는 증상인즉 이 전문가의 시각으로 볼 때는 어쩌면 그렇게 한 편같이 꼭 같습니까. 그런 문제가 있더라는 것입니다. 그런데 그게 뭐냐? 현재 자신이 가지고 있는 것이든가 자기가 처한 처지의 의미나 가치에 대해서는 전혀 생각하지 못합니다. 그리고는 원하는 것, 가지지 못한 것, 가지고 싶은 것, 되고 싶은 것, 거기에다 초점을 맞추고 있습니다. 다시말해서 욕망지향적 세계관을 가지고 있는 것입니다. 현실의 의미, 가진 것의 소중함은 아랑곳없고 가지지 못한 것, 저 앞에 둔 욕망, 그것을 지향하는 마음으로 살더라는 것입니다. 천편일률적으로 똑같이 그런 사고방식을 가지고 있습니다. 이것이 병입니다. 이것이 병의 원인이요, 이것이 불행의 원인입니다. 어쩌면 그렇게도 하나같이 똑같은 말을 하는 것인지. 여러분도 한번 들어보시고 성찰해보십시오. 나는 어느 쪽에 속했는지. "이것만 바라는대로 되면 나는 행복해질 것입니다." "이것만 이루어지면 나는 행복해질 것입니다." 이렇게들 말한다는 것입니다. 그런데 그 '이것만'이라고 하는 것이 이루어지고보면 이번에는 또 방향을 바꿉니다. "저것만 이루어지면…" 이렇게 한평생 원망과 불평 속에 살더라는 것입니다. '이것만 이루어지면, 이 하나의 소원만 이루어지면 아무 소원이 없겠다'—이 사고방식이 바로 불행의 씨앗입니다. 그것이 바로 망조입니다. 요것만 되면, 요것만 되면… 그 사고의

구도가 모든 불행의 뿌리입니다.

버트란드 러셀은 그의 「행복론」에서 이렇게 말합니다. '자신의 힘을 겸허하게 평가하고 자신의 존재를 겸허하게 평가하는 것이 행복의 근본이다.' 그래서 자신을 낮추어 평가하고 사는 사람은 항상 자기성공에 놀란다고 합니다. '아, 나는 이만한 사람이 못되는데 어떻게 이런 일이, 어떻게 내게 이런 복이…' 자기 앞에 이루어지는 그 일에 대해서 스스로가 놀라면서 삽니다. 그런가하면 반대로 자기를 스스로 높이며 사는 사람은 실패에 대해서 놀라며 산다는 것입니다. '내게 이런 일이 있다니, 내게 어찌 이런 불행이…' 그러고 사는 것입니다. 여러분, 부부간에도 오늘 한번 생각을 확 돌려보십시오. 남편을 생각할 때 자기를 낮춥니다. 자기를 아주 낮추고보면 남편의 지금 이대로도 '하나님께서 이만한 분을 내게 주시다니…' 감지덕지입니다. 깜짝놀랄 일이지요. 그런가하면 자기자신을 스스로 높이는 사람은 '어쩌다 저런 인간을 만났단말인가. 내가 저런 인간하고 살 사람이 아닌데… 이거 하나님이 실수했나 내가 실수했나?' 이러고 삽니다. 이게 곧 배냇병신입니다. 정신적으로 크게 병신입니다. 이것이 불행의 원인입니다. 선택은 내게 있습니다. 내가 어떤 자세로 임하느냐에 따라서 복과 저주가 갈라지는 것입니다.

복이란 어떤 상태가 아닙니다. 그것은 존재의 인식에서 오는 것입니다. 하나님께서는 사람에게 복과 저주를 함께 주셨다고 말씀하십니다. "내가 오늘날 복과 저주를 너희 앞에 두노니" 너희가 선택하라, 하십니다(신 11:26). 그렇습니다. 선택은 자유입니다. 선택에 따르는 결과는 부득이 내가 받아야 하는 것입니다. 봄이 될 때 내가 씨를 뿌리는 것은 내 마음대로입니다. 내 자유입니다마는 뿌린 다음에 가을에 거두는 것은 심판입니다. 선택에 대한 결과, 그것은 내가 고칠 수 없습니다. 선택한 데 대한 결과로 따라오고 때로는 심판으로 내게 다가오는 것입니다. 성경은 늘 말씀합니다. 복된 환경이 있는 게 아니라 복된 자가 있다고. 복된 사람이 있고 복된 존재가 있고 복된 의미가 있는 것입니다. 그리고 복된 길이 있습니다. 복된 자가 되면 그는 복된 길로 가고, 복된 길로 가는 자에게 복이 따릅니다. 복은 뒤따르는 것입니다. 복을 따라간다고 복받는 게 아닙니다. 내가 세워놓은 복, 내가 생각하는 복을 쟁취하겠다고 하는데, 복은 쟁취하는 게 아닙니다. 주어지는 것입니다.

나는 '쟁취'라는 말을 아주 몸서리치도록 무섭게 여깁니다. 쟁취해서 얻은 권리, 쟁취해서 얻은 복, 그것이 복이 된 일은 한번도 없었습니다. 왜요? 그것은 하나님의 뜻이 아니기 때문입니다. 하나님께서는 복을 주시는 것이지, 주셔야 우리가 받는 것이지, 이것을 쟁취, 갈취, 탈취한다고 생각하지 마십시오. 쟁취해서 얻는 것은 복이 아닙니다. 복될 수가 없습니다. 오늘 성경말씀은 확실하게 보여줍니다. 간단합니다. 복된 사람이 되는 길, 복받는 길은 간단합니다. 하나님의 말씀을 삼가듣고 그 명령을 지켜 행하면 네가 복되리라, 나가도 복을 받고 들어와도 복을 받고 여기서도 복을 받고 저기서도 복을 받고, 너뿐만 아니라 네 집안에 있는 모든 사람 모든 짐승까지도 복을 받으리라―이것은 하나님의 말씀입니다. 여러분, 복받는 비결이 여기 있습니다. "여호와의 말씀을 삼가듣고"―삼가듣는 것, 그것이 비결입니다.

저는 여러 해 목회하면서, 많은 교인들과 같이 지내면서 교인들의 살아가는 모습을 보아왔습니다. 제가 두 교회밖에 섬기지 않았으므로 적어도 저와 만난 분들은 20년 10년을 같이 지내기 때문에 그들이 어떻게 살아가는지 보게 됩니다. 그런데 분명한 것이 있습니다. 이렇게 설교하면서 설교듣는 자세를 봅니다. 듣는 자세를 보면 '저 사람이 어떻게 되겠다' 알 것같습니다. 요새 왕건이 나오는 드라마에도 궁예가 "관심법으로 보았느니라"하는 대사가 있습니다. 저는 궁예처럼 그러지는 못합니다. 그러나 분명히 알 수 있는 것은 듣는 자세를 보고 그 운명을 알 수 있다는 것입니다. 이것을 알아야 합니다. 사람은 듣는 자세가 좋아야 합니다. 제가 어느 교회 장로님 한 분을 압니다. 그 교회가 좀 분쟁을 하고 시끄럽습니다. 한마디로 말하면 부흥되지 않는 어려운 일을 만난 교회인데, 그 장로님이 말합니다. 그는 설교를 들을 때 50%밖에 안듣는다고 합니다. "50%는 어떤 말씀을 듣습니까?" 물었더니 내 마음에 드는 것은 듣고 내 마음에 안드는 것은 안듣는다는 것입니다. 그래서 제가 "참 세상 힘들게 사누만요"하고 말았습니다. 이런 사람 참 힘든 사람입니다. 여러분, 이것을 음식으로 한번 비교해볼까요. 상에 오른 음식이면 무슨 음식이든지 가리지 않고 맛있게, 아주 맛있게 먹는 사람이 건강한 사람입니다. 대체로 비실비실하는 사람 보면 그 입이 까다롭습니다. 또 만일에 이런 사람이 의심이 많아서 이건 어떻고 저건 어떻고 따질 뿐만 아니라 혹 독약을 넣었나해서 은수저로 확인하고 먹는 사람이라고 하면 이 사람이 며칠이나 더 살겠습니까. 제 선친께서 참 간단한 진리를 가르쳐주셨습니다. 같이 음식을 먹어보고 음식 가리는 사람이거든 같이 놀지 말라, 하셨습니다. 이런 사람, 사실이 까다로운 사람이요 아주 힘든 사람이기 때문입니다. 밥상에 오른 음식은 무조건 다 맛있게 먹는다—그것이 중요합니다. 그것이 건강비결입니다.

정신적 건강도 먹성이 좋아야 유지됩니다. 받아들이는 마음이 좋아야 합니다.

"삼가듣고"―무슨 말씀입니까. 조심스럽게 들어요, 놓칠세라. 내 생각이 여기서 잘못되면 어떡하나?―내 잘못된 생각으로 인해서 말씀이 왜곡돼도 안되는 것입니다. 그런고로 마음을 비우고, 내 욕심이나 이상이나 비판 같은 것 다 쓸어내고 아주 순수한 어린아이 마음으로 돌아가서 하나님말씀을 듣는 것입니다. 삼가들어라, 하십니다. 커밍 워크라고 하는 사회학자는 그가 쓴 책에서 현대인으로 성공하는 비결로 지능, 지식, 기술, 태도를 듭니다. 그런데 그 중 가장 중요한 것은 지능도 지식도 기술도 아니요 삶의 자세라 하였습니다. attitude, 자세가 좋아야 됩니다. 듣는 자세, 예배하는 자세, 기도하는 자세, 말씀듣는 자세, 공부하는 자세… 거기에 운명이 있는 것입니다. 하나님의 말씀을 삼가듣습니다. 신중하게 잘 받아들이는 것입니다. 듣는 마음, 듣는 귀, 듣는 자세에 복이 있는 것입니다.

여러분이 많은 사람들과 교제하며 삽니다. 인격자가 어떤 사람입니까. 인격이 높은 사람은 듣는 자세가 좋습니다. 언제나 남이 무슨 말을 하면 "아, 그렇습니까?" "그래요?" "나도 그렇게 생각합니다." "그렇고말고요." 이럽디다. 한경직 목사님이 그러했습니다. 그 특유의 제스처로 "거럼, 그렇지요. 그렇습니다. 그렇고말고요" 이러셨습니다. 그러니 만나면 또 만나고 싶은 분입니다. 그분과 사귀는 것이 너무너무 좋은 것입니다. 그것이 듣는 자세입니다. 그런데 시원치 않은 사람들은 꼭 뭐라 합디까. 말 시작하기도 전에 벌써 "택도 없다" "말도 안돼" 합니다. 이것은 인격모독입니다. 모름지기 듣는 자세가 좋아야 됩니다. 하나님의 말씀을 잘 삼가들을 것입니다. 내

몸과 마음을 삼가면서 집중적으로 듣습니다. 그리할 때 말씀의 능력이 나를 사로잡습니다. 말씀의 지혜가 바로 내 지혜가 됩니다. 그의 권능이 나 자신에게 임합니다. 생명력이 찾아옵니다. 그래서 나로하여금 순종하게 합니다. "네게 명하는 그 모든 명령을 지켜 행하면(1절)"―듣고 그대로 행하는 것입니다. 명령을 지켜 행한다―듣고나서 그 들은 것이 다 마음에 들 수는 없습니다. 내 마음에 드는 것도 있고 안드는 것도 있고, 이해되는 것도 있고 이해되지 않는 것도 있습니다. 그러나 이것은 명령입니다. 내 이성적 비판을 누르고 하나님의 말씀을 따르는 것입니다. 내 생각을 버리고 그의 뜻을 따르는 것입니다. 이것이 복된 길입니다. 다 납득하기를 기다리지 마십시오. 병든 이성이라 제대로 작용을 못하거든요. 내 경험이 나의 생각을 어지럽히는 것입니다. 다 버립시다. 그리고 순수한 마음으로 받아들이세요. 그리할 때 여기서 귀한 역사가 이루어집니다. 내가 이스라엘사람들 예배드리는 회당에 들어가서 같이 예배를 드려본 적이 있습니다. 그들이 기도하는 내용 가운데 보니 하나님께 이래서 감사합니다 저래서 감사합니다, 하고 감사하다는 말이 많이 있습니다. 그리고 끝에가서는 이런 말이 있습니다. "이성적으로는 납득이 가지 아니합니다마는 이성의 비판을 누르고 하나님께 믿음으로 감사합니다." 이 얼마나 위대한 기도입니까. 내 이 어리석고 좁은 생각, 내 경험에의 집착, 다 버리고 당신의 뜻을 따르겠습니다―이것이 복된 길입니다.

마이어(F.B. Meyer)박사의 신앙관을 봅니다. 신앙이란 첫째로, 내 모든 생각을 버리고 내 마음의 충동을 하나님께로 향하는 것이다, 내 마음을 하나님께로 향하는 것이다, 내 뜻을 하나님께로 향하는 것이다, 두 번째는 그것을 하나님의 말씀에 의해서 확증받는 것이다, 하나님의 말씀에 의해서 확증을 얻고 그 다음은, 이제부터 사는 생은, 모든 환경은 내게 주시는 기회다, 하였습니다. 환경을 바꾸라는 생각 없습니다. 바꾸어달라고도 기도하지 않습니다. 주어진 이것은 내게 주신 기회입니다. 하나님의 일을 할 수 있는 길이요, 하나님의 영광을 드러낼 수 있는 기회라고 믿고 사는 것이다, 하였습니다. 그렇습니다. 그것이 신앙생활입니다. 그래서 아브라함은 갈 바를 알지 못하면서도 "가라" 하실 때 떠났습니다. 도대체 어디 가서 어떻게 살고 무엇을 하라는 것입니까? 묻지 않았습니다. "떠나라" 하시니 떠났습니다. 하나님, 모세에게 말씀하십니다. 도저히 할 수도 없고 상상할 수도 없는 일을 모세에게 맡기십니다. "이스라엘을 인도하라." "가라." 갔습니다. "홍해를 쳐라." 쳤습니다. "건너가라." 건너갔습니다. 그 말씀 자체가 능력이요, 지혜요, 가능성이었던 것이고 모세의 용기였던 것입니다. 그런고로 듣고 순종하는 것입니다.

    드라마틱한 이야기가 있습니다. 1924년 파리올림픽 때입니다. 올림픽의 꽃이라고 하는 100m경주가 있습니다. 그런데 이것이 마침 주일날 아침으로 스케줄이 잡혔습니다. 영국에서 대표로 출전한 에릭 리라고 하는 청년이 아주 높은 기록을 가지고 있었습니다. 이제 실수만 없으면 그는 100m경주에 단연 1등 할 것이라고 모두가 믿는 그런 사람입니다. 그런데 주일날 하게 되었다고해서 그는 그 경주를 포기하였습니다. 당연히 난리가 났습니다. 영국신문 전체가 그에 대하여 비판을 가했습니다. 민족을 배반한 것이다, 국가의 배신자다, 옹졸한 신앙인이다, 왜 그것을 안하느냐? 그는 말합니다. "나는 주일날은 교회에 가서 하나님께 예배하고 말씀을 듣습니다. 그것이 오늘 주일을 거역하고 나가서 금메달 타는 것보다 더 중요합니다. 그런고로 안됩니다." 며칠 뒤 400m경주가 있었습니다. 그는 그 경주에 자원했습니다. 100m를 뛰는 사람이 400m 뛴다는 것은 상상도 못할 일입니다. 그런데 그는 경기장에 나가서 100m 뛰는 솜씨로 총알같이 뛰는 것입니다. 막 뛰니까 보는 사람들이 걱정을 했습니다. '저렇게 100m식으로 뛰다가 400m 다 못뛰고 심장이 터져 죽을 거다.' 걱정들을 했는데, 그는 그 속력으로 내쳐 달려 마침내 400m 세계기록을 내면서 일등을 했습니다. 많은 사람으로부터 영광과 찬사를 받았습니다. 그에게 물어보았습니다. 어찌 이런 일이 있을 수 있느냐고. 그는 진실하게 대답했습니다. 정직하게 대답했습니다. "200m는 내 힘으로 뛰었습니다. 나머지 200m는 하나님께서 뛰신 것입니다. 어떻게 뛰는 것인지 나도 모르고 뛰었습니다." 얼마나 깨끗한 신앙의 청년입니까.

여러분, 너무 변론을 벌이지 마시고 너무 꾀를 부리지 마십시오. 정직하게, 때로는 우직하게, 때로는 고집스럽게 말씀에 순종하십시오. 그대로 순종합니다. 그것이 복된 자가 되는 길입니다. 오늘 사람이 이렇게 하나님 앞에 복된 자가 되면, 보십시오. "성읍에서도 복을 받고 들에서도 복을 받을 것이며 네 몸의 소생과 네 토지의 소산과 네 짐승의 새끼와 우양의 새끼가 복을 받을 것이며 네 광주리와 떡반죽 그릇이 복을 받을 것이며 네가 들어와도 복을 받고 나가도 복을 받을 것이니라." 내 직업이 뭐냐, 내 현주소가 어디냐, 물을 것 없습니다. 어디에 있든 그는 복을 받습니다. 이것을 잊지 말아야 합니다. 환경이 복이 아닙니다. GNP가 올라간다고 복이 아닙니다. 흔히 말하는바 잘산다고 하는 것이 복이 아닙니다. 복된 자가 되고 복된 길에 설 때 그 앞에 전개되는 모든것이 복으로 화하게 되어 있는 것입니다. 복이 뭔지도 모르고 복받기를 바라고, 복된 길을 등지고 복받기를 바라고, 꼭 저주스러운 일, 못된 일만 골라 하면서 잘살기만 바라는 멍청한 인간이 되지 말 것입니다. 다시 자세를 고치고 분명히 복된 길에 서서 복된 자의 길을 가야 할 것입니다. △

풍랑 속의 고요함

그 날 저물 때에 제자들에게 이르시되 우리가 저편으로 건너가자 하시니 저희가 무리를 떠나 예수를 배에 계신 그대로 모시고 가매 다른 배들도 함께 하더니 큰 광풍이 일어나며 물결이 부딪혀 배에 들어와 배에 가득하게 되었더라 예수께서는 고물에서 베개를 베시고 주무시더니 제자들이 깨우며 가로되 선생님이여 우리의 죽게 된 것을 돌아보지 아니하시나이까 하니 예수께서 깨어 바람을 꾸짖으시며 바다더러 이르시되 잠잠하라 고요하라 하시니 바람이 그치고 아주 잔잔하여지더라 이에 제자들에게 이르시되 어찌하여 이렇게 무서워하느냐 너희가 어찌 믿음이 없느냐 하시니 저희가 심히 두려워하여 서로 말하되 저가 뉘기에 바람과 바다라도 순종하는고 하였더라

(마가복음 4 : 35 - 41)

풍랑 속의 고요함

　사람은 많습니다마는 모든 사람을 세 가지 유형으로 구분해볼 수 있다고 생각합니다. 첫번째는 환경지향적 인간입니다. other-orientation, 외적 조건에 지배되고, 주도되고, 종속되어가는 사람을 지칭합니다. 또하나는, 자기지식과 자기경험 지향적 인간입니다. self-orientation, 자기가 기준이 되고 자기가 중심이 되고 자기에 의해서 세상을 보고 판단하고 자기가 주도한다고 생각하고 그렇게 살아가는 사람입니다. 또하나는 신앙지향적 인간입니다. 하나님께 믿음을 두고 faith-orientation, 모든것을 신앙적 관점에서 이해하고 그 안에서 생각하는, 그리고 살아가는 그런 사람입니다. 환경에 좌우되는 사람, 특별히 그쪽으로 기울어져 있는 사람은 자기도 자기를 모릅니다. 이미 그쪽으로 습관화하고, 문화화하고, 성품화하고, 체질화하여 있기 때문에 자기가 지금 어느 세계에 처해 있는지를 모릅니다. 거기에 문제가 있습니다. 행과 불행, 이것을 자기자신에게서 찾지 못하고 환경에서 찾습니다. 다른 사람으로부터 찾습니다. 그래서 누가 나를 좀 칭찬해주면 힘이 솟아오르고, 조금 껄끄러운 말을 들으면 그날로 기가 팍 죽어버립니다. 기쁨도 슬픔도 자기의 것이 아닙니다. 남에게서 항상 빌려오는 것입니다. 웃는 사람 속에서 웃습니다. 우는 사람 속에서 웁니다. 칭찬들으면 그런대로 괜찮은 말을 합니다. 그러나 비판을 받으면, 또 미움받으면 미워합니다. 완전히 주변환경에 따라서 내가 좌우되고 종속되고 끌려가면서 삽니다.

　사도행전 27장 11절 이하에 보면 아주 드라마틱한 장면이 잠깐 나옵니다. 미항(美港)이라는 곳을 떠난 배 한 척, 로마로 가고 있는 이 배가 처음에는 순풍을 만났습니다. 아주 바람이 잘, 자기들이 원하는 방향으로 배가 가도록 불어줄 때 저들은 기분이 좋았습니다. 의기양양 득의하여 지금도 행복하고 앞으로도 좋은 일이 있을 거라고 미래도 밝게 전망하며 기뻐했습니다. 그러나 그대로이지 못했습니다. 얼마 안가서 풍랑이 일어나니까 이제는 또 죽느니사느니, 누구 책임이냐 누구 탓이냐, 원망이 많습니다. 풍랑이 좀더 거세지니까 아주 절망하고맙니다. 그 외적 환경에 따라서 좋아졌다 나빠졌다, 행복했다 불행했다, 소망을 생각했다가 또 절망했다가, 이리된 것입니다. 이것이 바로 외적인 환경에 이끌려 살아가는 사람들입니다. 또 소유도 그렇습니다. 소유라고 하는 것, 사실 생각하면 예수님 말씀 대로 사람의 사는 것이 소유의 넉넉한 데 있지 아니한 것입니다. 정말로 그렇습니다. 소유가 꼭 넉넉하다고 행복하고 없다고 불행한 것도 아니더라고요. 그렇게 우리가 체험하고 살면서도, 있으면 행복하고 없으면 불행하다, 하는, 철저하게 환경지향적인 그런 인간이 있습니다. 다른 사람들의 평판이라는 것이 사실 그리 중요한 게 아닙니다. 나 자신이 중요하고, 내 진실이 중요함에도 불구하고 다른 사람의 평판에 따라서 웃고울고 살고죽고 하는 것입니다. 여러분은 어떻습니까? 스스로 판단해보십시오.

어떤 사람은 또 자기자신중심입니다. 자기경험, 자기지식이 자기를 주도합니다. 그래서 경험 외의 일은 믿지 않습니다. 자기가 아는 것은 있는 것이고, 모르는 것은 없는 것입니다. 그렇지 않은데도 그리 생각합니다. 이미 경험한 것은 앞으로도 있을 것이고, 과거에 경험한 바에 의해서 잘못됐다 생각하는 일이라면 앞으로도 잘못되는 것입니다. 그러니까 철저하게 과거지식, 과거경험에 뿌리를 두고 과거중심적으로 살아가는 것입니다. 나 자신이 중심이 되고 있습니다. 내가 못하는 것은 다 못하는 것이 됩니다. 참으로 미련합니다. 내 능력, 내 지식, 내 경험, 거기에 집착하고 그 이상의 세계를 생각하지 못하고 사는, 철저하게 자기주도적인 그런 사람들이 있습니다.

오늘본문에 보면 생각하기나름으로는 아이러니같은 그런 내용이 나타납니다. 갈릴리바다를 건너가고 있는 배가 있습니다. 몇척이 있는데, 그 배 안에 있는 사람들의 모습을 살펴봅시다. 여기에 특별히 예수님의 제자들이 있습니다. 예수님의 제자들, 그 중에 주동적인 분들이 갈릴리 어부출신들입니다. 베드로, 안드레, 야고보, 요한… 이런 사람들의 직업이 다 어부입니다. 한평생 이 바다에서 물고기 잡아 살아온 사람들입니다. 이 바다에 익숙합니다. 그 바다가 망망하게 넓은 것도 아닙니다. 바다라고 하지만 호수입니다. 그들은 여기서 잔뼈가 굵은 사람들입니다. 그 속에서 살아온 사람들입니다. 이 바다에 대한 지식이 있고 경험이 있습니다. 그런데 지식도 있고 경험도 있는 이 사람들이 풍랑이 좀 일어났다고해서 아주 절망을 합니다. 이젠 죽었다, 벌벌떨고 있습니다. 그런가하면 같은 배에 계시는 예수님께서는 전직이 어부가 아닙니다. 목수입니다. 바다에 대해서는 문외한입니다. 정작 바다를 모르시는 예수님께서는 편안하게 고물에서 베개하고 주무셨다 합니다. 이 풍랑 속에 고요함을 찾고 계셨습니다. 이 얼마나 난센스입니까. 바다에 익숙한 사람들은 죽는다고 야단이고 바다를 모르시는 분은 편안하게 주무시고 계시다니. 여기에 아이러니가 있지 않습니까.

왜 그랬을 것같습니까. 제자들은 생각합니다. 그동안 바람과 싸워본 일도 많고 바람에 대한 지식도 있고, 풍랑에 대해서 많은 지식을 가지고 있고 경험도 있습니다마는 오늘같은 이 사건은 지식의 한계를 넘어섭니다. 이런 물결은 본 일이 없습니다. 지난날에도 풍랑을 거슬러가며 이 바다를 건너간 일이 있었습니다. 그러나 오늘의 풍랑은 예사롭지 않습니다. 이것은 첫경험입니다. 처음 보는 일입니다. 요새 뭐 날씨 좀 춥다고해서 50년만의 추위라느니뭐니 하고 호들갑입니다마는 여러분, 아무리 그래보아도 그것은 새것이 아닙니다. 50년만이라고 하면 50년 전에 그런 추위가 이미 있었다는 얘기 아닙니까. 새 경험이 아닙니다. 역사에 없던 일이다, 이러면 뭐 깜짝 놀랄만하지만 몇십 년전에 있었던 일이 오늘 또 있는 것에 불과한 것입니다. "50년만에 있는 추위라고 하네요. 정말 견디기 힘드네요." 이러기에 내가 "그럼 50년 전에 이런 추위 있었군요. 그럼 내가 50년 전에 경험한 추위이군요." 그래버리고 말았습니다. 놀랄 것 아무것도 없는 것입니다. 그런데 사람들은 자기경험의 한계를 넘어서는 일에서 그만 손을 놓고맙니다. 이제는 죽었다―이렇게 되더라는 것입니다. 참 가소로운 일입니다. 보십시오. 자기경험, 자기지식 안에서 용기를 내기도 하고 절망하기도 합니다. 이대로 가면 죽는다고, 그의 지식과 경험이 말해줍니다. 이대로 가면 죽는다고 예견, 예지하게 되더라는 말입니다. 인간을 불행하게 만드는 것은 바로 이 잘못된 지식입니다. 또한 그로 인해서 오는 두려움이라고 하는 것입니다. 인간을 가장 불행하게 만드는 것은 두려움입니다. 그것이 문제입니다. 자기지식과 자기경험과 자기의지의 한계 안에서 풀이하고 해석하려고드니까 해석이 안되는 것일 때 곧 두려움으로 나타나게 됩니다. 잘못된 지식 자체가 두려움을 만드는 것입니다. 어떤 철학자는 이렇게 말합니다. '내가 두려워하는 것은 반드시 발생한다.' 아주 심리학적인 얘기입니다. 칼 융이라고 하는 심리학자는 말합니다. '잠재의식 속에서 움직이는 것은 모두 반드시 실현되기를 원한다.' 여러분, 내 마음 속에 어떤 일을 두려워하고 그 일이 있을지도 모른다고하는 두려움이 있으면 꼭 그런 일이 옵니다. 그런 생각 자체가 문제인 것입니다. 잠재의식 속에 있는 두려움은 반드시 현실로 나타난다는 것입니다. 너무나도 무서운 얘기입니다.

심리학자 롤로 메이는 「자아를 잃어버린 현대인」이라는 저서에서 현대인의 가장 크고 무서운 병은 '불안과 공허'라고 전제합니다. 왜 불안하게 되고 왜 두려워하며 살게 되었느냐—이에 대해서 그는 몇가지로 지적합니다. 첫째, 가치관 상실에서 온다는 것입니다. 무엇이 중요한가, 가치의 그 근본을 잃어버렸습니다. 그래서 가치관의 상실이 오고 이로 인해서 결국은 두려워하게 되었습니다. 왜요? 변화하여야 될 것이 있고 잃어버려야 할 것이 있습니다. 잃어버리고 또 얻고 하여야 되는데 잃어버려야 될 것이 무엇인지, 얻어야 될 것이 무엇인지, 그 가치기준을 잃어버렸습니다. 그러니까 잃어버려야 될 것 잃어버리면서도 그에 대한 애착을 가지고 있는 것입니다. 말하자면 가치관에 문제가 생긴 것입니다. 또 한 가지는, 인간존엄에 대한 자아의식의 상실입니다. 내 존재에 대한 의식이 도대체 문제가 되었습니다. 도대체 인간이 무엇입니까. 근본적으로 다시한번 생각해보십시오. 또하나는, 재미있는 얘기입니다. 대화할 수 있는 언어를 상실했습니다. 말이 안통하는 것입니다. 부부간에도 안통하고 부모자식 간에도 말이 통하지 않습니다. 특별히 제가 평양에 가서 그 분들하고 나흘 동안을 하루종일씩 얘기해보았습니다. 말이 안통하는 것입니다. 분명히 한국말은 한국말인데 도대체가 쉽게 말해서 말도 안되는 것입니다. 말이 안통하는 것입니다. 이것처럼 답답하고 괴로운 일도 없습니다. 이렇게 말이 안통하는 세계에 살면, 감옥에 갇힌 것이 되고 마지막에는 고독해지고, 무능해지고, 절망하게 되는 것입니다. 내 말이 다른 사람에게 통해야 되는 것입니다. 그래야 존재의 영역이 넓어집니다. 다른 사람의 뜻이 내게 또 이해가 되어야 되는데 이게 안되는 것입니다. 언어를 상실한 것, 이것이 사람을 가슴터지게 만듭니다. 이게 두려움의 이유입니다. 또하나는, 자연에 대한 무관심입니다. 이에 대해서는 깊은 설명이 필요합니다. 그 다음으로 다섯째는, 인간비극의식의 상실입니다. 아주 철학적 표현입니다. 필요하다면 목숨까지도 바칠 수 있는 신뢰와 존경과 헌신이 있어야 됩니다. 여러분, 적어도 세상을 바르게 살고 명랑하게 살기 위해서는, 내가 하고 있는 일은 중요하다, 적어도 이것을 위해서는 죽어도 좋다, 이 시간 죽어도 좋다, 할만한 가치의식과 그만한 헌신이 있고 살아야 됩니다. 이번에 제가 평양 가겠다고 했더니 여러분들 다 말렸습니다. 가지 말라고, 그 무서운 데 가지 말라고. 하지마는 제 생각은 이렇습니다. 가다가 죽어도 가고, 가서 못오고 죽어도 가는 것입니다. 왜요? 그만한 가치가 있다고 생각하기 때문입니다. 거기에 용기가 있는 것입니다. 꼭 잘될 거라고, 무사히 돌아올 거라고 하는 생각 아니합니다. 이 일을 위해서는 이대로 죽어도 상관이 없다 할 만큼의, 다시말하면 살고죽는 것보다 더 큰 의미의 일의 낙에 자기자신을 투자하면서 살면 거기에 지혜와 용기가 있는 것이다, 하는 말씀입니다. 그런데 이것이 없으니까 현대인들은 피곤하고 두려움에 떨 수밖에 없는 것입니다.

　　오늘본문을 잘 보면 너무도 어이없는 장면이 있습니다. 이 제자들이 풍랑도 보았습니다. 자기경험도 판단해보았습니다. 자기능력도 재평가해보았습니다. 그러나 한 가지, 못한 것이 있습니다. 지금 여기에 예수님 계시다는 의식을 잃어버렸습니다. 이 멍청한 제자들이 예수님, 메시야, 하나님의 아들이 여기 이 배에 계시다는 것을 몰랐습니다. 그분이 함께 계시다는 것을 까맣게 잊었습니다. 그뿐만 아니라 그들이 예수님을 깨우면서 하는 말도 되게 마음에 안듭니다. "우리의 죽게 된 것을 돌아보지 아니하시나이까." 자기중심적입니다. 우리는 깨어 있지만 예수님께서는 주무신다, 지금 배에 물이 들어오니 그냥 주무시다가는 돌아가신다, 그래서 "예수님 깨셔야겠습니다"하는 것이 아니고 깬 사람이 자는 사람 보고 "우리를…"하고 말하다니 이게 무슨 경우입니까. 되게 못됐습니다. 하는 짓이 아주 자기중심, 지극히 자기중심적입니다.

이제 예수님께서 바다를 꾸짖으시고 그래서 바다가 조용해졌을 때 제자들 보시고 딱 한 말씀 하십니다. "어찌하여 이렇게 무서워하느냐 너희가 어찌 믿음이 없느냐." 모든 문제를 믿음문제로 돌리십니다. 믿음이 없다, 믿음이 적다, 그 말씀입니다. 하나님께서 계심을 믿어야 하고, 하나님께서 역사를 주관하고 계시다는 것을 믿어야 하고, 하나님께서 나와 함께 계시고 현실 속에 함께 계심을 믿어야 하며, 좀더 나아가서는 하나님의 크고 위대한 경륜이 여기에 있다는 것을 알아야 하는 것입니다. dispensational meaning, 하나님의 경륜적 의미가 여기에 있다는 이것을 저들은 몰랐던 것입니다. 여기서, 이 풍랑 속에서 돌아가실 예수님이 아닙니다. 그 예수님과 같이 있으니 저들도 죽을 사람들이 아닙니다. 여기서 이렇게 끝내서는 안될 분이 아닙니까. 그런 큰 구원의 경륜을 가지신 분이 함께 계시는데 왜 걱정입니까. 하나님의 일에는 실패란 없습니다. 하나님께서는 실패를 하실 수 없습니다. 유명한 요한 웨슬리의 말이 있습니다. '하나님의 내게 향하신 그 크신 뜻을 이루기까지는 나는 절대로 죽지 않는다.' 그럴 것이지요. 하나님께서 나를 세상에 보내셨고, 나를 통해서 이루고자 하시는 플랜이 있습니다. administration이 있습니다. 이것을 이루기까지는 절대로 이까짓 풍랑에서 죽을 수가 없습니다. 이것을 알아야 했던 것입니다. 여러분 아시는대로 사도행전 27장에 보면 바울이 배가 파선된 어려움을 당할 때 이런 말씀 하지 않습니까. 여러분 걱정하지 마십시오, 내가 가이사 앞에 서야 됩니다, 내가 로마로 가서 가이사 앞에서 복음을 전해야 될 엄청난 사명을 지닌 사람입니다, 내가 무사해야 되니까 당신들도 무사할 거요, 걱정하지 마시오—이런 엄청난 선언을 합니다. 실제로 그러했습니다.

오늘본문 잘 보면 크다는 말이 여러 가지로 표현되고 있습니다. 헬라원문대로는 '메가스'입니다. 메가톤이라는 말입니다. 영어로는 great입니다. big이 아닙니다. 아주 크다, 그런 뜻입니다. 이런 표현이 세 단어 있습니다. '메갈레 아네모', 큰 풍랑, 메가톤급의 풍랑이다, 그런 말입니다. 그리고 이제 풍랑이 조용해졌을 때 '랄레네 메갈레'라고 하였습니다. 이 말은 심히 잔잔해졌다, 이지만 원문대로는 큰 고요함, 메가톤급의 고요함이라는 뜻입니다. 그리고 이 사건을 보고 제자들이 깜짝놀랍니다. 이것은 풍랑 보고 놀라는 것과는 다릅니다. 예수님 바다를 꾸짖어서 조용하게 만드시는 것을 보고 깜짝놀랍니다. 큰 두려움입니다. 이것은 '포본 메간'이라 하였습니다. 큰 두려움, 사람들이 크게, 심히 두려워했다, 라는 말입니다. 여기서 생각할 것이 있습니다. 예수님께서 바다를 꾸짖으셨다는 말씀은 마가

복음 1장 25절에 있는, 귀신을 꾸짖으셨다는 말씀과 똑같은 말씀입니다. 같은 '에페티메센'입니다. 귀신을 향하여 나가라, 명하십니다. 악마도 순종하고, 바다를 향해서 명령하실 때 바다도 순종을 합니다. 그런데 문제는 이 사람들의 두려운 마음입니다. 예수님을 두려워하게 되었습니다. 이것은 경건입니다. 칼뱅에 대한 글을 쓴 분의 말 가운데 이런 말이 있습니다. '칼뱅, 이 사람은 하나님을 어찌나 두려워했는지, 다른 것은 아무것도 두려워하지 않을 정도였다. 하나님만 두려워하고 그 외에는 무서운 게 없었다.' 그것이 칼뱅이었다, 라고 평하고 있습니다.

여러분, 정말로 하나님을 두려워합니다. 오늘 제자들이 예수님 두려워했다는 것은 풍랑을 무서워했다는 것과 전혀 다릅니다. 세상이 무섭다거나 실패가 무섭다는 것도 아니고 나의 나약함이 무섭다는 것도 아닙니다. 이것을 알아야 됩니다. 예수님의 위대한 능력을 보고 그들은 무서워했습니다. 이것은 경건입니다. 오직 이 경건, 이 하나님을 두려워하는 마음—두려워해야 될 분을 두려워할 때 두려워할 필요가 없는 일에서부터 온전히 자유할 수 있는 것입니다. 예수님을 진작 두려워했더라면 저들은 풍랑을 두려워하지 않았을 것입니다. 하나님을 두려워하고 그리스도를 두려워하는 그 큰 경건에 사로잡힐 때, 우리는 비로소 아무 두려움도 없는, 심지어는 풍랑 속에서도 평안하게 쉴 수 있는 그러한 고요함, 그러한 자유, 그러한 평화를 찾아갈 수 있을 것입니다. △

지도자되게 한 지도자

　사울이 예루살렘에 가서 제자들을 사귀고자 하나 다 두려워하여 그의 제자 됨을 믿지 아니하니 바나바가 데리고 사도들에게 가서 그가 길에서 어떻게 주를 본 것과 주께서 그에게 말씀하신 일과 다메섹에서 그가 어떻게 예수의 이름으로 담대히 말하던 것을 말하니라 사울이 제자들과 함께 있어 예루살렘에 출입하며 또 주 예수의 이름으로 담대히 말하고 헬라파 유대인들과 함께 말하며 변론하니 그 사람들이 죽이려고 힘쓰거늘 형제들이 알고 가이사랴로 데리고 내려가서 다소로 보내니라 그리하여 온 유대와 갈릴리와 사마리아 교회가 평안하여 든든히 서 가고 주를 경외함과 성령의 위로로 진행하여 수가 더 많아지니라
(사도행전 9 : 26 - 31)

지도자되게 한 지도자

　나폴레옹이 그 어느날 옷을 입혀달라고 부관에게 부탁을 합니다. 옷을 입혀주고 있는 부관에게 그는 이렇게 말했습니다. "옷을 좀 천천히 입히게. 지금 나는 바쁘단말일세." 어떻게 하면 좋겠습니까? 지금 바쁘시답니다. 그러나 옷은 천천히 입히랍니다. 여러분, 그 심정을 알겠습니까? 그 속셈을 읽을 수 있겠습니까? 바쁜 때일수록 더 침착해야 되거든요. 옷입히는 사람까지 서둘러대면 이젠 정말 폭발하는 것입니다. 그래서 '내 마음은 지금 바쁘네. 옷을 천천히 입히게'라고 의미심장한 말을 했다고 합니다.
　인생의 욕구라고 하는 것은 그 사회성에 비출 때, 때로는 그 인간관계에 있어서 근본적으로 그 자체가 모순적일 때가 많습니다. 이 욕구가 충족되면서만이 행복할 수 있을 것같은데, 행복과 욕구는 언제나 함께하는 것이라고 생각하는데, 그 욕구 자체가 이중성을 가지고 있고, 어떤 때는 정반대의 성격을 지니고 있는 것입니다. 이제 한번 생각해봅시다. 사회적 욕구 가운데 하나가 뭐냐하면 평등하고자 하는 욕구입니다. 평등에로의 욕구입니다. 남이 가진 것은 나도 가져야겠고, 남이 되는 것이면 나도 되어야겠고, 남이 차를 타면 나도 차를 타야겠고… 남과 같아지려는 마음이 있습니다. 때로 이것을 상대적 성공, 상대적 빈곤이라고 합니다. 남과 같지 못할 때 아주 괴로운 것입니다. 내가 꼭 배고파서가 아니라 다른 사람들 잘사는 걸 보니까 내 마음이 편하지를 않습니다. 내가 걸어갈 때 충분히 걸어갈 수 있는 길이지만 다른 사람이 좋은 차를 타고 휙 지나가는 것을 보느라면 발에 힘이 빠집니다. 영 못마땅합니다. 잘사는 친구네집을 방문하고 오면 우리집이 왜 이렇게 구질구질하고 좁은지, 이게 사람 사는 건가, 하고 아주 불평스러워하게 됩니다. 이 집 마련했을 때는 얼마나 행복했는데 오늘은 이렇게나 처참할 수가 없습니다. 이게 바로 인간의 욕구입니다. 같아지고자 하는 마음, 평등하고자 하는 마음이 있습니다.

그런가하면 만일에 남과 같아졌다고 생각하면 바로 그 시간 마음이 바뀝니다. 이제는 남과 달라지려 하는 마음, 특별하고자 하는 마음이 생깁니다. 이것은 자아실현의 욕구가 빗나가는 현상입니다. 자기실현이라고 하는 것이 이렇게 이루어지는 것은 아니건만 이것이 병리적으로 작용할 때, 이상하게 시기 질투가 한 급 높아질 때 이런 의미로 바뀝니다. 그래서는 남이 못가진 걸 가져야만 됩니다. 같은 것으로는 만족하지를 않습니다. 백화점에 걸려 있는 예쁜 옷을 보고 어렵사리 돈을 마련해서 그 옷을 샀다고 합니다. 사가지고 나오는데 똑같은 옷을 입은 여자가 눈앞을 지나갑니다. 그러면 이제 그 옷을 입을 수가 없게 된다고 합니다. 여자들은 이렇게 이상한 것입니다. 이게 여자의 마음이라면서요? 나는 잘 이해가 되지 않습니다. 어쨌든 특별하려 하는 마음, 같은 걸 가지고는 만족치 못하는 마음입니다. 더 특별하게, 아주 개성지향적인 그런 만족을 추구해나가는 것인데, 사실은 이것이 끝도 없습니다. 구제불능입니다.

오늘 이 세계에 있어서 가장 큰 문제가 노동의 동기유발입니다. 평등을 지향해서 동기유발을 하겠다고 생각한 것이 사회주의요 공산주의이며, 그게 아니라 인센티브를 주어서 동기유발을 하겠다, 라고 한 것이 자본주의입니다. 결국은 자본주의가 이긴 것같이 느껴집니다. 평등가지고는 안됩니다. 그래서 부득불 일 잘하는 사람에게 더

주고 일 못하는 사람은 추방하고, 쓸모있는 사람은 높이고 없는 사람은 퇴출시키게 됩니다. 같은 직장에서도 인센티브를 줍니다. 그리함으로 동기를 유발해서 열심히 일하도록 해보자, 하는 것입니다. 그러나 여기서 문제가 되는 것은 이 인센티브의 한계가 어디 있느냐입니다. 문제는 창의성 유발에까지 밀고나가지 못한다는 것입니다. 그러므로 오늘와서 기업과 세상이 이렇듯 휘청거리는 것입니다.

요컨대는 지도자 문제입니다. 좋은 지도자를 만날 때, 그리고 서로 신뢰할 수 있을 때 여기서 진정한 평안이 있고, 비록 대접을 못받아도, 평등하지 못해도, 인센티브가 없어도 만족하게 '저분과 함께 일하리라, 저분의 뜻을 따르리라' 하는 분위기가 이루어집니다. 그래야 되겠는데 굳이 사명의식이니 가치관이니 하고 구차하게 설명해봅니다마는 결국은 이런 얘기입니다. 어떤 분을 만나서 그분과의 관계에서 나의 삶의 존재를 찾고 보람을 찾게 되어 이제 저분과 함께 일하므로 여기에 내 생을 다 바쳐도 좋다, 하는 그런 지경에 도달하게 되면 여기서 능력이 발동하는 것입니다. 이것은 대우를 받으냐 못받느냐, 하고는 아무 상관도 없습니다. 월급이 많으냐 적으냐, 하고도 상관이 없습니다. 지도자라는 것은 그런 의미에서 평등에로의 만족을 주고, 인센티브라고 하는 만족을 주고, 나아가 창의력을 극대화할 수 있는 만족을 주어야 합니다. 이게 지도자입니다. 결국은 우리가 이 지도자문제에 걸려 있습니다.

아브라함 매슬로우(Abraham Maslow)라고 하는 사회심리학자가 소위 「Hierarchy of Human Desire」라고 하는 아주 중요한 논문에서 말합니다. 사람의 마음속에는 생리적 욕구가 있고, 안전에 대한 욕구가 있고, 소속감에 대한 욕구가 있고, 존중에 대한 욕구가 있고,

자아실현의 욕구가 있다, 하였습니다. self-actualization, 아주 중요한 애기입니다. 이것을 무엇으로 충족하겠습니까. 이것이 평등과 인센티브로 가능하냐, 이것입니다. 여기에 지금 고민이 있습니다. 지도자라는 것은 대체로 세 가지 방법으로 사람을 인도합니다. 하나는 형벌로입니다. 내 말을 듣지 아니하면 불이익이 가해질 거다, 합니다. 저분의 말을 듣지 아니하면 내게 불이익이 온다, 그래서 순종하게 됩니다. 말을 조련하는 입장에서 보면 채찍이 됩니다. 또하나는 보수와 보상과 칭찬으로입니다. 그래서 유익을 주게 됩니다. 불이익을 당할까 두려워서 순종하고 이익을 위해서 순종합니다. 저러한 두 경우가 있습니다. 그래서 '당근이냐 채찍이냐'라는 말을 합니다. 당근, 채찍가지고 안됩니다. 보아하니 요새 '길들이기'라는 말을 합니다. 당근으로, 채찍으로. 그런데 길들이는 사람도 피곤하고 길들여지는 사람은 더 피곤합니다. 이것은 방법이 아닙니다. 중요한 길은 참으로 존경하는 것입니다. 존경받고 신뢰하고 믿고 믿어주고, 그럴 때에 비로소 이 신뢰가 가장 위대한 생산적 동기가 됩니다. 지도자라는 것은 결코 독재자가 아닙니다. 물론 선생도 아닙니다. 지도자일 뿐입니다. 좋은 지도자를 만날 때 우리는 스스로 판단할 것도 없고 그를 믿고 그를 따르고 그를 존경하고 서로 믿고 서로 사랑하게 됩니다. 이보다 더 훌륭한 행복도 없고 또 생산적 능력도 없다, 하는 결론에 도달하게 됩니다.

지도자의 위대성이라고 할 때 흔히 두 가지로 나누어봅니다. 부수적 위대성이 있습니다. 학벌, 재산, 외모, 지위, 배경… 이런 것입니다. 이런 분들이 지도자가 되겠지요. 학벌높은 사람, 재산도 있는 사람. 그래서 흔히 소유경영인이니 전문경영인이니 하는 말도 합니다. 그러나 이것가지고 안됩니다. 필요한 것은 인격경영인입니다. 본질적 위대성이 필요합니다. 그의 성숙한 인격, 그의 인내성, 그의 사랑, 그의 비전, 그의 동정, 그의 결단력, 그리고 가장 핵심적인 것이 그의 신뢰성입니다. 믿어주는 것입니다. 서로 믿을 수 있는 것입니다. 다 몰라도 좋습니다. 믿을 수 있습니다. 존경과 믿음, 그런 인격적 관계가 지도력의 본질이라고 합니다.

요새 아주 유명하게 잘 읽히는 베스트 셀러의 하나로 「The Power of Great Partnership」이라고 하는 책이 있는데 우리말로는 「위대한 2인자들」라고 번역되었습니다. 데이빗 히넌과 워렌 베니스의 공저로 나온 책입니다. 1인자도 중요하지마는 2인자가 중요하다, 2인자 없는 1인자는 없다, 라고 이 책에서 말합니다. 그래서 2인자들이 얼마나 중요한가, 나타나고 있지 않지마는 이 분들이 있어서 1인자가 있는 것이다, 하고 중요한 역사적인 이야기를 많이 하고 있습니다. 그 중의 한 이야기를 하겠습니다. 거대한 중국땅을 통일하고 중국인민공화국을 세우게된 마우쩌뚱(毛澤東)—이 사람 뒤에는 저 우언라이(周恩來)라고 하는 분이 항상 같이 있었습니다. 사진에서도 흔하게 볼 수 있는 관계입니다. 무려 40년 동안 그는 'behind man'으로서 모택동을 도왔습니다. 모택동은 아주 거칠고 투박한 성격의 사람입니다. 그러나 주은래는 잘생기고 지성적인 성격의 사람이었습니다. 모택동은 독학을 한 사람입니다. 정규적으로 공부한 바가 없습니다. 그래서 그는 공부를 많이 했습니다, 독학으로. 기차여행을 할 때마다 책을 40권씩이나 가지고 다녔다고 합니다. 시간만 있으면 책을 보는, 공부하는 사람이었습니다. 그러나 주은래는 부유한 가정에서 태어나 정규적으로 공부했을 뿐만 아니라 유학을 한 사람이었습니다. 그는 지성인이었습니다. 이런 두 사람이 함께한 것입니다. 제가 주은래씨를 존경하게 된 일이 하나 있습니다. 그가 세상떠날 때 이런 유언을 했습니다. "나를 불태워서 비행기로 전 중국에 뿌려라." 그는 묘비도 없습니다. 기념비도 없습니다. 이 얼마나 아름다운 얘기입니까. 좀 부러울 정도입니다. 우리나라 지도자들 보면 이미 만들어놨던 묘까지 다시 고쳐가면서 야단입니다. 문제가 아닐 수 없습니다. 그런 주은래씨가 모택동의 뒤에 있었습니다. 미국의 닉슨 전 대통령이 이 사실을 이렇게 정리해서 말해주고 있습니다. '모택동이 없었다면 중국혁명은 결코 불붙지 아니했을 것이지만 그러나 주은래가 없었다면 그 불길은 타서 재가 되어버렸을 것이다.' 이 두 사람이 함께 있음으로해서 일을 가능케 했다는 것입니다.

오늘본문에 바나바라고 하는 사람이 나옵니다. 우리가 사도 바울을 알고 베드로를 압니다마는 바나바에 대해서는 그저 이름만 알 정도입니다. 그러나 그는 참으로 위대했습니다. 그는 헬라파 유대인으로 철저한 그리스도인입니다. 바울은 다메섹도상에서 예수님을 만나뵙는 극적인 체험을 합니다. 예수님을 만남으로 그가 중생하여 새 사람이 되고 예수믿는 사람을 체포하러 가던 그 다메섹에 들어가서 예수를 전합니다. 자, 그러니 사람들이 그를 믿겠습니까. 스데반을 죽이는 데 합세한 사람이요, 다메섹에 있는 교인들을 잡아가기로 공문을 받아 가지고 다메섹으로 온 사람입니다. 사람들이 그를 믿지 않았습니다. 두려워하고 피했습니다. 그리스도인들이 그를 영접하지 못했습니다. 그럼에도 불구하고 담대하게, 담대하게 복음을 전했습니다. 그리고 마지막에는 핍박도 받게 됩니다. 그리고 다시 보십시오. 이러한 어려움을 겪고 있을 때 유일하게 바나바가 그를 믿어줍니다. 다른 사람들은 다 그의 과거가 너무 무서워서 그의 하나님의 사람 됨을 믿지 않을 때, 바나바만은 하나님을 믿는 믿음으로 사도 바울을 영접합니다. 그는 믿고, 그뿐만 아니라 예루살렘에 그를 데리고 가서 많은 사도들에게 소개합니다. 자기명예를 걸고 소개하고, 그리고도 핍박이 있어서 그가 저 고향 다소로 가서 운둔하고 있을 때 바나바가 다소까지 가서 그를 찾아옵니다(11:25). 그리고 안디옥에서 1년 동안 함께 복음을 전합니다. 그리고 1차전도여행, 세계전도여행 때 바나바와 바울이 함께 다닙니다. 이 얼마나 굉장합니까. 이래서 사도 바울에게 발동이 걸린 것입니다. 위대한 역사를 이루게 된 것입니다. 성경을 자세히 보면 처음에는 바나바가 주도합니다. 그러나 나중에는 사도 바울이 높아지고 바나바의 존재는 뒤로 사라집니다.

　바나바가 왜 그런 바울을 믿었던가―그는 그리스도인이요, 하나님께서 바울과 함께 역사하신다는 것을 알고 있었기 때문입니다. 하나님께서 바울을 쓰신다는 것을 알고 있었기 때문입니다. 하나님께서 바울에게 계시하셨다는 그 계시적 역사를 그는 믿고 있었습니다. 하나님께서, 그리스도께서 사도 바울을 사용하고 계시다는 사실을 믿었습니다. 나머지의 모든것은 다 덮어버렸습니다. 다 잊어버렸습니다. 그리고 바울을 믿었습니다. 전적으로 믿고 함께하였습니다. 그리고 마침내 자기를 낮추고 바울을 높입니다. 바울의 하나님의 사람 됨을 높이고, 하나님의 역사하시는 종으로 높이고 높이고 자신은 사라졌습니다. 그리함으로 사도 바울이 위대한 역사를 이룰 수 있게 된 것입니다.

　바나바는 아주 품성적으로 그리스도인입니다. 원래 덕망이 있는 사람이요, 많은 사람들로부터 존경받는 사람이었습니다. 바나바 없는 바울을 생각하지 못합니다. 바울 없는 바나바 역시 아무 의미가 없습니다. 이 2인자가 있어서 1인자가 있었고, 1인자는 2인자를 믿었습니다. 전적으로 믿고 그 충성과 진실, 그 믿음, 하나님의 사역을 하나님의 큰 경륜 속에서 다 받아들이고 소화하고 믿었습니다.

지도자는 어떻게 지어지는 것입니까. 하나님의 종은 어디서 나타나는 것입니까. 우리는 지금 지도자가 없는 것입니다. 얼마전에 신문에 난 것 보고 몹시도 마음이 아팠습니다. 어느 장관 자리가 평균 6개월밖에 못갔다면서요? 남의 나라에서는 대통령이 바뀌어도 장관을 계속합디다만 우리는 어떻게 되어서 이 모양입니까. 지도자를 알아볼 줄도 모르고 지도자를 키울 줄도 모르고 지도자를 믿어주지도 않습니다. 이런 난세에는 어떤 지도자도 나타날 수가 없습니다. 지도자 구실을 할 수가 없습니다. 지도자가 없으면 사람들은 다 목자 없는 양과 같습니다. 어떤 경우에도 편할 수 없습니다. 여러분 잘 보시지 않습니까. 내가 돈을 가지고 있은들 이 돈이 무슨 소용 있습니까. 이 경제가 어디 가 있습니까. 든든하고 믿을 수 있는 지도자가 없기 때문에 뿌리째 흔들리고 있는 것입니다. 또한 하나님의 사람들이 나름대로 큰일을 할 수도 없습니다. 지도자는 믿고 세우고, 키우고, 믿어주고, 그리할 때에 귀한 역사를 이루어갈 수 있는 것입니다.

세례 요한은 예수님보다 먼저 세상에 왔고 역사하였습니다. 그러나 그는 예수님을 알고 예수님을 높이고 이렇게 말합니다. "그는 흥하여야 하겠고 나는 쇠하여야 하리라(요 3:30)." 그리고 사라집니다. 2인자 바나바가 있어서 1인자 바울이 있었습니다. 지도자를 지도

자되게 한 그런 지도자, 참으로 아쉽습니다. 우리 모두가 정말 지도자를 알고 믿고 키우고 세울 줄 아는 거기에 도달할 때 우리는 다같이 주님의 뜻을 이루어갈 수 있을 것입니다. △

신앙인의 실존의식

에스더가 하닥에게 이르되 너는 모르드개에게 고하기를 왕의 신복과 왕의 각 도 백성이 다 알거니와 무론 남녀하고 부름을 받지 아니하고 안뜰에 들어가서 왕에게 나아가면 오직 죽이는 법이요 왕이 그 자에게 금홀을 내어 밀어야 살 것이라 이제 내가 부름을 입어 왕에게 나아가지 못한 지가 이미 삼십 일이라 하라 그가 에스더의 말로 모르드개에게 고하매 모르드개가 그를 시켜 에스더에게 회답하되 너는 왕궁에 있으니 모든 유다인 중에 홀로 면하리라 생각지 말라 이 때에 네가 만일 잠잠하여 말이 없으면 유다인은 다른 데로 말미암아 놓임과 구원을 얻으려니와 너와 네 아비 집은 멸망하리라 네가 왕후의 위를 얻은 것이 이 때를 위함이 아닌지 누가 아느냐 에스더가 명하여 모르드개에게 회답하되 당신은 가서 수산에 있는 유다인을 다 모으고 나를 위하여 금식하되 밤낮 삼 일을 먹지도 말고 마시지도 마소서 나도 나의 시녀로 더불어 이렇게 금식한 후에 규례를 어기고 왕에게 나아가리니 죽으면 죽으리이다 모르드개가 가서 에스더의 명한 대로 다 행하니라

(에스더 4 : 10 - 17)

신앙인의 실존의식

　미당 서정주(未堂 徐廷柱) 시인의 유명한 시 한 구절을 아마 모르는 사람이 없을 것입니다. 「국화 옆에서」라고 하는 제목의 시입니다. '한송이 국화꽃을 피우기 위하여 봄부터 소쩍새는 그렇게 울었나보다…' 너무나 아름다운 시구입니다. 국화꽃은 가을에 핍니다. 그러나 한송이 그 국화꽃을 피우기 위하여 봄이 있었고 여름이 있었습니다. 비바람도 있었습니다. 뜨거운 여름철이 지나고, 그리고 가을에 비로소 한송이의 국화를 보게 됩니다. 시인은 생각합니다. 이 시간 이 아름다운 꽃 한송이를 위하여 그 긴긴 여름이 있었다고. 그리고 소쩍새는 한여름 내내 울었던 것같다, 라고 노래하고 있습니다. 신학자 라인홀트 니버는 이런 말을 하였습니다. 기독교는 '주의'라고 하는 말을 싫어하지마는, 또 신앙은 이념이 아니니까 '주의'일 수가 없지마는 만일에 부득불 기독교에 '주의'라는 말을 붙인다면 그것은 '현실주의'일 것이다—기독교는 현실을 도피하지 않습니다. 현실을 무시하지 않습니다. 현실을 떠나려고 몸부림치는 것이 아닙니다. 피안의 세계만을 바라보고 현실을 부정하는 것은 물론 아닙니다. 현실에 적극적으로 관심을 갖고 그 의미와 그 목적을 알고 현실에 대하여 적극적 자세로, 긍정적으로 창조적으로 대하며 변화시키고 개척해나가는 파이오니아적 종교인 것입니다. 현대인이 가장 무서워하는 것은 질병도 가난도 아닙니다. 현대인이 가장 무서워하는 것은 '허무' 라고 하는 것입니다. 의미상실입니다. 왜 살아야 하는지를 모르겠고, 왜 내가 '이 일을' 해야 하는지 모르겠는 것입니다. 왜 내가 참아야 하는지, 그걸 알 수가 없는 것입니다. 의미상실, 이것이 결정적으로 우리를 괴롭히고 절망하게 만듭니다.
「아메리칸 익스프레스」의 대표이사가 얼마전 샌프란시스코의 어느 회의장에서 연봉 400만 불의 지위를 자진 사임해버렸습니다. 회의장이 깜짝놀랐습니다. 잘나가는 사람이요 잘나가는 시간인데 연봉 400만 불의 이 자리를 왜 자진 사퇴하는 것입니까. 사임 이유로는 그저 "보다 더 활력을 찾기 위하여"라고 발표했습니다마는 진실한 의미는 그것이 아니었다고 합니다. 자신의 일에 대하여 의미를 찾지 못했기 때문에 사임한 것입니다. 보수는 넉넉하게 받습니다. 돈은 벌 수가 있었습니다. 그런데 자신이 하고 있는 일에서 삶의 보람과 의미는 찾을 수가 없었습니다. 그래서 그는 모든 사람이 부러워한다고 하는 그 회장 자리를, 대표이사 자리를 버렸습니다. 여러분, 삶의 의미란 어디에 있는 것입니까? 내가 왜 세상에 태어났는가—여기서부터 시작하여야 합니다. 일이란 적어도 이 일을 위하여 나는 세상에 태어났다, 할 수 있는 그런 의미의 일이어야 합니다. 내가 지금 하고 있는 일이 도대체 무엇을 의미하는가, 나는 지금 누구에게 조종되고 누구를 위하여 사용되고 있느냐, 고용되고 있느냐, 하는 문제입니다. 자신을 위해 사는 사람도 없고 자신을 위해 죽는 사람도 없습니다. 도대체 나는 누구를 위하여, 그리고 누구에 의해서 쓰여지고 있느냐, 그리고 더욱 중요한 것은 '나는 무엇을 위해 죽을 것인가'입니다. 어느 순간에 죽을는지 알 것이 아니지마는 적어도 내 생을 바칠만한 것, 그 일을 위해 죽을만한 것이 되어야 한다는 것입니다. 그렇게 충만하고 꽉찬 의미의 생을 살아야 하는데 그렇지 못하기 때문에 그는 사표를 내던진 것입니다.
오늘본문에 보면 에스더가 중요한 결단을 내려야 하는 시점에 있습니다. 이스라엘백성이 범죄하고 하나님 앞에 징계를 받아서 바벨론으로 포로되어갑니다. 포로되어간 많은 유대사람들 가운데서 에스더라는 이 여자는 하나님의 특별한 은총을 입은 나머지, 아버지 어머니도 없이 사촌오라비 모르드개의 손에 양육된 처지에도 용모가 아름답고 단정해서 아하수에로 왕에게 발탁됨으로 왕후가 됩니다. 노예신세에서, 고아신세에서 왕후로 되었으니 이야말로 '팔자가' 열린 것입니다. 그런데 이제 문제가 생겼습니다. 하만이라는 못된 사람 하나가 있어 그의 간계에 넘어가 왕이 잘못된 일을 결정해버립니다. 수산 성에 있는 온 이스라엘사람들이 하루아침에 몰살당하게 되었습니다. 그러니 에스더는 이제 왕후로서 왕한테 나아가 '그래서는 안됩니다'라고 간하여야 되겠는데 이게 위험한 일입니다. 그러나 그리해야 될 사람은 에스더밖에 없습니다. 이 어려운 처지가 오늘본문 11절에 잘 나타나 있습니다. 누구이든 왕의 부름이 없이 궁전 안뜰에 들어서면 왕이 홀을 내어밀지 않는 한 그대로 그의 목을 치게 되어 있습니다. 남녀 불문하고 왕의 허락 없이 들어올 때 왕이 그를 기쁘게 보아서 홀을 들어주면 살지마는 만일에 그렇지 못하면 그는 죽을 수밖에 없는, 위험한 일인 것입니다. 그리고 에스더는 벌써 30일 동안이나 왕의 부름을 받지 못하고 있습니다. 이런 때에 그는 중요한 결단을 내려야 하는 것입니다. 이런 에스더에게 모르드개는 강력하게 말합니다. '이 때에, 바로 이 시점에서 네가 잠잠하면, 이 중요한 사명을 네가 기피하면 하나님께서는 이 민족을 어찌하든지 다른 길로 구원해주시겠지만 너와 네 집은 망하리라.' 이렇게 강력히 촉구합니다. "네가 왕후의 위를 얻은 것이 이 때를 위함이 아닌지 누가 아느냐." 이 때를 위하여, 바로 이 순간을 위하여 너는 이 세상에 존재하는 것이며 왕후가 된 것이 아니겠느냐—이 말입니다. 그렇습니다. 그것은 사실입니다.

　여러분, 여러분의 과거는 어떻습니까? 잘한 일도 있고 못한 일도 있습니다. 실수한 일도 있습니다. 무엇인가 운명이 잘못된 것같은, 그런 과거가 있겠지마는 이제 묻지 마십시오. 그 과거가 있어서 오늘 내가 있는 것입니다. 과거는 죽은 것이 아닙니다. 오늘이라고 하는 현재를 그 과거가 만들어낸 것입니다. 그 과거에 의해서 오늘 내가 있는 것입니다. 이것만은 사실입니다. 과거는 현재 속에 그 의미가 살아 있습니다. 또한 생각해봅시다. 우리의 미래란 오늘 현재의 연장으로 이루어지는 것입니다. 가끔 우리는 쓸데없는 운명론을 생각하고 점(占)같은 것에 의지하려 할 때가 있습니다. 제가 뭘 알겠습니까마는 그래도 북한에 몇번 오갔다고해서 그런지 더러 나에게 이런 질문을 합니다. "목사님, 언제 통일될까요? 언제 남북이 통일될까요?" 내가 신통한 점쟁이도 아닌데 어떻게 압니까. 그러나 나에게는 중요한 대답이 있습니다. "당신과 나 하기 탓이오. 우리 하기 나름이오. 그걸 잊지 마시오." "내 아들이 어떻게 될까요?" 어떻게 되긴 어떻게 됩니까. 저 할 탓이지. 왜 우리는 현재의 의미를 부정하려고 하는 것입니까. 현재와 관계없는 미래가 난데없이 하늘로부터 떨어지리라고 생각하십니까? No. 나 할 탓입니다. 우리 할 탓입니다. 저 밝은 미래는 오늘 이때의 우리 자세에, 우리 하는 일의 연장선상에서 이루어지는 것입니다. 그것을 잊어서는 안됩니다.

　'Decision Pyramid'라고 하는 재미있는 학설이 있습니다. 우리는 항상 결단을 하고 삽니다. 작은 일이나 큰일이나 선택을 해야 하지 않습니까. 선택의 폭이 좁아도, 그래도 선택을 해야 합니다. 그래서 먼저는 ordinary everyday decision, 일상적 결단이 필요합니다. 이 주일날 아침에도 여러분은 많지 않은 옷이지만 뒤적거리면서 '오늘 무슨 옷을 입고 갈까?' 결정하여야 했습니다. 그 결정 하는 데 시간이 많이 걸린 사람은 허영기가 높은 사람입니다. 이걸 입을까, 저걸 입을까, 남들이 뭐라고 할까, 예쁘다고 할까 보기 싫다고 할까—이거 생각하느라고 시간, 세월 많이 보냅니다. 그러나 결정을 해서 입고 나오지 않았습니까. 결정 못했으면 벗고 나올 뻔했는데… 어쨌든 결정을 한 것입니다. 무슨 음식을 먹을까, 오늘 누구를 만날까… 이런 일상적인 것에서부터 심지어는 여러분이 교회에 나오는 것도 중요한 결단으로입니다. 골프치러 가자고 하는데 갈까 말까—그 유혹, 굉장한 결단으로 물리치고 여기 나온 것입니다. 이런 것이 다 일상적인 결단입니다. 또하나, middle level의 decision이 있습니다. 이것은 상당히 중요한 결단입니다. 비가 올 모양인데 그래도 세차를 할까 말까? 전공과목은 뭘 택해야 하나? 나는 어떤 일에 한평생을 기여하고 살 것인가? 특별히 결혼, 아주 중요한 결단이요 선택입니다. 하고많은 남자 중에 이 남자, 하고많은 여자 중에 이 여자—이게 보통결단입니까. 이것은 내가 선택하는 것입니다. 그리고 거기에 운명을 겁니다. 보십시오, 다 중요한 결단입니다.

그러나 가장 중요한 결단, real important decision이 있습니다. 가장 결정적인 결단입니다. 그것은 생과 사에 대한 결단입니다. 여러분, 생각을 더 높이, 한번 깊이 해보시기 바랍니다. 사람에게 죽음이라는 게 있습니다. 어차피 언젠가는 죽습니다. 그리고 죽는 시점이 있습니다. 죽는 장소가 있습니다. 적어도 위대한 사람은 나의 죽음을 내가 선택합니다. 믿거나말거나 이것은 사실입니다. 보십시오.

순교자가 누구입니까. 얼마든지 안죽을 수 있습니다. 내가 결정을 하는 것입니다, 죽기로. 「쿠오바디스」라고 하는 영화에 보면 베드로가 로마 성 안에 핍박이 있을 때 도망을 쳐서 로마 성을 빠져나가는데, 예수님께서 나타나시어 로마쪽을 향하여 가시는 것을 봅니다. 베드로가 깜짝놀라서 "쿠오 바디스 도미네(주여 어디로 가십니까)?"하고 묻습니다. 예수님 대답하십니다. "네가 버린 로마로 가서 내가 다시 십자가에 못박혀야겠다." 베드로는 정신이 번쩍납니다. "아니올시다, 제가 가겠습니다." 그는 몸을 돌려 로마로 다시 가고, 마침내 십자가에 거꾸로 못박힙니다. 그는 안죽을 수 있었지 않습니까. 죽음의 장소와 시간을 스스로가 결정한 것입니다.

조그마한 일에도 그렇습니다. 저는 목사로서 많은 임종을 봅니다. 그저 웬만하면, 이젠 끝났다 싶으면 잘 정리하고 좀 곱게 가주었으면 좋으련만 끝까지 자식들보고 수술 안해준다느니 어쩐다느니 하는가하면 의사를 욕하고… 발악, 발악하다가 그야말로 심연으로 끌려가는 것처럼 죽는 사람이 있습니다. 참 딱합니다. 여러분, 굳게 결심하십시오. 마지막 시간은 내가 건사해야 됩니다. 제가 존경하는 목사님이 있습니다. 실례가 되므로 이름은 밝히지 않겠습니다. 이 분의 임종을 제가 보았습니다. 이 분이 오랫동안 위암으로 고생하다가 피가 좍악 빠져나가 기진해서 실신을 했습니다. 수혈을 했습니다. 다른 피를 넣어주니 다시 깨어났습니다. 깨어나서 보니 붉은 피를 자기몸에 넣고 있거든요. 목사님 빙그레 웃으면서 "왜 쓸데없는 짓을 하노. 나는 어차피 가야 할 사람인데, 피가 없어서 젊은 사람도 죽어가는데, 나한테 왜 이런 쓸데없는 짓을 하노"하고 자신의 손으로 주사바늘을 뽑는 것입니다. "다 모여라"하더니 하나하나 붙잡고 숨이 차는데도 위해서 기도해주고 눈을 감는 것입니다. 그 목사님의 장례식에서 한 장로님이 조문객들에게 인사를 하면서 이렇게 말했습니다. "우리목사님은 명설교가였을 뿐만 아니라 마지막순간까지도 설교를 하고 가셨습니다." 저도 그 자리에 참석해서 많이 울었고 굳게 결심했습니다. '나도 그렇게 하리라.' 여러분, 단 1분이라도, 단 한 시간이라도 좋습니다. 내가 결정할 것입니다. 시시하게 끝까지 살려달라고 몸부림치는 것이 아닙니다. 나의 죽음은 내가 선택하는 것입니다. 선택적으로 죽는 것이 바로 순교라는 것 아닙니까. 여기에 삶의 의미가 있습니다.

그런가하면 행복, 불행이 무엇입니까. 오래 살면 뭐하고 행복하면 뭐하고 가지면 뭐합니까. 어느 순간에 소중한 일을 위하여 행복도 차버리는 것입니다. 명예도 차버리는 것입니다. 끊어버리는 것입니다. 그 결단이 꼭 필요합니다. 에스더는 노예로 끌려왔다가 왕후가 되었습니다. 이게 웬 복입니까. 이 복을 그래, 차버려야 합니까. 내버려야 한단말입니까. 그는 왕에게 나아가기로 결심하고 말합니다. "수산에 있는 유다인을 다 모으고 나를 위하여 금식하되 밤낮 삼일을 먹지도 말고 마시지도 마소서 나도 나의 시녀로 더불어 이렇게 금식한 후에 규례를 어기고 왕에게 나아가리니 죽으면 죽으리이다." 그 시간 그는 다 포기했습니다. 명예고 지위고 행복이고 뭐고… 오직 하나님께 맡기고 들어가야 합니다. 이때를 위하여 나는 존재한다, 이 시간을 위하여 나는 세상에 있다, 이 시간을 위해서 나는 가노라―그러한 결단이었습니다.

장인 이드로의 양을 치던 모세가 80세에 광야에서 호렙산기슭을 지나가다가 하나님을 만납니다. 하나님의 음성을 듣습니다. 이스라엘을 구원하라고 하시는 명령을 받습니다. 이 순간이 있음으로해서 그의 운명은 달라집니다. 생각해보면 그가 80세가 되도록 유리방황 한 이 생은 어떤 생이었습니까. 그는 한때 살인을 했습니다. 애굽사 람을 쳐죽인 죄 때문에 광야에서 40년을 산 게 아닙니다. 그가 왜 바 로의 궁전에 40년 있었는지, 왜 미디안광야에서 양을 쳤는지, 그 이 유가 어디에 있습니까. 자기자신으로 볼 때는 자기무능이요 자기실 수입니다. 자기죄 때문입니다마는 이제 그는 그렇지 않다는 것을 깨 닫습니다. 이 모든 과거, 이 모든 잘못된 해석을 다 지워버리고 하나 님께서 나를 부르시기 위하여 오늘 내가 있다고 생각합니다. 오늘 내가 있기 위하여 지난 80년이 있었습니다. 이스라엘을 구원하는 거 룩한 역사를 위하여 내가 오늘 여기에 있습니다. 그리고 진실하게 응답합니다.

겟세마네동산에서 예수님, 어떻게 기도하십니까. 3년밖에 일하 신 바가 없습니다. '봉사'라고 하지마는 예수님의 봉사, 물량적으로 볼 때 도대체 얼마나 됩니까. 몇사람이나 고치셨습니까. 몇사람이나 먹이셨습니까. 제자들이라는 것도 지금 한심합니다. 이런 것들을 두 고 어떻게 눈을 감으시겠습니까. 그러나 '내 뜻대로 마옵시고 아버 지의 뜻대로 하소서' 결단을 하십니다. 비상한 결심, 비상한 결단, 그 를 통하여 만민을 구원하시지 않습니까.

'이 때'라고 하는 것은 참으로 중요합니다. 버려진 과거도 없고, 의미없는 현실도 없습니다. 무엇을 하나님께서 요구하고 계십니까. 나의 과거, 이해되지 않는 부분이 많이 있습니다. 실수와 죄로 얼룩 져 있습니다마는 잊어버립시다. 그로해서 오늘의 내가 있는 것입니 다. 그리고 저 밝은 미래를 위해서 오늘 이 시간이 있습니다. 하나님께서 나를 부르십니다. 하나님께서 나에게 엄청난 희생을 요구하십니다. 내 모든 의견과 인간적 이상을 완전히 포기하기를 원하십니다. 그리고 크고 위대한 역사를 이루고자 하십니다. 에스더는 그렇게 헌신함으로 인해서 민족을 건지고 크고 놀라운 영광을 얻었습니다. 에스더뿐이겠습니까. 주님께서는 오늘도 우리에게 이같은 결단을 요구하십니다. 이 때를 위하여, 이 시간을 위하여 나는 존재하는 것입니다. △

예수를 본받아서

　우리 강한 자가 마땅히 연약한 자의 약점을 담당하고 자기를 기쁘게 하지 아니할 것이라 우리 각 사람이 이웃을 기쁘게 하되 선을 이루고 덕을 세우도록 할지니라 그리스도께서 자기를 기쁘게 하지 아니하셨나니 기록된바 주를 비방하는 자들의 비방이 내게 미쳤나이다 함과 같으니라 무엇이든지 전에 기록한 바는 우리의 교훈을 위하여 기록된 것이니 우리로 하여금 인내로 또는 성경의 안위로 소망을 가지게 함이니라 이제 인내와 안위의 하나님이 너희로 그리스도 예수를 본받아 서로 뜻이 같게 하여 주사 한 마음과 한 입으로 하나님 곧 우리 주 예수 그리스도의 아버지께 영광을 돌리게 하려 하노라
(로마서 15 : 1 - 6)

예수를 본받아서

　심리학 이론에 '에니아그램'이라고 하는 이론이 있습니다. 헬라어로 아홉이라는 숫자를 '에니아'라고 합니다. 여기에 무게의 단위인 그램(gram)을 붙인 복합어가 에니아그램입니다. 아주 상식화한 이론입니다. 인간은 본래 본성은 순수하게 다 같은 존재로 태어난다는 것입니다. 더더욱 하나님의 형상으로 태어난 인간은 다 꼭 같아야 할 것입니다. 그러나 현실이 그렇지 못합니다. 직면하는 냉혹한 현실에 적응하기 위해서 변하고 또 발전하여 대체로 보아 아홉 가지 유형으로 나타나게 되었다, 하는 것이 이 이론의 전제입니다. 이 이론을 가지고 소위 비즈니스 하는 사람들은 수행지침으로 삼기도 하고, 혹은 우리가 이 세상을 살아가며 어떤 존재로 또는 어떤 인간관계로 살아야 성공적으로 살 수 있을까, 하는 데 이 이론을 적용하기도 합니다. 특별히 여러분의 가정생활, 자녀교육, 사회생활 전반에 걸쳐서 이것을 알고 적절하게 대처하는 것이 지혜로울 것이다, 하는 것입니다. 특별히 사업하는 분들은 인사관리에 있어서, 혹은 조직운영에 있어서 이 이론으로 조정해나가는 경우가 많습니다. 어떤 기관에서 사람을 채용할 때 숫제 심리학자를 동원하여 이 유형을 잘 구별해놓고 그에 맞추어 적절하게 안배하는 것이 바람직하다는 것입니다.
　그 아홉 가지 유형이란 대체로 이런 것입니다. 첫째가 개혁자 형입니다. 고도의 윤리성을 지닌 유형입니다. 도덕적으로 완벽주의를 기하는 사람입니다. 아주 성실하고 정직합니다. 그러나 아시는대로 정직하고 성실한 것까지는 좋은데 이런 사람들이 대게 편협합니다.

그게 약점입니다. 자기 하나는 정직한데 다른 사람과의 관계가 원만하지를 못합니다. 둘째는 협조자 형입니다. 감정이입이 잘되고 애끓는 마음이 풍부합니다. 이것은 좋은데 이 사람은 너무 감정적이라서 의지가 약합니다. 때로는 지성적이지 못할 때도 있습니다. 셋째는 동기부여자 형이라는 것입니다. 이 사람은 자신감이 있고 야심적이고 최고가 되려고 하는 사람입니다. 항상 최고가 되겠다는 그런 사람인데 고집이 셉니다. 그래서 또 힘든 유형입니다. 그리고는 예술가 형이 있습니다. 이 사람은 직관적이고 동정심이 많고 개성이 강합니다. 그러나 때때로 우울합니다. 정서적으로 강한 대신에 소위 광기가 있습니다. 그래 예술가하고 살려면 남다른 각오가 필요합니다. 가끔 '미친 짓'을 하는데 이걸 수용하지 못한다면 예술가와 더불어 살 수가 없습니다. 어떤 때는 천사같고 어떤 때는 악마같습니다. 그렇다고해서 불평을 해서는 안됩니다. 이런 사람하고 살아야 할 팔자거니 하고 수용해야 합니다. 또한 사상가 형이 있습니다. 이 유형은 탁월한 지각을 가졌고 탐색지능이 있습니다. 특정분야에 전문가가 될 수 있는 사람입니다. 그러나 역시 좀 괴팩하고 편집병적일 때가 있습니다. 그 다음으로 충성가 형이 있습니다. 감정에 호소하고, 사랑받는 사람이고, 장난기도 있고 유머도 있고, 환심을 삽니다. 그런데 이런 사람은 너무 의존적입니다. 그 이상으로는 기대할 것이 없습니다. 충성을 잘하는 사람, 큰일은 못합니다. 또한 만능선수 형이 있습니다. 순발력이 강합니다. 신바람나게 삽니다. 그러나 이런 사람들은 확실히 즉흥적, 광적일 때가 많고 지구력이 약합니다. 그 다음으로 도전자 형이 있습니다. 자신이 일단 옳다고만 생각하면 누구도 말리지 못하는 유형입니다. 아주 의지형입니다. 그러나 이러한 사람들 보면 대개 오만합니다. 다른 사람들은 다 자기만 못하다고 생각합니다. 이제 아홉 번째가 중재자 형입니다. 이런 사람은 수용 능력이 많습니다. 신뢰할 수 있고 느긋하고 낙천적입니다. 흔히 우리가 덕망이 있다고 보는 유형의 사람입니다마는 유약하고 수동적입니다. 너무나 수동적이라서 무슨 큰일은 맡길 수가 없습니다.

여러분, 이렇게 아홉 가지로 나누어보았지만 어느것 하나 마음에 듭니까? 여러분이 생각하는 완전한 사람이 있습니까? 이런 사람이면 좋겠다고 할 완벽한 사람이 있습니까? 그렇습니다. 완전한 사람이란 없습니다. 누구에게나 이런 장점이 있는가하면 저런 단점이 있는 법입니다. 그런고로 우리는 장점은 극대화하고 단점은 서로 이해하고 덮어가면서 수용해야만 가정도 사회도 직장도 편할 수가 있습니다. 자기자신을 볼 때도 자기장점을 극대화할 것이고 단점을 줄이도록 노력할 것이지 결코 무슨 단점이 있다고해서 나는 쓸모가 없다든가, 나는 교양이 없다든가, 나는 구제불능이라든가, 이렇게 자신을 비하할 것이 없다, 그 말씀입니다. 아시겠습니까? 남편이건 자녀건 나 자신이건 간에 항상 장점을 더 크게크게 인정을 하고 키워가고, 단점은 '이것도 있을 수 있는 일이다' 생각하고 받아들이면서 잘 교정하고 극소화하도록 힘써나가는 것, 그것이 지혜인 것입니다.

이제 한번 깊이 생각해봅시다. 예수믿는다는 것이 뭡니까. 예수 믿어서 구원을 받습니다. 예수를 믿어서 죄사함받고 하나님의 자녀가 됩니다. 그러나 두 번째 단계가 뭐냐하면 예수를 닮아가는 것입니다. 예수님께 대한 신앙고백, 우리가 잘 압니다. 베드로가 예수님께 고백하였습니다. "주는 그리스도시요 살아계신 하나님의 아들이시니이다(마 16:16)." 귀한 고백입니다. 그 고백 속에 예수님 모습이 드러납니다. 그는 제사장이요 선지자요 왕이십니다. 그는 우리에게 큰 역사를 이루셨습니다. 십자가에 대신 죽으셔서, 자기 피로써 제사를 드리어 우리 죄를 사하셨습니다. 그런 제사적 기능을 이루셨습니다. 그런가하면 동시에 우리를 가르치십니다. 율법에 대해서, 당신에 대해서, 가치관에 대해서, 모든것에 대해서 가르치십니다. 가르치시는 분인 동시에 본을 보이셨습니다. 그리고 그는 왕이십니다. living Christ십니다. 그는 지금도 살아계셔서 우리와, 우리의 심령과, 우리의 세계와 역사를 주관하고 계십니다. 다스리시는 분입니다. 왕이십니다.

그런데 오늘본문은 두 번째 문제인 선지자의 문제를 생각하려고 합니다. 그는 우리에게 말로만 가르치시는 것이 아닙니다. 행동으로 보이십니다. 어떻게 살아야 하는지, 무엇을 위해 살아야 하는지, 그리고 어떻게 죽어야 하는지—그것까지 가르치십니다. 이것은 절대로 비참한 일이 아닙니다. 이것이 행복의 길이요, 이것이 잘사는 길이요, 이것이 가치있게 사는 길입니다. 그것을 가르쳐주십니다. 극단적으로 말하면 행복하게 사는 길을 가르쳐주십니다. 모본을 보이십니다. 그가 우리의 생의 패러다임이 되시는 것입니다. 우리의 성품, 우리의 인간됨의 모본이 되시는 것입니다. 그래서 오늘본문 5절에 "그리스도 예수를 본받아…"하고 말씀합니다. 중생하고나면 이제 성화의 과정은 일생을 가는 것입니다. 꾸준히 그리스도를 닮아갈 것입니다. 닮아간다고해서 우리가 예수님처럼 병고치고, 예수님처럼 서른세 살에 죽어야 하고, 예수님처럼 십자가를 져야 한다, 하는 형식적인 문제에 매일 것이 아닙니다. 중요한 것은 예수님의 성품입니다. 예수님의 인간됨입니다. 그 사람됨을 우리가 본받아가야 한다는 것입니다. 이에 대하여, 오늘본문에서 사도 바울은 요약해서 몇말씀으로 교훈하고 있습니다.

예수 그리스도는 누구신가—예수께서는 우리죄를, 우리의 약점을 담당하신 분입니다. 그러므로 "우리 강한 자가 마땅히 연약한 자의 약점을 담당하고"—이렇게 말씀합니다. "담당하고"—아주 중요한 말씀입니다. "강한 자"가 어떤 자입니까. 권력자, 정치가, 돈많은 사람, 씨름선수… 그런 것을 말씀하는 것이 아닙니다. 정말로 정신적으로 강한 자, 인격적으로, 성품적으로 강한 자—어떤 자입니까. 세 가지로 요약해봅니다. 먼저는 이해에 있어서 강한 자입니다. 내가 넉넉하면 이해할 수 있습니다. 이런 사람도 이런 환경도 저런 것도 다 넉넉하게 이해할 수 있습니다. 이것이 강한 사람입니다. 그저 조그마한 일에서 걸려 넘어지고 오해되고 원수맺고 울고짜고 절망하고 한다면 약한 것입니다. 도량이 '밴댕이 속' 같다면 약한 것입니다. 약해서 민감한 것입니다. 그래서 만사에 알레르기반응을 일으키는 것입니다. 이게 약자입니다. 강한 사람은 언제나 넉넉합니다. 놀랄 것 없고, 호들갑떨 것 없습니다. 좋은 사람도 사랑하고 못된 사람하고도 같이 지낼 수 있습니다. 이해를 하는 것입니다. 언제나 상대방을 깊이 이해하고, 또 역사의 의미도 이해하고, 환경이 말해주는 방향도 이해합니다. 그 이해, understanding mind가 넉넉합니다. 이, 강한 것입니다. 우리가 자녀들을 이해하지 않습니까. 아이들이 어쩌고어쩌고 해도 어른은 어른스럽게 이해합니다. 그런데 재미있는 것이 있습니다. 할아버지 할머니가 되면 손자하고 싸웁니다. 나이가 다시 거꾸로 돌아가서 열두 살이 되었거든요. 이게 문제입니다. 넉넉함이 없습니다. 여유가 없습니다.

강한 사람이라면 또 깨달은 바 진리를 자기생활 속에 구체화할 줄 압니다. 이게 능력이 있는 사람입니다. 오늘 여기서 하나님말씀을 들으면서 바로 '아, 그렇다. 그런고로 나는 이렇게 살아야겠다'하고 적응할 수 있고 구체화할 수 있는 능력이 있습니다. 그런 소화능력이 있는데, 어떤 분은 이걸 못합니다. 그리하여 '말씀은 좋은데 나와는 관계없다'합니다. 또 어떤 때 좀 생각을 해보아도 '그러면 나는 어떻게 할까?' 대책이 없습니다. No idea, 이것이 약한 것입니다. 진리는 진리대로 신앙은 신앙대로 행위는 행위대로 성품은 성품대로, 따로되어 사는 것입니다. 영영 이렇게 삽니다. 이것이 약한 사람입니다. 강한 사람은 한마디든 두마디든 배우는대로 생활 속에 실천 적응해나갑니다.

　강한 사람이라면 또한 실천지구력이 있습니다. 알기는 하는데 행하지를 못하고, 사랑해야 될 줄 알면서 사랑하지 못하고, 용서해야 될 줄 알면서 용서하지 못하고, 용서했다가도 비슷한 일이 또 생기면 다시 원점으로 휘청휘청 돌아가버린다면 이는 약한 것입니다. 강한 사람은 한번 시작했다하면 끝을 봅니다. 요새 눈이 많이 와서 좀 보행이 어려웠습니다. 새벽기도회 때 보니 내가 생각했던 것보다는 많이들 나왔습디다마는 아주 많이 못나왔습니다. 그래 내가 속으로 생각했습니다. 눈이 온 건 온 것입니다. 길 나서기 어렵긴 어렵습니다. 그러나 그때문에 내가 일생을 걸고 한 맹세를 여기서 굽힐 수 있습니까. 누가 가로막을 것입니까. 어떤 때 우리가 한 약속 그것을 못지켜서야 쓰겠습니까. 실천의지, 그게 문제인 것입니다. 학생들 박사공부 하는 것, 시간이 상당히 많이 걸립니다. 오륙 년 수고해서 마지막에 논문을 쓰는데 이게 잘 안되는 것입니다. 그때가서 나보고 물어봅니다. "계속할까요, 말까요? 박사 해봤댔자 별로인 것도 같은데, 길도 없고 취직도 못하는 것같은데, 할까요, 말까요? 박사라 해도 요사이는 50%가 취직 못한답디다." 그래서 나는 말했습니다. "그건 그렇다. 박사란 게 별거냐? 하지만 시작했으니 끝내라." 시작한 걸 끝내지 못하면 한평생 그것 때문에 아무 일도 못한다고 합니다. "아, 사내놈이 시작했으면 끝을 내야지 이제와서 무슨 딴소리냐. 지금까지 6년 동안 수고한 것이 아까워서라도 마저 해버려." 이렇게 말해주었더니 고민에 빠지는 학생이 있습디다. 이게 약한 것입니다. 이게 일반적인 사람의 마음입니다.

그러면 강한 자가 약한 자를, 이해도 못하고 구체화도 못하고 실천도 못하고 꾸준하게 끌고나가지도 못하는 약한 자를 어떻게 하면 좋겠습니까. 이해하는 것입니다. 담당하는 것입니다. 나아가 내가 대신하는 것입니다. 담당한다—헬라말로 '바스타제인'이라고 하는 이 말은 짐을 진다, 라는 뜻입니다. 그의 짐을 내가 대신, 자발적으로, 자원하는 마음으로 지는 것입니다. 이사야 53장에 여러분 잘 외는 말씀이 있지요. "그는 실로 우리의 질고를 지고 우리의 슬픔을 당하였거늘… 그가 징계를 받음으로 우리가 평화를 누리고 그가 채찍에 맞음으로 우리가 나음을 입었도다." 내가 맞을 것을 그가 대신 맞습니다. 내가 받을 비방을 그가 받습니다. 그 성품이 바로 그리스도의 성품입니다. 그리스도의 마음은 담당하는 마음입니다. 책임을 대신 지는 것입니다. 이것이 그리스도의 마음입니다.

제가 샌프란시스코에 갔을 때 접한 한 가지 사연은 두고두고 제 마음에서 잊혀지지 않고 회상됩니다. 의사로 분주하게 다니는 부인이 있어 어느날 남편이 밖으로 돌다가 에이즈병에 걸려 들어왔습니다. 기가막힌 나머지 남편을 앞에 앉혀놓고 이 부인 하는 말이 이러했습니다. "내가 의사라서 바빠 돌아가느라고 아내구실을 제대로 못해서 당신이 밖으로 돌다가 이렇게 됐으니 책임은 나에게 있습니다. 당신이 이대로 죽어가면 당신을 죽인 내가 어찌 평안하게 살 수 있겠습니까. 나도 같이 에이즈 걸려 당신과 같이 죽는 것이 나를 위해서도 좋겠습니다." 10년 동안 별거하다시피하던 사이가 다시 합쳤습니다. 에이즈환자하고 다시 부부생활을 한 것입니다, 죽기를 결심하고. 이 뜨거운 사랑으로 인해서 두 사람이 다 건강해졌습니다. 샌프란시스코에 갔다가 현지에서 당자로부터 이 이야기를 들었는데, 두고두고 잊혀지지 않는 것입니다.

누구 책임인가―모든 문제가 여기에 걸려 있습니다. 나 책임 다했다, 밥을 안줬냐, 옷을 안줬냐, 학비를 안줬냐, 너는 너 할 일이나 해라―가정에서도 여기서 문제가 되는 것입니다. 너희들이 잘못된 거, 가출한 거, 내 책임이다―담당하는 것입니다. 남편이 밖으로 도는 거 내 책임이다―담당하는 것입니다. 아내가 잘못하는 거 내 책임이다―내가 담당하는 것입니다. 저주를 받아도 내가 받습니다. 그 마음이 그리스도의 마음입니다. 내 책임까지 남에게 돌리려고 하는 세상입니다. 예수님께서는 그렇지 않으십니다. 우리의 모든 허물과 죄를 그가 담당하십니다. 우리의 약점을 다 담당하십니다. 다 당신책임으로 돌리고 십자가에 돌아가십니다. 성품 자체가 약한 자의 약점을 비판하시지 않고 내가 대신 자발적으로 담당하시는 것―바로 사랑인 것입니다.

그런가하면 "자기를 기쁘게 하지 아니하셨나니"라고 3절에서 말씀합니다. 자기를 기쁘게 하려는 마음, egocentric, 자기중심적인 마음, 이거 한번 뚝 떼어버리고 지나가볼까요? 이제까지 나 중심으로 살았으니, 이젠 나이도 한 50 됐으니, 이제부터는 나를 기쁘게 하고자 하는 것 없이 살아보겠다고 한번 확 뒤집어보십시오. 새로운 세상이 보일 것입니다. 모든 일에서 '나'를 잊어버릴 것입니다. 내 명예, 내 지위, 내 뜻, 내 고집, 다 잊어버릴 것입니다. 나를 기쁘게 하는 마음으로부터 완전히 벗어나, 나를 십자가에 못박아버리면 여러분, 신비로운 기쁨을, 신비로운 행복을 체험하게 될 것입니다.

또한 "이웃을 기쁘게"라고 말씀합니다. 이는 강한 의무입니다. 모든 일에서 남을 기쁘게 하고 남을 편하게 하고 남의 이름을 높이는 것, 그것이 행복의 근본입니다. 수학분야에서 세계적인 명성을 가졌던 일본학자 기꾸찌 교수는 옥스퍼드대학에 다닐 때도 역시 수학의 천재라 항상 1등만 하였습니다. 영국백인들이 기분이 안좋았습니다. 이 동양사람한테 우리 영국사람이 지다니, 자존심이 상했습니다. 브라운이라는 영국사람이 항상 2등을 하였습니다. 거기서 넘어서지를 못합니다. 이런 경쟁관계에 있었는데, 마침 기꾸찌가 독감에 걸려서 몇주간 동안 학교에 못나왔습니다. 다들 '옳지! 이번 학기는 브라운이, 백인이 1등 할 것이다' 생각을 했는데 웬걸 또 기꾸찌가 1등을 하였습니다. 알고보니 브라운이 매일같이 강의들은 노트를 가지고 가서 친구 기꾸찌에게 전달강의를 한 것입니다. 왜요? '당신이 감기로 인하여 1등에서 내려앉는 것을 나는 바라지 않는다' 이것입니다. 얼마나 깨끗한 마음입니까. 남을 밀어주고, 이해해주고, 참아주고, 기다려주고—그것이 이웃을 기쁘게 하는 비결입니다.

EQ라는 것은 내 감정상태를 나 스스로가 알아내는 지수입니다. 아이들 보면 어떤 때 입이 삐쭉 나옵니다. "너 삐졌냐?" 하면 "나 삐졌다"합니다. 그거 EQ가 괜찮은 것입니다. 내가 지금 잘못되고 있다는 걸 내가 알아야 합니다. 그걸 모르는 게 멍청한 것입니다. 내 감정을 내가 알고, 그 다음에는 내 감정을 스스로 다스릴 줄 알고, 그 다음에 이것을 바르게 표현할 줄 알고, 그 다음에는 이웃에 대하여, 모든 사람의 감정을 내가 잘 수용할 줄 알고, 그리고 모든 이웃과의 관계를 원만하게 해결해나가는 사람, 이런 사람이 'EQ가 높은' 사람입니다.

여러분, 그리스도를 본받는다는 것—엄청난 일로 생각할 것 없습니다. 그런 것이 아닙니다. 그리스도인이 되었다면 처음부터 그리스도의 성품을 하나씩하나씩 본받아가야 하는 것입니다. 정말로 그리스도를 사랑하십니까? 그리스도를 뜨겁게 사랑하면 그리스도를 닮게 되어 있습니다. 아내건 남편이건 누구든 열렬히 사랑하면 알게 모르게 그를 닮아가는 법입니다. 이것이 그리스도인입니다. 앙망하고 사랑하고 높이고 존경하면 그리스도의 마음 본받아갑니다. 본받아서 그의 길을 따라 우리도 행복하고 그의 길을 따라 하나님의 자녀로 꿋꿋이 성장하는 것입니다. △

냉수 한 그릇의 의미

너희를 영접하는 자는 나를 영접하는 것이요 나를 영접하는 자는 나 보내신 이를 영접하는 것이니라 선지자의 이름으로 선지자를 영접하는 자는 선지자의 상을 받을 것이요 의인의 이름으로 의인을 영접하는 자는 의인의 상을 받을 것이요 또 누구든지 제자의 이름으로 이 소자 중 하나에게 냉수 한 그릇이라도 주는 자는 내가 진실로 너희에게 이르노니 그 사람이 결단코 상을 잃지 아니하리라 하시니라
(마태복음 10 : 40 - 42)

냉수 한 그릇의 의미

　근자에 「뉴욕 타임스」에 베스트 셀러로 올라 있는 아주 작은, 또 많은 감동을 주고 있는 책이 있습니다. 「A 6th Bowl of Chicken Soup for the Soul」이라고 하는 책입니다. 거기 나오는 짤막한 이야기 한 토막, 아주 감동을 주는 이야기가 있어서 함께 생각해보려고 합니다. 임종 가까운 한 노인이 있었습니다. 지금 병원에 입원되어 있으면서 순간순간 점점 어려운 시간을 맞고 있습니다. 바로 몇시간 전에 있었던 심장마비와 또 이에 따르는 강한 진통제로 인해서 정신이 몽롱해진 가운데 있습니다. 들리는 것도 보이는 것도 다 희미해진, 감각이 희미해진 그런 상태입니다. 간호사가 큰 소리로 이분에게 외쳤습니다. "할아버지, 아드님이 왔습니다." 그러나 노인은 간신히 눈을 돌릴 정도입니다. 간호사는 또 소리를 질렀습니다. "그렇게 기다리던 아드님이 왔습니다." 해병대 복장을 한 건장한 청년이 병실에 들어섰습니다. 노인은 윤곽을 알아볼 정도밖에는 분명하게 사람을 볼 수가 없는 상태이고, 말을 하고 싶어도 말이 안되는 것입니다. 아주 쇠약해진 손을 내밀었습니다. 청년은 그 손을 두손으로 꼭 잡았습니다. 서로 주고받는 말은 없습니다. 그렇게 한밤을 꼬박 지냈습니다. 의사와 간호사가 간간이 들어와서 상태를 체크했습니다. 간호사는 공순하게 앉아 있는 그 청년을 보고 잠깐 눈이라도 좀 붙이라고 말하지만 청년은 고개를 가로젓습니다. 여전히 노인의 얼굴을 들여다보고 그 손을 꼭 잡고 있습니다. 새벽녘이 되었을 때 노인은 세상을 떴습니다. 꽂아놓았던 산소호흡기며 주사바늘 등속을 다 뽑고 제하고나서 간호사가 물러설 때 청년은 노인을 가리키고 이렇게 말하는 것입니다. "그런데 저 노인은 누굽니까?" 간호사는 깜짝놀랐습니다. "당신은 이 노인의 아들이 아니세요? 이 노인이 당신의 아버지가 아니세요?" 청년은 대답합니다. "아닙니다." 간호사는 어안이 벙벙했습니다. "그러면 어떻게해서 저 노인과 함께 밤을 지새운 겁니까?" "이 병실 문을 여는 순간 저는 아차했습니다. 무슨 착오가 생겼구나, 이 노인의 아들과 내가 동명이인인가보구나, 그래서 사무착오로 내가 여기 오게 됐구나, 하는 것을 알았습니다. 그리고 저 노인의 눈빛을 보는 순간 나는 거기에 사로잡혔고 도저히 '내가 당신의 아들이 아닙니다'라는 말을 할 수가 없었습니다. 그래서 그대로 이 자리를 지켜야 했고 임종을 보아야 했습니다. 나는 도저히 이 자리를 떠날 수가 없었습니다." 여러분, 목이 타는 사람에게 가장 필요한 것은 냉수 한 그릇입니다. 오직 냉수입니다. 그에게는 냉수 아닌 아무것도 소원이 없습니다. 사랑에 목말라하는 임종의 이 노인에게는 옆에서 손을 잡아줄 바로 그 누군가가 필요했던 것입니다. 이 간절한 소원을 뿌리치지 아니한 이 청년이야말로 가장 인간적인, 가장 행복한 그런 생을 사는 사람이라 하겠습니다.

성녀 마더 테레사는 말합니다. '가장 큰 병은 결핵이나 문둥병이 아니라 아무도 돌아보지 않고, 아무도 사랑하지 않고, 아무도 필요로 하지 않는 바로 그것이다, 육체의 병은 약으로 고친다고 하지만 고독과 절망은 아무것으로도 고칠 수 없다, 오직 따뜻한 사랑으로밖에… 배고픈 사람에게는 한 개의 빵 외의 그 어떠한 것으로도 사랑을 설명할 수 없다.' 여러분, 빵 하나가 사람을 살리는 게 아닙니다. 빵 하나에 담긴 사랑이 사람을 살리는 것입니다. 사랑이 메말랐습니다. 우리는 너무나 이기적입니다. 그 어느 때건 이렇게 돼버린 일이 없습니다. 인간성이 이 모양이 되고야 전들 어떻게 행복하겠습니까. 어찌 이 땅에 복이 임하겠습니까. 어느 누구를 탓하지 마십시오. 인간심성이 이렇게 되고는 절대로 복을 받을 수가 없는 것입니다. 사랑이 없어서 죽어가는 불쌍한 심령들이, 불쌍한 인간들이 얼마나 많습니까. 냉수 한 그릇, 그것은 작은 것입니다. 지극히 작은 것입니다. 큰 집, 좋은 시설, 굉장한 대접, 그거 바라지 않습니다. 냉수 한 그릇, 여기 목숨이 걸렸다는 말씀입니다.

몇주 전에 제가 북한의 평양을 며칠 다녀왔습니다. 놀란 것은 고려호텔에서였습니다. 제가 여러 번 가보았어도 그런 일 없었습니다. 그 큰 호텔에 난방시설이 없었습니다. 영하 18도추위에 냉방에서 잠을 자야 했습니다. 그러나 춥다고 말하지 않았고, 그 누구도 춥다고 말하는 사람이 없었습니다. 외국사람들까지도 춥다는 말을 하지 않습니다. 아니, 춥다고 느끼지도 않았습니다. 우리는 배불리 먹고 추위를 견디지마는 저 거리, 저 농촌에는 수많은 사람이 움막에서 굶으며 이 추운 겨울을 나고 있는 것입니다. 그 생각을 하면 어떻게 춥다는 말을 감히 할 수 있겠습니까, 죄받을 마음이지. 어찌 춥다고 생각이라도 하겠습니까. 여러분, 이것을 알아야 합니다. 절박한 현실이라는 게 뭡니까? '그까짓것'이라 하겠습니까? 냉수 한 그릇에 목숨을 걸었다니까요.

우리가 나진에 고아원을 세우고 열었습니다. 수백 명의 아이들이 거기서 자라고 있는데 거기서 일하는 분들, 한 달에 월급이 18불입니다, 18000원. 이게 얼마냐? 굉장히 중요한 것입니다. 거기서는 10불이면 다섯 식구가 한 달 살 수 있는 생활비입니다. 그러니 어떻게 산다는 걸 짐작할 수 있지요. 어떻게 연명한다는 것을. 여러분,

깊이 생각하여야 합니다. 이유를 묻지 마십시오. 이렇게 굶주린 자들이 바로 지척에 있습니다. 그런데 우리가 더 잘살기를, 더 복받기를… 뭘 더 바란다는 것입니까. 그리고 원망, 불평입니다. 이러고야 하나님께서 이 땅에 복을 주실 수 있겠습니까.

우스운 이야기 하나 할까요? 어느날 신앙심이 두터운 교인 하나가 길거리에 나섰다가 아주 끔찍한 광경을 보았습니다. 한끼의 식사가 없어서 헤매는 사람, 노숙자들도 보고 젖이 나오지 않는 빈 젖을 빨면서 우는 어린아이를 보았습니다. 하도 비참한 모습이라 그는 하나님 앞에 기도를 드렸습니다. "하나님, 어떻게 이렇듯 비참한 일이 있을 수 있습니까? 하나님께서는 뭘 하고 계시는 것입니까? 대책을 세우실 겁니까, 안세우실 겁니까?" 하나님 앞에 '협박기도'를 한 것입니다. 그랬더니 하나님께서 하시는 말씀이 "대책이라고? 이 답답한 녀석아, 내가 심심풀이로 너를 만든 줄 아느냐"하십니다. 네가 이 세상에 존재하는 목적이 뭐냐, 이것입니다. "나는 넉넉히 주었다." 그렇습니다. 하나님께서는 이 지구상에 넉넉한 양식을 주셨습니다. 온 사람이 이제부터 50년까지도 충분히 먹고 남습니다. 사람들이 못돼서 너무 마구잡이로 먹습니다. 그래놓고 찜질방에나 가서 땀을 흘리고 앉아 있습니다. 그거 죄입니다. 적게 먹으면 될 것을 그 짓을 하고 있으니 이 땅에 하나님께서 복을 주시겠습니까. 하나님의 시각에서 한번 내려다보십시오. 지척에서는 그 모양이고 바로 여기서는 또 이 모양이니, 어떻게 될 것같습니까? 여러분, 깊이 생각하여야 합니다. 문제는 '냉수 한 그릇'—그와 같은 것이 없어서 절망하고 죽어가는 그런 심령들이 우리 주위에는 있다는 것을 알아야 한다는 것입니다.

이 세상에 여러 종류의 사람이 있습니다마는 요한복음 13장에 보면 예수님께서 제자들의 발을 씻기시는데 예수님께서는 제자들의 발을 씻기시는 입장이고 제자들은 씻기심을 받는 입장이거늘 베드로 같은 사람은 어쩌다가 예수님의 발을 씻겨드리지 못했다는 것으로해서 "내 발을 절대로 씻기지 못하시리이다(요 13:8)"하고 거절을 합니다. 다시말하면 이렇습니다. 주는 자가 있고 받는 자가 있습니다. 어떤 사람은 주지도 않고 받지도 않습니다. 바로 이 세 번째 사람이 문제입니다. '나는 주지도 않고 받지도 않는다.' 마틴 부버는 「I and Thou」라는 책에서 현대의 문제는 관계의 문제라고 말합니다. 어찌 이젠 누가 나는 받지 않았다고 할 수 있겠습니까. 여기 은혜를 받지 않은 사람이 어디 있습니까. 은혜 입지 않은 사람이 어디 있습니까. 받지 않고 내가 있습니까. 다 받은 것뿐인데, 나는 받은 바 없으니 주지도 않겠다, 안받고 안주겠다 하니 이 세상이 비참해지는 이유가 그것입니다.

초대교회로 돌아가봅시다, 성령 충만한 교회. 성령충만의 윤리가 어떻게 나오나 보십시오. 그들이 전에는 못보았습니다. 전에는 가난한 자가 옆에 있다는 것을 몰랐습니다. 성령 충만하고보니까 내 것을 필요로 하는 사람이 있더라고요. 나는 너무 많고 저기는 너무 없구나—그래서 유무상통 한 것 아닙니까. 전에는 이게 보이지를 않았습니다. 성령 충만하고보니까 즐비하게 가난한 사람이 있고 내가 도와주어야 될 사람이 있는 것을 알기 시작했습니다. 내것을 내 것이라고 하는 자가 없더라—이것이 성령충만의 윤리입니다.

오늘본문 42절 보면 예수님께서 "냉수 한 그릇이라도…"라고 말씀하십니다. "only a cup of cold water…" 곧 '오직 냉수 한 그릇만

주어도'라는 말씀입니다. only — 헬라말원문은 '모논'입니다. 강하게 표현되고 있습니다. 정말입니다. 냉수 한 그릇, 정말로 소중한 것입니다. 특별히 오늘본문은 말씀합니다. "제자의 이름으로…" 우리가 선한 일을 하기는 합니다. 할 마음도 있습니다. 하는 사람이 많기도 합니다. 그러나 '내 이름으로'입니다. 여기서 딱 걸리거든요. 꼭 내 이름을 내려고듭니다. 한번은 어느 북한의 고관이 나보고 이런 얘기 합디다. "참 남조선사람들 자기이름 좋아합디다." 쌀 몇톤을 가져오는데, 단동에다 갖다놓고 봉지봉지 만들어가지고 봉지마다 'XX교회'라고 표시하고 '주 예수를 믿으라' 쓰고, 심지어는 교인의 이름까지 쓰고…" 이러는 데 사흘 걸렸다고 합니다. 그걸 신의주로 옮겨놓고, 신의주에서 다시 그걸 뜯는 데 또 사흘 걸렸다고 합니다. 쌀봉지 하나 주면서 "예수믿으세요"하여야 되겠습니까. 그래야만 되겠습니까. 꼭 '내 이름으로'입니다. 어느 교회에서는 약품을 십오만 불어치나 보내는데 거기다가 교회이름을 써서 보냈습니다. 그 약 되돌아왔습니다. 나보고 물읍디다. "왜 돌아왔을까요?" 제가 말했습니다. "성서적으로 하지 않아서 돌아왔지." 오른손이 하는 거 왼손이 모르게, 사람 앞에 하지 말라고 예수님 누누이 말씀하시는데, 그까짓 몇푼 주면서 자기이름을 드러내다니요. 우리네 가만히 보면 선한 일 많이 합니다. 그런데 늘 자기이름에서 걸립니다. 꼭 '내 이름으로' 하고 싶은 것입니다. 심지어는, 내가 북한에 가서 사람들을 만나 악수하고 '주 예수를 믿으라'하면서 주는 것이면 나도 주겠다, 라고 말하는 사람도 있습니다. 이런 경우 저는 "그만두세요"하고 맙니다. 내 이름으로 하고 악수하면서 해야 되겠다는 것입니다. 「탈무드」에서도 말합니다. '받는 자가 주는 자의 얼굴을 못보아야만 그것이 구제다.'

찬송가 가사에도 보면 '이름없이 빛도 없이…'하는 대목이 있습니다. 어떤 사람은 이 대목은 안부른다고 합니다. '이름없이 빛도 없이'는 나 싫다, 이것입니다. 여러분, 모름지기 성서적으로 합시다. 그 이름, 별것도 아닌 그것, 별로 좋은 이름도 아닌 그것, 잊어버립시다. 이름, 대단한 것 아닙니다. 그 부끄러운 이름을 왜 그렇게 자랑하고 싶어합니까. 아주 순수한 마음이어야 합니다. 제자의 이름으로, 예수의 이름으로—이유는 묻지 맙시다. 왜 그러해야 되느냐, 묻지 맙시다. 이것이 없이는 내가 살지를 못하기 때문입니다. 우리가 살지를 못합니다. 깊이깊이 생각하여야 되겠습니다.

예수님께서 특별히 보상문제를 말씀하십니다. 냉수 한 그릇이라도 내 이름으로 주었을 경우 절대로 상을 잃지 아니하리라, 하십니다. 하나님께서 다 기억하신다는 것입니다. 세상에는 빼앗으며 살다가 빼앗기는 사람 많습니다. 또, 더불어 살면서 풍성한 사람이 있습니다. 계속 베풀고 하나님께로부터 상을 받으며 사는 사람이 있습니다. 여러분 스스로가 선택하십시오. 인종차별이 아주 심할 때 미국에서 있었던 일입니다. 어느 백인이 정원에 앉아 시원한 바람을 쐬면서 맥주를 마시고 있는데 지나가던 아메리칸 인디언 한 사람이 마침 배가 고프고 목이 마르던 참이라 이 백인에게 다가와 "제게 물 한 그릇 주실 수 있겠습니까?" 합니다. 그런데 그 백인은 한마디로 거절합니다. "없어!" "그러면 당신이 마시던 맥주라도 좀 주시지요." "인디언놈한테는 못줘!" "그렇습니까." 인디언은 돌아갔습니다. 며칠 후에 그 백인이 사냥개를 데리고 사냥을 하러 나갔다가 사냥개를 잃어버렸습니다. 길을 잃고 헤매다가 배가 고프고 목이 말라 쓰러졌습니다. 때마침 그곳을 지나던 그 아메리칸 인디언이 쓰러진 그 백인을 발견하고 들쳐업고 산을 내려와 자기집에 갖다뉘고 간호하고 물을 주고 죽을 쑤어주고 하여 소생시켰습니다. 이 백인, 정신을 차리고 눈을 떠보니 자신을 구한 자는 며칠전 자기가 물을 거절했었던 그 아메리칸 인디언인지라 말문이 막힌 채 깜짝놀랍니다. 인디언은 빙그레 웃고 말합니다. "내가 당신이 나에게 한 것처럼 했더라면 당신은 벌써 이 세상 사람이 아닙니다."

여러분, 우리는 어떻게 살아야 하겠습니까. 무슨 대가를 요구하십니까. 깊이 생각하여야 하겠습니다. 우리가 지금 잘살기를 바랍니다. 그 원인이 어디에 있다고 생각하십니까? 정치를 잘못해서요? 그 누구 때문이라고요? 아닙니다. 우리의 심성이 지금 복받을만한 그릇이 되지를 못합니다. 그것을 알아야 합니다. 유명한 이야기가 있습니다. 마틴이라고 하는 로마군 장교가 전선에 나가서 싸우다가 부상을 당했습니다. 피투성이가 되고 옷은 다 찢어지고… 간신히간신히 헤어나와 지금 집으로 돌아가고 있습니다. 휘청거리면서 돌아오는데 어느 문앞에 문둥병환자 하나가 쭈그리고 앉아서 물 좀 달라고 합니다. 그래서 자기가 가지고 있던 물을 주었습니다. 그랬더니 문둥병환자는 다시 배가 고프다고 호소합니다. "밥은 줄 게 없는데…" 그랬더니 문둥병환자가 이번에는 춥다고 호소합니다. 장교는 자기의 그 찢어진 군복외투를 벗어서 그에게 입혀주었습니다. 그리고는 문둥병환자를 꼭 껴안아주었습니다. 그리고 다시 일어나서 가던 길을 가는데 너무 출혈이 심해서 그만 세상을 떠났습니다. 하늘나라에 갔더니 예수님께서 나오시어 영접을 하시는데 뵙고는 깜짝놀랐습니다. 보니 예수님께서 입고계신 것이 좀전에 자기가 그 문둥병자에게 주었던 그 찢어진 군복외투였던 것입니다. 오늘 성경은 그것을 말씀하고 계십니다. "누구든지 제자의 이름으로 이 소자 중 하나에게 냉수 한 그릇이라도 주는 자는 결단코 상을 잃지 아니하리라."

여러분, 냉수 한 그릇이 절대로 필요한 바로 그 사람이 눈에 보입니까? 여기 감격이 있습니까? 여기 절절한 마음이 있습니까? '저들을 돕지 아니하고는 나는 절대로 살 수 없다.' 여러분, 저들이 굶고 있는 동안 우리는 절대로 번영할 수 없습니다. 이것을 알아야 합니다. 이유야 어쨌든 우리는 더불어 살아야 되고, 베풀며 살아야 합니다. 그것을 연구할 것입니다. 당신의 행복의 근거는 어디에 있다고 생각하십니까? 베푸는 마음, 베푸는 생활, 그리고 더불어 사는 생활, 그 속에 하나님의 축복이 있습니다. 따뜻한 마음, 그리스도의 마음입니다. 그리스도의 마음이 되기까지는 우리는 절대로 자유할 수 없고 평안할 수도 없는 것입니다. △

그의 나라와 그의 의

또 너희가 어찌 의복을 위하여 염려하느냐 들의 백합화가 어떻게 자라는가 생각하여 보라 수고도 아니하고 길쌈도 아니하느니라 그러나 내가 너희에게 말하노니 솔로몬의 모든 영광으로도 입은 것이 이 꽃 하나만 같지 못하였느니라 오늘 있다가 내일 아궁이에 던지우는 들풀도 하나님이 이렇게 입히시거든 하물며 너희일까보냐 믿음이 적은 자들아 그러므로 염려하여 이르기를 무엇을 먹을까 무엇을 마실까 무엇을 입을까 하지 말라 이는 다 이방인들이 구하는 것이라 너희 천부께서 이 모든 것이 너희에게 있어야 할 줄을 아시느니라 너희는 먼저 그의 나라와 그의 의를 구하라 그리하면 이 모든 것을 너희에게 더하시리라 그러므로 내일 일을 위하여 염려하지 말라 내일 일은 내일 염려할 것이요 한 날 괴로움은 그 날에 족하니라

(마태복음 6 : 28 - 34)

그의 나라와 그의 의

　이스라엘의 수상을 지낸 메나헴 베긴(Menachen Begin)이 재임 시에 미국을 방문하였는데 당시의 미국대통령이던 로널드 레이건이 그를 극진히 환대하였습니다. 레이건 대통령의 안내로 백악관 집무실에 들어섰는데 첫눈에 띈 것이 커다란 테이블 한가운데 놓인 석 대의 전화였습니다. 하나는 백금으로 만들었는지 하얀 전화기이고, 또하나는 빨간 전화기이며 또하나는 금으로 만든 것같이 누런 황금빛의 전화기였습니다. 베긴 수상이 속이 좀 뒤틀렸는지 빈정대는 투로 물어보았습니다. "이 석 대의 전화기는 무엇에 쓰는 거요?" 레이건 대통령은 어깨에 힘을 주고 대답합니다. "흰 것은 행정부로 통하는 것이며 주로 공무에 쓰입니다. 빨간 것은 소련과 직결되어 있는 비상전화입니다. 그리고 황금색 전화기는 하나님과 통화하는 것입니다." 베긴 수상이 또 묻습니다. "그러면 하나님과 통화할 때 통화료는 얼만가요?" 레이건 대통령은 빙그레 웃고 대답합니다. "일만 달러랍니다. 그만한 가치가 있는 것이지요." 얼마뒤 레이건 대통령이 이스라엘을 방문하여 베긴 수상의 집무실에 안내받았습니다. 거기에도 역시 전화기가 석 대 놓여 있었습니다. "이 전화기들 어디에 쓰는 거요?" 레이건이 물었고, 베긴이 대답합니다. "백색 전화기는 국회의사당하고 연결된 것이며 공무에 쓰입니다. 한가운데 있는 요 빨간 거는 이집트하고 연결된 비상전화입니다. 그리고 이 노란 것은 하나님과 통화하는 것입니다." 레이건 대통령이 또 물어봅니다. "여기서는 하나님과 통화할 때 통화료가 얼만가요?" 베긴 수상은 빙그레 웃고 대답합니다. "여기서는 십오 센트입니다." "거 왜 그렇게 싼가요?" 이제 베긴 수상은 중요한 대답을 합니다. "이곳은 하나님나라의 지방도시이기 때문에 하나님과의 통화는 국내전화 통화료로 되는 것입니다." 우리네는 하나님의 선민이다, 이스라엘은 선민의 나라요 하나님나라의 지방도시다, 그러므로 하나님과 우리의 통화는 국내통화다―중요한 '신앙고백'입니다.

　오늘본문에서 우리는 예수 그리스도께서 친히 하시는 말씀을 듣습니다. "그의 나라와 그의 의를 구하라 그리하면 이 모든것을 너희에게 더하시리라." '그의 나라와 그의 의'―헬라어원문은 '텐 바실레이안 카이 텐 디카이오쑤넨 아우투' 곧 'the kingdom and the righteousness of Him'입니다. '그의 왕국'이요, '그 의'가 아니라 '그의 의'입니다. 하나님의 나라, 하나님의 의를 이릅니다. 이것을 먼저 구하면 "이 모든것"―타오타 판타, 뭐든지 다 이루어주신다고 주님께서 확실하게 말씀하시고 약속하십니다. 우리는 무엇을 먹을까, 무엇을 마실까, 무엇을 입을까, 합니다. 통틀어서 경제문제입니다. 우리는 경제문제에 시달립니다. 염려, 걱정, 염려, 걱정, 그리고 서로 물어뜯고 싸웁니다. 어찌생각하면 이 모든 문제가 경제문제요 돈문제다, 라고 요약할 수 있습니다. 그러나 여러분 아시는대로 경제문제란 정치문제입니다. 일본사람이 우리한국에 와서 수십 년 동안을 한국에서 살고 직장생활을 하고 사업을 하고, 그리고 한국사람에 대해서, 한국에 대해서 쓴 글에 한국사람의 좋은 점 나쁜 점을 지적한 것이 있습니다. 특별히 고마운 것은 일본사람하고 비교해서 한국사람이 더 좋다, 일본나라보다 한국나라가 더 좋다, 한 것입니다. 그런데 이런 이야기를 죽 써나가다가 마지막에 결론이 이렇습니다. '정치만 조금 잘해주면 잘살 수 있는 나라인데…' 사실입니다. 우리 백성들 참 좋습니다. 무슨 언짢은 것이 좀 있다가도 건망증이 많아서 그걸 또 쉽게 잊어버리더라고요. 우리민족, 참 창의력도 있고 머리도 좋고 부지런도 하고… 다 좋은데 이 민족을 인도하는 정치인들이 잘해주지 못합니다. 그래 이 모양입니다.

이제 다시 생각합시다. 정치하는 사람들이 왜 정치를 못할까? 이는 양심문제입니다. 양심을 팔아먹었습니다. 양심이 병들었습니다. 기술이 없는 게 아닙니다. 몰라서 그러는 것도 아닙니다. 마음씨가 틀려먹은 것입니다. 양심에 문제가 있습니다. 양심은 다시 도덕적 문제입니다. 도덕성에 문제가 있습니다. 잘하겠다는 마음도 있고, 큰일을 이루어보겠다는 야심도 있는데 기본적으로 도덕성을 잃어버렸습니다. 여기서 빗나가는 것입니다. 그러면 도덕성의 뿌리는 무엇일까? 그의 종교입니다. 저는 늘 생각합니다. '하나님 앞에 아침마다 무릎을 꿇고 기도하는 사람, 성경을 읽고 묵상하는 사람, 하나님 앞에 나아가 뜻을 묻는 그런 사람이 이 나라를 다스려야 하겠는데…' 그래야 도덕성이 삽니다. 바른 종교 없는 도덕성 없습니다. 바른 신앙이 없이 도덕성이 바로설 수 없기 때문입니다. 도덕성은 수단이 아닙니다. 그것은 신앙의 열매여야만 합니다. 또한 바른 종교는 신학적 문제입니다. 바른 신학적 고백과 그의 교리와 그의 신앙이 모든 문제의 근본이 된다—저는 그렇게 생각합니다. 우리는 한때 자본을 운위하였습니다. 지식도 운위하였습니다. 기술, 자본, 지식, 이것만 있으면 될 거라고 해서 자녀들을 가르치느라 애썼고 기술을 습득하느라 몸부림쳤습니다마는 이제는 그게 아닙니다. 경영문제에 부딪혔습니다. 경영문제는 도덕적인 문제입니다. 진실성에 문제가 있고, 정직함에 문제가 있습니다. 단적으로 말하면 조금만 더 정직하여도 이 나라의 경제, 정치가 바로 될 터입니다. 그런데 가장 소중한 정직함을 잃어버렸단말입니다.

　이제 '그의 나라'를 생각합니다. 하나님의 나라, 그 왕권, 주권을 인정하여야 합니다. 하나님의 나라입니다. 하나님께서 다스리시는 나라입니다. 우리나라는 그 나라의 한 지방도시일 뿐입니다. '큰 나라' 개념을 품어야 합니다. 하나님께서 심판하시고 하나님께서 역사의 주가 되셔서 이 땅을 다스려가고 계신 것입니다. '그의 나라' 개념, 그 신앙고백을 분명히하여야 하겠습니다. 하나님의 다스리시는 세계, 그 절대주권을 바로 알고 그 주권 앞에 순종하여야 할 것입니다. 세무사찰을 무서워할 것이 아니라 하나님의 나라의 주권을 무서워할 줄 아는 그런 사람들이 되어야 한다는 말씀입니다. 영국의 사학자 아놀드 토인비는 많은 역사연구 끝에 「미래를 산다」라고 하는 저서에서 이렇게 말합니다. '인류역사에 죄 없는 때가 없었다. 죄가 없는 나라, 죄가 없는 민족도 없다. 그러나 문제는 죄를 되풀이하지 않도록 살아야 한다는 것이다. 죄가 반복되면 안된다. 죄가 반복되면 망한다.' 그러면 왜 뻔히 알면서도 죄가 되풀이될까? 왜 반복되고 계속 죄악에서 헤어나질 못할까? 그 이유를 그는 다음과 같이 세 가지로 요약합니다. 첫째는 역사에 대해서 책임을 지는 태도가 없기 때문입니다. 책임입니다. 보십시오. 이 나라의 경제, 정치, 그리고 모든 문제에서 책임이 누구에게 있습니까. 책임을 인정해야 되고 책임을 질 줄 알아야 합니다. 그런데 아무도 책임을 지지 않습니다. 책임을 남에게 전가합니다. 책임, 부정해버립니다. 그 어느 것에도 책임을 밝혀본 일이 없습니다. 밝혀지지도 않습니다. 곧 책임소재가 분명치 아니하므로 죄는 시정되지 않는 것입니다. 또하나는, 집단행동에 깊은 관심을 가져야 한다는 것입니다. 일반적으로 집단행동은 정당화되는 경우가 많기 때문입니다. 집단행동은 그대로 '의'라고 착각될 때가 있습니다. 많은 사람이 주장한다고 옳은 게 아닙니다. 집단행동화하였다고해서 그게 선으로 지향하는 것은 아닙니다. 그럼에도 불구하고 어떤 악이 집단화할 때 그 악 자체가 정당화, 합리화됩니다. 이것이 문제입니다. 힘을, 집단화한 힘을 정의의 기초로 생각한다는 것은 바로 멸망의 징조라는 것입니다. 또하나는, 궁극적 원인이 자기중심인 데 있다는 것입니다. 내 생각, 내 주의, 내 철학, 내 지식, 나 위주의 생각, 내 명예, 내 장래, 내 욕심, 이것 때문에 망조가 드는 것입니다. 자기중심적인 데서 벗어나 하나님의 뜻 앞에 순종하고 하나님의 나라를 인정하여야 합니다. 그 앞에 겸손히 무릎을 꿇어야 하는 것입니다. 객관적인 의를 수용해야 하는 것입니다. 그의 의, 하나님의 의, 하나님의 공의, 하나님의 뜻, 이것을 앞세워야 한다고 예수님께서 말씀하십니다.

마하트마 간디의「망국론」이라는 글에 보면 사회와 나라를 망치는 악이 일곱 가지 있다, 하였습니다. 너무나 유명한 이야기입니다. 첫째, 일하지 않고 얻은 재산입니다. 재산이란 일하고 얻어야 됩니다. 땀을 흘리지 않은 사람이 먹고살 수 있는 사회는 망합니다. 땀을 흘리지 않고 공짜로 버는 걸 좋아하는, 공짜로 출세하는 줄 아는, 그런 세계는 망하는 것입니다. 복권이라는 것이 있습니다마는 복권 당첨돼서 잘사는 사람이 없습니다. 가정도 개인도 다 망합니다. 복권은 죄입니다. 사람의 사행심을 노려 카지노판을 벌이는 것, 이게 망조입니다. '일하지 않고 공짜로'—누가 슬롯머신에다가 1불짜리 하나 넣고서 "주여!" 하고 잡아당겼답니다. 안나오더랍니다. 망조입니다, 이것은. 일하지 않고 돈을 움켜잡겠다는 마음, 그 자체가 악입니다.

　또하나는, 양심이 결여된 쾌락입니다. 쾌락에 죄가 있는 게 아닙니다. 양심이 없는 것입니다. 사방에 굶는 사람이 있는데도 불구하고 나는 쾌락을 탐합니다. 남이야 죽든말든 나만 즐기는 것입니다. 그것도 정신적 쾌락이 아니라 저속한 쾌락입니다. 거기에 망조가 있습니다. 양심 없는 쾌락 추구, 그것이 악입니다.

　그리고 성품이 결여된 지식입니다. 지식이란, 깨달은대로 행하고, 행위가 반복되면서 습관이 되고, 그것이 문화화하면서 성품화하는 것입니다. 모든 바른 지식이란 생활화하고 성품화하여야 하는데 입에 올리는 말만 많습니다. 머리속에서 오락가락하는 것입니다. 이렇게 성품화하지 못한 지식이 사회를 망친다는 것입니다.

　또하나는, 도덕성 없는 사업입니다. 우리 눈앞에 일상적으로 보는 문제입니다. 불량식품같은 것 보십시오. 식품을 만들었으면 내가 먹어야 합니다. 약을 만들었으면 내가 먼저 먹을 수 있는 약이라야 합니다. 이런 도덕성이 없는 사업, 남이야 죽든말든 오로지 나만 이롭게 하겠다고 하는 이 마음으로 하는 사업이 악입니다.

　또하나는, 인간성이 결여된 과학입니다. 요사이 우리는 전에 못 듣던 소리를 많이 듣습니다. 광우병이다, 구제역이다, 합니다. 이게 다 무슨 소리입니까. 인간성이 결여된 과학적 지식이 마침내 세상을 이렇게 혼란으로 몰아넣습니다. 그 똑똑한 유럽사람들이 지금 벌벌 떨고 있습니다. 과학적 지식을 자랑하더니, 선진국, 선진국, 하더니… 자, 고기를 먹을 수 있습니까, 채소를 먹을 수 있습니까, 물을 마실 수 있습니까. 인간성이 결여된 과학적 지식이 오늘 우리 인류를 망치고 있는 것이 아니겠습니까.

그리고, 희생과 말씀에 대한 헌신이 없는 종교입니다. 신앙을 운위하면서 행함이 없습니다. 헌신이 없는 종교, 이것 또한 문제입니다.

그리고 간디는 마지막으로 중요한 교훈을 줍니다. 원칙이 없는 정치가 악이라고 하였습니다. 우리국민이 무엇 때문에 지금 벌벌떨고 있습니까. 원칙이 없습니다. 휘청휘청합니다. 정치하는 그가 누구인지 알 수가 없습니다. 원칙이 없는 정치, 이것이 사회를 온통 어지럽히는 것입니다. 원칙이 뭐겠습니까. 그의 의, 하나님의 의, 하나님의 진리, 그것이 원칙이 될 때 비로소 모든것이 가능한 법입니다.

예수님 말씀하십니다. "그의 나라와 그의 의를 먼저 구하라." '먼저'라는 말의 헤라말원어 '프로톤'은 '첫째'라는 말입니다. first 입니다. 그의 나라와 그의 의를 첫째로 구하여야 됩니다. 공산주의의 정책순위는 평등·번영·자유입니다. 자본주의 혹은 자유진영의 정책순위는 자유·번영·평등입니다. 그러나 성서적 복음주의에는 정의가 최우선입니다. 정의·자유·평등의 순입니다. 이것을 이루게 될 때 "이 모든것을 더하시리라"하십니다. '모든것' — '타오타 판타' 입니다. 먹는 것, 입는 것, 정치, 경제, 문화, 사회의 모든 문제가 다 해결될 것이라고, 하나님께서 주시겠다고 말씀하십니다. 잠언 14장 34절에 보면 의는 나라를 영화롭게 한다고 말씀합니다. 죄는 나라를 욕되게 하고 망하게 합니다. 의, 그의 나라와 그의 의가 이루어질 때, 또 우리 모두가 그의 나라와 그의 의를 먼저 구할 때, 절대적 우선으로 구할 때, priority number one으로 구할 때, 하나님께서는 '이 모든것'을 주시겠다고 말씀하십니다.

일본헌병대 1919년 4월 일지에 기록되어 있는 이야기입니다. 삼일만세운동이 일어난 지 한 달이 되었습니다. 평안남도 어느 지방, 무라까미 헌병소장은 부하 다나까에게 삼일운동에서 만세를 부른 사람들, 그 주동자들을 체포해오라고 명령했습니다. 다나까가 나가서 한바퀴 돌고 오더니, 누가 만세를 불렀는지 지금은 안부르니 알 수가 없다고 보고했습니다. "색출할 수가 없습니다." "그럼 가서 기독교인들을 잡아와!" "아니, 누가 기독교인지 어떻게 알 수 있습니까? 주일날이 돼보아야 알지요." "이런 답답한 사람 있나? 기독교인은 붙잡고 물어보면 돼. 내가 기독교인이다, 할 것이니까. 그리고 그들은 만세를 불렀으면 불렀다고 말해. 거짓말을 하지 않거든." 기독교인은 자기정체의식이 분명하고 내가 만세를 불렀노라, 라고 말한다, 이것입니다. "그리고 생명을 걸어." 그것이 기독교인이라는 것, 이것이 헌병대문서에 기록되어 있습니다. 여러분, 기독교인은 정체가 분명합니다. "나는 기독교인이오. 그리고 내가 만세를 불렀소." 당당하게 나가서 만세를 부른 사람은 많습니다. 그러나 만세를 불러서 희생된 사람은 기독교인들뿐이었습니다. 왜요? 그들은 정직했으니까요. 이것은 신학적으로 확실하게 믿었기 때문입니다. 그래서 그들은 순교와 순국을 같게 생각하였습니다. 나라 사랑하는 것과 하나님 사랑하는 것은 하나다, 나라를 위하여 죽는 것과 그리스도를 위하여 죽는 것은 하나다, 라고 생각하였습니다. 그것이 초대교회입니다. 이 거룩한 마음이 한국교회의 신앙의 뿌리가 된 것입니다. 애국과 믿음은 하나입니다. 일치하는 것이라고들 생각하였습니다. 그래서 그옛날에 부르던 '찬미가' 14장이 애국가입니다. 찬송가 14장이 애국가였습니다. 여러분, 이 믿음 이 전통을 우리가 잊어서는 안됩니다. 나라를 살리는 길도 여기에 있고, 사회를 구원하는 길도 여기에 있습니다. "그의 나라와 그의 의를 먼저 구하라 그리하면 이 모든 것을 더하시리라" 하십니다. △

이 사람의 회개

　무리가 옹위하여 하나님의 말씀을 들을새 예수는 게네사렛 호숫가에 서서 호숫가에 두 배가 있는 것을 보시니 어부들은 배에서 나와서 그물을 씻는지라 예수께서 한 배에 오르시니 그 배는 시몬의 배라 육지에서 조금 띄기를 청하시고 앉으사 배에서 무리를 가르치시더니 말씀을 마치시고 시몬에게 이르시되 깊은 데로 가서 그물을 내려 고기를 잡으라 시몬이 대답하여 가로되 선생이여 우리들이 밤이 맞도록 수고를 하였으되 얻은 것이 없지마는 말씀에 의지하여 내가 그물을 내리리이다 하고 그리한즉 고기를 에운 것이 심히 많아 그물이 찢어지는지라 이에 다른 배에 있는 동무를 손짓하여 와서 도와 달라 하니 저희가 와서 두 배에 채우매 잠기게 되었더라 시몬 베드로가 이를 보고 예수의 무릎 아래 엎드려 가로되 주여 나를 떠나소서 나는 죄인이로소이다 하니 이는 자기와 및 함께 있는 모든 사람이 고기 잡힌 것을 인하여 놀라고 세베대의 아들로서 시몬의 동업자인 야고보와 요한도 놀랐음이라 예수께서 시몬에게 일러 가라사대 무서워 말라 이제 후로는 네가 사람을 취하리라 하시니 저희가 배들을 육지에 대고 모든 것을 버려두고 예수를 좇으니라

　　　　　　　　(누가복음 5 : 1 - 11)

이 사람의 회개

　증참(曾參)이라고 하는 사람은 공자(孔子)보다 마흔여섯 살이나 어려서 나이로 비교한다면 공자의 손자뻘밖에는 되지 않는 아주 젊은, 어찌생각하면 어린, 그런 제자였습니다마는 공자는 그를 가리켜 늘 훌륭한 사람이라고 칭찬을 아끼지 않았습니다. 이 증참이 남긴 간단하고도 상식적인 교훈이 있습니다. 바로 일일삼성(一日三省)입니다. 저는 어렸을 때부터 어른들로부터 일일삼성이라는 말을 많이 들어왔습니다. 그리고 '일일삼성'이란 하루에 세 번 그저 나를 반성하는 것이라고 늘 해석해왔습니다. 그러나 깊이 연구해보면 그게 아닙니다. 매일같이 세 가지를 반성한다는 것입니다. 그 첫째가 뭐냐 하면, 남을 위하여 하는 일에 충성을 다하였는가입니다. 우리는 언제나 자기중심적으로 생각하고, 말하는 것이나 행동하는 것에서 자기이익을 생각하고 자기기분을 생각합니다. 그런데 이분은 매일같이 생각합니다. '나는 남을 생각하고 살았는가? 그것에 대해서 진실하고 충성되었는가?' 두 번째는, 친구와의 교제에 있어서 신의를 저버린 일은 없는가입니다. 신의. 신실한 교제의 기본인 믿음을 저버린 일이 없는가입니다. 또하나는, 배우지도 않고 나도 모르면서 남을 가르친 일은 없는가입니다. 모르면서 아는 척, 그렇게 남을 가르치고 위선적으로 살아간 적은 없는가입니다. 이 세 가지를 매일같이 반성하고 삶으로해서 증참은 스승 공자로부터 칭찬을 받는 제자가 되었다는 것입니다.
　서양사람들은 늘 입버릇처럼, 또 많은 책 중에서 지적하기를 사람이란 두 가지의 말을 많이 하고 잘할 줄 알아야 인격이 세워질 수 있다고 합니다. 첫째는 "Thank you!"라는 말입니다. 여러분은 하루에 고맙다는 말을 몇 번이나 하고 삽니까? 작은 일에도 큰 일에도 중심에서부터 "고맙습니다" "고맙습니다" 하는 것, 그 감사, "Thank you!"라는 말을 잘할 수 있어야 인격자입니다. 또하나는 "I'm sorry."라는 말입니다. "죄송합니다" "미안합니다"라는 말을 잘할 수 있어야 합니다. 그런데 죄송하지만 우리는 저 공자의 문화, 유교문화, 이런 걸 좀 배경으로 하고 있기 때문에 아주 못돼먹은 데가 많습니다. 고맙다고 말하면 내 인격이 내려가는 줄이나 압니다. "내가 잘못했습니다"라는 말을 하면 아예 족보가 망가지는 줄이나 압니다. 그래서 죽을 때까지 "I'm sorry." 한 번 못해보고 죽는 사람도 있습니다. 되게 못돼먹은 성정입니다. 참으로 저질입니다. 볼 것 없는 인간상입니다. 모름지기 "고맙습니다" "미안합니다" "제 잘못입니다" 하는 말을 아주 쉽게, 또 자주 마음으로부터 말하고 살아야 합니다. 그것이 훌륭한 인격자입니다. 예수님께서 복음전하실 때 처음으로 하신 말씀이 "회개하라 천국이 가까왔느니라"하는 말씀이었습니다(마 4:17). 심리학적으로 풀이하면 곧 "내가 잘못했습니다"하라시는 말씀입니다. 그런 마음으로 돌아가라, 하심입니다. 하나님의 뜻을 움직일 수 있는 것은 오직 회개뿐입니다. 하나님을 기쁘게 할 수 있는 것도 회개요, 내 인격을 높이 세울 수 있는 것도 회개입니다. 1963년이니 옛날얘기인 셈입니다. 제가 처음으로 유학을 갔었는데, 가보니 참 어리둥절합디다. 그 큰 미국땅에서 보는 것 듣는 것이 다 신기하기만 합니다. 그런데, 마침 한국의 고아들을 위해서 많은 연보를 보내시는 분이 저를 만나 저녁식사를 대접하겠다고 해서 굉장히 화려하고 큰 어느 클럽식당에 들어갔습니다. 그 식당이라는 것이 그때 사정으로는 난생처음 보는 규모였습니다. 보니 높은 곳에 휘황찬란 장식해놓은 샹들리에들은 다 불을 꺼놓고 내가 앉은 식탁, 동그란 식탁 한가운데에 촛불을 하나 달랑 켜놓았는데 고걸 또 빨간 유리갓으로 씌워놓았습니다. 더욱이 불빛마저 깜빡깜빡하는 것입니다. 이제 식사를 하는데 도대체 어디에 무엇이 있는지 제대로 보이지도 않는 것입니다. 한 손에 포크, 한 손에 나이프, 이렇게 잡기는 했는데 자칫하면 손가락을 베일는지도 모르겠습니다. 그런 상황인데, 나야 공부하러 간 터이니 무엇을 못물어보겠습니까. 나이많은 웨이터가 와서 봉사할 때 "이보시오, 웨이터, Would you tell me? 이거 왜 이리 캄캄하게 해놓고 먹으라는 거요? 저 등불을 환하게 켜놓으면 얼마나 좋겠소. 왜 이리 캄캄하게 하고 식사를 하라는 거요?" 그랬더니 늙은 웨이터, 싱글벙글 웃고 진리 하나를 말해줍니다. "보자하니 연세 그만하면 손가락 베지는 않을 것같구려. 그리고, 이렇게 불그스름한 불빛에 보면 맞은편에 앉은 사람이 미인 아닌 여자 없고 미남 아닌 남자 없지요." 여러분, 방안에 불 너무 크고 밝게 켜지 마십시오. 불빛을 불그스름하게 해놔야 주름살도 안보이고 그저 다 예쁘게 보인답니다. 이게 무슨 얘기일까요? 어두운 데 비추어보면 다 예쁘게 보인다, 그 말씀입니다. 여자분들이 화장을 합니다마는 화장도 그게 원래 위장술이거든요. 그건 어두운 데서 통하는 것입니다. 밝은 대낮 햇빛에 보면 화장한 거 못봐줍니다. 우리가 이리 혼탁한 세상의 죄악중에 사니까 내가 깨끗하고 내가 잘났고 한 것같고, 다 그럴듯해보이지만 하나님의 그 밝은 심판대, 밝은 빛 앞에 비추어보면 그 모든것이 다 노출되고 맙니다. 모든것이 다 이렇게 드러나게되면 부끄러워 고개를 들 수가 없는 것입니다. 그런고로 신앙의 사람, 누구입니까. 다른 사람은 죄라고 생각지도 않는 것, '뭐 그까짓것'하고 지나가는 것도 믿는 사람에게는 안그렇습니다. 당연히 도와줘야 될 사람을 도와주지 못했고 용서해야 할 사람을 용서하지 못했으면 괴로워서 잠을 못자는 사람, 다른 사람은 죄로 여기지 않는 것까지도 민감하게 죄로 알고 안타깝게, 뜨겁게 회개하고 사는 바로 그런 사람이 인격도 있는 사람이요 신앙도 있는 사람이다, 하는 말씀입니다. 회개의 깊이와 은혜의 높이는 언제나 반비례하는 것입니다.

 어떤 사람은 회개해야 될 줄 알면서도 회개하지 않습니다. 아니, 회개를 하지 못합니다. 죄를 죄로 인정하지 않는 사람입니다. 모든 것을 환경에 돌리고 남의 탓으로 돌리는 사람입니다. 뭐가 잘못되면 누구 때문이다, 하고 변명이나 하는 체질입니다. 무슨 일이든지간에 잘못되었으면 내가 잘못했습니다, I'm sorry, 뚝 끝나고 말아야 합니다. 너도 그렇고, 누구도 그렇고, 환경이 어떻고… 이런 뒷말이 필요 없는 것입니다. 사과하면서 말많은 사람, 구제불능입니다. 이유 없습니다. 이건 내 잘못이오—이것으로 끝낼 것이지 그 다음에 단서 붙으면 안됩니다. 내가 잘못했습니다—아주 간단한 말로 끝내야 되는 것입니다. 그렇지 않고 변명이 아주 체질이 되어버린 사람, 이거 배냇병신입니다. 영영 구제받을 수 없는 사람입니다. '운명론자'도 회개할 줄 모릅니다. 모든것을 팔자소관으로 돌려버립니다. 팔자가 어떻고 사주가 어떻고… 특별히 교만한 사람은 회개하고 싶어도 회개 못합니다. 회개에 따르는 결과, 그 불이익에 대해서 걱정을 하기 때문에 회개할 수가 없습니다. 만사에 원망과 불평으로 사는 사람, 이 사람은 회개하지 못합니다. 그런고로 그 심령이, 그 몸이 계속 썩어가는 것입니다. 회개할 때만이 그 영혼이 온전히 자유할 수가 있는 것입니다.

회개에 종류가 몇가지 있습니다. 하나는 지적으로입니다. 지적인 회개로써 죄를 인정하여야 합니다. 이것을 누구한테 말을 할 것도 없습니다. 내 잘못이요 내가 원인임을 인정하는 이런 지적인 회개가 있어야 합니다. 또한 정적(情的)인 회개가 있습니다. 그 회개로 인해서 오는 형벌과 심판과 저주를 미리 생각하면서, 미리 느끼면서 통분해하는 것입니다. '이런 일은 있을 수가 없는데'하고 가슴아파하는 통분함이 있어야 합니다. 또하나는 의지적인 회개입니다. 잘못된 줄 알았으면 거기서 멈춥니다. 결단하고 멈추는 것입니다. 그리고 돌이키는 것, 이것이 회개입니다.

회개의 동기에도 여러 가지가 있습니다. 하나는, 고통스러워서, 너무 마음이 아프고 괴로워서, 그 심리학적 이유 때문에, 그 가책 때문에, 그 가책으로부터 벗어나기 위해서 회개하는 사람이 있습니다. 미국의 심리학자 마틴 샐리그마는 그의 책에서 말합니다. 삶을 우울하게, 비판적으로 살아가는 사람에게는 공통점이 있다, 하고 그 첫째는 영구성이라 하였습니다. 변화를 믿지 않습니다. 나는 이대로 머무를 수밖에 없고, 이대로 반복할 수밖에 없다, 내 이 잘못, 이런 행위는 고칠 수 없는 것이다—이렇게 생각합니다. 변화를 인정하지 않는 것입니다. 또하나는 확산형입니다. 내가 하는 일이 다 이 모양이다, 나는 구제불능이다, 이것도 못했고 앞으로 또한 아무것도 못할 것이다—스스로 자기를 절망적으로 평가합니다. 그 다음은 개인성입니다. 모든것은 나 때문이다, 근본적으로 나 자신에 문제 있다, 하고 자괴감(自愧感)에 빠집니다. 스스로를 완전히 불가능한 존재로 평가해버립니다. 거기에도 회개가 없습니다. 회개는 자기자신에 대한 재창조적 역사요 하나님의 은총에 대한 믿음에서 출발하는 것입니다. 때로는 형벌이 무서워서 회개하는 경우도 있지요. 형벌을 피하려고. 어쨌든 벌을 면하기 위해서 잘못했다고 할 수 있게 되지요. 이것은 율법적인 것입니다. 또한, 어이없게도 보상을 바라고 대가를 요구하면서 회개하는 것이 있습니다. 이렇게 하면 상을 받을 것이다, 이렇게 회개하면 용서받을 것이다, 축복이 올 것이다, 하는 보상심리적 회개를 하는 수가 있습니다. 이 같은 회개는 모두가 그리 아름다운 회개가 아닙니다. 은혜와 은총에 감사하면서 감격한 중에 회개하는 그 회개가 진정한 회개입니다. 생각해보십시오. 어머니 한테 매를 맞으면서 "잘못했습니다"하는 것과 어머니가 용서하고 사랑을 베풀어줬을 때, 잘못한 걸 다 알고도 사랑했을 때, 그의 가슴에 안기면서 "어머니, 제가 잘못했습니다"하는 회개는 얼마나 큰 차이가 있습니까. 은혜 가운데서 회개하는 회개가 진정한 자기정체의식이요 진정한 회개인 것입니다.

　오늘본문에 잠깐 나타난 사건 가운데 예수님과 우리인간의 관계, 회개가 무엇인가를 잘 말씀해줍니다. 여러분, 오늘본문에 참 이상하게, 엉뚱하게 나오는 말 한마디가 있습니다. 분명히 베드로가 물고기 잡았는데 잡아놓고 베드로가 하는 말이 "주여 나를 떠나소서 나는 죄인이로소이다"입니다. 나는 죄인이로소이다—이 시간에 그가 무엇을 두려워하고 있습니까. 매를 맞았습니까, 저주를 받았습니까, 병걸렸습니까. 그런 이야기가 아닙니다. 지금 엄청난 은혜를 체험하는 시간입니다. 그 은혜 앞에 나를 비추어볼 때 나는 너무나도 초라하고 너무나도 못됐습니다. 그래서 "나는 죄인이로소이다"하고 고백하는 것입니다. 아시는대로, 우리는 이제 무슨 일이든지 한번 끝낸 다음에 다시 시작하는 것은 귀찮은 일입니다. 밤새껏 물고기를 잡느라고 수고하다가 그물을 씻어서 걸어놓고 지금 다 말렸습니다. 이제 일을 끝낸 것입니다. 정돈해놓았습니다. 그런데 예수님께서 지금 새삼스레 그물을 내리라 하시는 것입니다. 뿐만아니라 그 말씀을 듣는 이 사람들은 바다에서 한평생을 산 사람들입니다. 그물이란 깊은 데서 내릴 수 있는 것이 아닙니다. 언제나 밤에, 어두운 때에 얕은 데서 그물을 내리거든요. 그런데 지금은 대낮입니다. 전혀 상식 밖의 말씀을 하시는 것입니다. 특별히 예수님은 목수였습니다. 베드로는 호수에서 날을 보내는 전문 고기잡이입니다. 이런 어부에게 목수였던 예수님께서 "깊은 데로 가서 그물을 내려 고기를 잡으라"하십니다. 시간으로나 장소로나 지식으로나 경험으로나 전혀 이해가 되지 않는 말씀인 것입니다. 설교를 하신 다음에 감동을 받고 있는 사람들 보고 말씀하십니다. "깊은 데로 가서 그물을 내려 고기를 잡으라." 베드로의 생각은 확실했습니다. '이건 못잡는다. 못잡을 건 뻔하다.' 그래도 오늘성경에 보면 이렇게 되어 있습니다. "우리들이 밤이 맞도록 수고를 하였으되 얻은 것이 없지마는…"하고 베드로는 말씀드립니다. 거기에 괄호하고 덧붙인다면 이렇게 되겠습니다. "(못잡을 것이 뻔합니다마는) 말씀에 의지하여 내가 그물을 내리리이다." 말씀하시는 예수님의 인격과 체면을 보아서 일단 내가 그물을 내리겠습니다, 하고 깊은 데 가서 그물을 내렸는데 물고기가 가득 잡혀서 그물이 '찢어지게' 된 것입니다. 이때에 그는 충격을 받습니다. 왜요? 내가 분명히 의심을 하고 따랐거든요. 순종은 하였으나 믿음은 없었던 것입니다. 물고기 잡아라, 하실 때 "아이고 감사합니다"하고, "만선이 되었습니다"하고 감사하였어야 되는데 그런 마음 없었습니다. 감격도 없고 기쁨도 없고 다만 '그저 하라 하시니 안될 줄 알지만 합니다'하고 마지못하여 순종을 한 것입니다.

이제 여기서부터입니다. 주께서는 베드로의 그 마음을 꾸짖지 아니하시고 이 믿음 없는 사람아, 책망치 아니하시고, 믿음 없는 것에 대해서는 다 용서하시고 물고기를 많이 잡게 해주신 것입니다. 물고기 잡았다는 것이 중요한 게 아닙니다. 나의 불신앙을 용서해주신 것, 나의 불신앙을 이렇게, 하나님께서 이렇게 수용해주신 것, 예수님께서 이렇게 덮어주신 것, 그것이 중요한 것입니다. 너무나도 감사한 것입니다. 그래서 "나는 죄인이로소이다"하고 무릎을 꿇는 것입니다.

진정한 회개는 은총 속에 있습니다. 감사와 함께 이루어지는 것입니다. 사랑을 느끼며 회개하는 그 회개가 진짜회개입니다. 구약성경 욥기 42장을 보십시오. 욥이 그 얼마나 많은 고생을 하였습니까. 10남매나 되는 자녀를 잃었지요, 재산을 다 잃었지요, 건강을 잃었지요, 많은 친구를 잃었지요. 말할수없는 고난을 당할 때 너무나도 힘들어서 그는 탄식합니다. '내 어머니는 왜 나를 세상에 낳아놓았던가.' 왜 낳아서 젖을 먹였던가—너무나도 힘들어서 그는 이렇게 부르짖었습니다. 원망 아닌 원망을 하였습니다. 그러나 이 모든 어려운 시간이 지나간 다음에 하나님께서 다시 은혜를 주시는데, 배나 주십니다. 더 많이 주신 것입니다. 그때 그는 말합니다. "내가 주께 대하여 귀로 듣기만 하였삽더니 이제는 눈으로 주를 뵈옵나이다(욥 42:5)." 하나님이여, 이전에는 내가 하나님의 음성을 듣더니 고난중에는 하나님의 얼굴을 뵈었습니다, 내가 지난날에 분명히 잘못하였습니다, 이제 재를 무릅쓰고 회개하나이다, 합니다. 회개 — 욥기에 처음 나오는 말씀입니다. "그러므로 내가 스스로 한하고 티끌과 재 가운데서 회개하나이다(욥 42:6)." 징계를 받으면서 회개한 게 아닙니다. 큰 은혜를 받으면서 감격하여 '하나님 잘못했습니다. 그간에 믿음이 없었던 거, 원망한 거, 불평한 거, 참 잘못됐습니다'하고 회개하더라는 말씀입니다. 이 회개가 높은, 하나님의 사람의 회개인 것입니다. 유명한 헝가리 태생 작곡가며 피아니스트인 프란츠 리스트가 어느날 독일의 한 작은 마을을 방문하였습니다. 그 마을에서는 때마침 어느 피아니스트 아가씨가 독주회를 할 참이었습니다. 사방에 광고를 붙이고 소문을 내었습니다. 신문에도 광고하였습니다. 아무개가 피아노독주회를 가집니다, 이 아무개는 바로 프란츠 리스트의 제자입니다 — 이것이 광고내용이었습니다. '리스트의 제자'라 하면 높이 알아주고 쳐주거든요. 그런데 공교롭게도 독주회 바로 전날에 리스트가 이 마을을 방문한 것입니다. 피아니스트 아가씨는 리스트의 얼굴도 본 적 없는 사람입니다. 아가씨는 깜짝놀랐습니다. '리스트가 여기 왔다고? 난 이제 끝이다!' 고민하던 이 아가씨, 마침내 리스트를 찾아갔습니다. 리스트 앞에 무릎을 꿇고 엎드려 빌었습니다. "저는 고아출신으로 혼자서 피아노를 배웠고, 이제 독주회를 가질 참입니다. 그래 그만 선생님의 고귀한 이름을 도용하였습니다. 무엄하게도 선생님의 제자라고 광고를 했으니 죽을 죄를 지은 것입니다." 눈물로 회개를 하였습니다. 리스트는 껄껄웃고 말합니다. "큰 실수를 했구먼요. 그러나 누구나 실수는 하는 법입니다. 이리 오세요. 여기 이 피아노로 한 곡을 치세요." 그래서 아가씨는 잠깐 피아노를 쳤습니다. 리스트는 건반을 두드리고 말했습니다. "여기는 이렇게, 이 대목은 조금 달리했으면 좋겠소." 그렇게 가르쳐주었습니다. 이어서 그는 말하였습니다. "이제 됐습니다. 분명히 내가 당신을 가르친 것입니다. 이제 당신은 분명히 나의 제자입니다. 떳떳하게 '나는 리스트의 제자다'라고 말하십시오. 그리고 그 연주회를 내가 참관하겠으니 '마지막 곡은 제 스승이신 리스트 선생님께서 치시겠습니다'라고 발표하세요. 내가 한 곡 쳐드리겠습니다." 그 아가씨, 얼마나 감격하였겠습니까. 거기서 눈물을 흘리고 진정으로 회개합니다. 그 회개가 참회개입니다.

믿음이 없는 것을 아시고도 예수님께서는 베드로에게 기적을 보여주십니다. 그가 회개할 때 예수님 말씀하십니다. "무서워 말라 이제 후로는 네가 사람을 취하리라." 베드로는 예수를 세 번이나 모른다고 한, 큰 죄를 지은 사람입니다. 그러나 예수께서는 그 과거를 묻지 않으십니다. "네가 나를 사랑하느냐?" "내 양을 먹이라." 그것으로 끝입니다. 베드로는 이에 감격하여 예수님 위하여 삽니다. 이후로 닭 우는 소리가 날 때마다 '닭 울기 전에 네가 나를 세 번 모른다고 하리라'하신 말씀을 상기하면서 엎드려 회개하였다고 합니다. 그리고 예수님 위하여 거꾸로 십자가에 못박혀 죽게 됩니다. 내가 회개하기도 전에, 내가 죄를 다 회개하기도 전에 벌써 용서하시고 은총을 베푸셨습니다. 그 은혜에 감격해서 이제 회개합니다, 아니, 일생을 회개합니다, 할 때, 바로 그 회개 속에 창조가 있고 능력이 있고 위대한 역사가 있는 것입니다. △

사도들의 기도

　사도들이 주께 여짜오되 우리에게 믿음을 더하소서 하니 주께서 가라사대 너희에게 겨자씨 한알만한 믿음이 있었더면 이 뽕나무더러 뿌리가 뽑혀 바다에 심기우라 하였을 것이요 그것이 너희에게 순종하였으리라 너희 중에 뉘게 밭을 갈거나 양을 치거나 하는 종이 있어 밭에서 돌아오면 저더러 곧 와 앉아서 먹으라 할 자가 있느냐 도리어 저더러 내 먹을 것을 예비하고 띠를 띠고 나의 먹고 마시는 동안에 수종들고 너는 그 후에 먹고 마시라 하지 않겠느냐 명한 대로 하였다고 종에게 사례하겠느냐 이와 같이 너희도 명령받은 것을 다 행한 후에 이르기를 우리는 무익한 종이라 우리의 하여야 할 일을 한 것뿐이라 할지니라
(누가복음 17 : 5 - 10)

사도들의 기도

　심리학자이자 의사인 폴 투르니에와 몇몇 학자들이 공저로 내놓은 책에 「Are You Nobody?(당신은 하찮은 존재입니까?)」라고 하는 책이 있습니다. 이 책에 보면 인간성숙의 단계를 세 가지로 나누어서 설명하고 있습니다. 정신적 성숙이란 이러한 단계로 발전된다, 하는 이야기입니다. 첫째로, 망설임의 단계가 있다, 하였습니다. 이것은 자신만의 비밀을 간직하는 단계입니다. 말도 못하는 단계인데도 아이들 자라는 것을 눈여겨보면 얼마동안 자기만의 비밀을 가지려고 합니다. 제것을 챙깁니다. 어머니도 저 혼자서 소유하려고 합니다. 그래서 이 비밀한 것, 자기것을 숨기면서 거기서 짜릿한 기쁨을 얻는 것입니다. 타인과 구별된 자유롭고 독립적인 자기존재에 대한 인식을 이렇게 나타내는 것입니다. 나만 알고 나만 생각하고 나만 가지고 있는 내것이 있어야 하고, 그 행복을 즐기는 것입니다. 이것이 자아존재에 대한 인식의 출발이 되겠습니다. 두 번째는, 이제 좀 커서 이 비밀을 공유하는 단계가 있습니다. 그저 어른들과 손가락을 걸고 "이건 비밀이야" "이건 엄마하고 나만 아는 비밀이야" "우리 둘만 아는 비밀이야"하고 약속을 하고 비밀을 공유하면서 거기서 오는 짜릿한 쾌감을 즐기는 것입니다. 비밀인 것입니다. 이건 나와 너만이 가진 비밀이다―이렇게 비밀을 공유할 때 이것을 우정이라고도 하고 다른 말로는 사랑이라고 하겠습니다. 신혼부부의 허니문(Honeymoon), 밀월여행이란 둘만이 아는 비밀한 행복을 즐기는 시간입니다. 그런데 요사이는 세상이 이상해져서 신혼여행갈 때 많은 친구들이 따라가가지고 법석을 떱니다. 참 어리석은 모습입니다. 사실은 신혼여행 어디로 가는지도 남들은 몰라야 됩니다. 둘만, 오로지 둘만이 만나고 생각하고 가지고 그리고 어느 비밀한 장소에 있게 될 때 이것을 소위 행복의 극치라고 말하게 됩니다. 인격과 인격이 서로 만나는 관계에 있어서 비밀을 공유하는 것입니다. 여기에 우정이 있고 사랑이 형성되고 상호적 관계가 이루어지면서 그만큼 나의 존재의 영역이 커지는 것입니다. 셋째, 조금 더 성장하면 이제 초월적 존재에 대한 인식이 이루어지면서 하나님과 나 사이에 비밀을 가지게 됩니다. 이 비밀이란 헬라말로 무스테리온, 영어로 미스터리입니다. 신비라고도 말하는 것입니다. 신비는 곧 비밀입니다. 이것이 바로 신앙입니다. 하나님과 나 사이에 비밀한 관계를 가지고, 하나님께서 나를 아시고 내가 하나님을 압니다. 하나님과 나만이 아는 그런 관계, 그런 시간, 그런 내용이 있습니다. 그는 나를 아신다고 나는 생각합니다. 이런 인격적 관계를 맺게될 때 무한한, 신비로운, 자기만이 가지는 행복이 있습니다. 이것을 신앙이라고 하겠습니다.

　　토마스 그룹이라고 하는 기독교교육학자의 이론을 보면 믿음을 세 단계로 나눕니다. 첫째는, faith as believing, 인지적 차원의 신앙입니다. 내가 믿는 대상을 내가 깨달아가는 것입니다. 하나님께서 비추는 빛 안에서, 또 인격과 인격의 만남에서 깨달음이 점점 커집니다. 좀더 깨닫고 좀더 알게 됩니다. 그래서 안다고 하는 입장에서 좀더 확실하게 사랑을 알게되고 능력을 알게되고 하나님께서 나와 함께하심을 알게되고 하나님 안에 있는 나를 알게됩니다. 자꾸만 깨달아나가면서 그것이 믿음으로 나타나게 됩니다. 두 번째 단계는 faith as trusting, 신뢰적 차원의 신앙입니다. 믿어집니다. 신뢰가 갑니다. 아는 것은 이제 그리 중요하지 않습니다. 믿음이 가면서 평안합니다. 마치 어린아이가 아버지 어머니의 사랑을 매일같이 받으면서 처음에는 깨닫고 깨닫다가 이제 그 깨달은 자기의 인식한계를 넘어설 때 이제는 다 몰라도 좋습니다. 아니, 아무것도 몰라도 좋은 것과도 같습니다. 그는 나를 사랑하십니다. 나는 그를 사랑하고 그를 의지합니다. 그 사랑 안에 나는 평안합니다. 전적으로 신뢰하기 때문입니다. 이런 신뢰적 차원의 믿음이 있습니다. 정서적인 것이겠습니다. 세 번째로 이제 faith as doing, 행동으로 나타납니다. 의지적인 것입니다. 믿어지니까 행동합니다. 나의 삶에 힘과 용기를 줍니다. 여러분, 오늘 우리가 이렇게 피곤하고 지치게 된 이유는 바로 신뢰를 잃어버렸기 때문입니다. 믿지를 못하기 때문입니다. 아무도 믿을 수가 없습니다. 무슨 말도 믿을 수가 없습니다. 그런데 반대로 믿음이 가지고 믿음이 생길 때 걱정이 없습니다. 믿음이 생길 때 용기도 창의력도 발동하는 것입니다. 인격과 인격, 그 만남의 관계에서 신뢰보다 더 중요한 게 없습니다. 믿음은 곧 생명력으로, 삶의 용기로 발전하는 것을 볼 수 있습니다.

오늘본문에 예수님의 제자들에 대한 이야기가 나옵니다. 예수님의 제자들이 처음 예수님을 따르게 되었을 때 무슨 마음으로였을까? 그 first motivation, 첫동기가 무엇이었을까, 생각해봅니다. 그 사람들이 처음 무슨 목적으로 예수님을 따릅니까? 무슨 동기로? 예수님의 제자들은 모름지기 세속적 메시야의 나라가 이루어질 것을 기대하고 예수님을 맞아들인 것같습니다. 이스라엘나라가 로마사람들에게 완전히 점령되고, 경제 정치 문화 종교 할것없이 전부가 타락하고, 눈에 보이는 것 전부가 죄악뿐입니다. 거슬리는 것뿐입니다. 그래 생각이 있는 분들은 성경을 읽으면서 메시야의 나라가 오기를 기다리고 있습니다. 그옛날 다윗왕때같은, 솔로몬왕때의 영광과도 같은 그런 메시야의 나라가 속히 이땅에 오기를 간절히 소원했습니다. 이렇게 소원하고 예수를 따랐다가 예수님께서 십자가를 지실 때 아마도 큰 실망을 했던 것같고 예수님 부활하신 다음에도 또 붙잡고 물어봅니다. "나라를 회복하심이 이 때니이까(행 1:6)?" 이런 것을 보면 그들의 마음속에는 이런 메시야닉 에이지, 메시야의 세대에 대한 끈질긴 기대가 있었고, 그것이 예수님을 따르는 동기였구나, 짐작하게 됩니다.

그런데 예수님을 따르면서 그들은 생각이 바뀝니다. 그들의 간절했던 처음동기가 달라집니다. 모름지기 신앙이란 신앙의 동기가 달라지고 변화하고 발전되어야 합니다. 보면 우리 예수믿는 사람들, 처음에는 병고침받으려고 예수믿는가하면 사업에 실패하고 답답해서 예수믿기도 합니다. 아들을 낳기 위해서 교회 나오는 사람들도 있습니다. 여기도 가보고 저기도 가보고, 무주구천동에서부터 절간까지 안가본 데가 없이 애쓰다가 안되는데 누가 말하기를 "예수믿으면 아들 낳는다더라"해서 이게 예수믿는 동기가 된 것입니다. 오로지 아들 낳기 위해서 예수믿는다고 하는, 그런 사람도 만나보았습니다. 어쨌든 여러분의 마음속에 something이, 동기가 있을 것입니다. 그러나 중요한 것은 이 동기가 변화하여야 한다는 것입니다. 예수님 만나면서, 성경을 이해하면서 믿음을 가지기 시작할 때 이 동기가 바꾸어집니다. 변화합니다. 오늘 예수님의 제자들 보니 예수님으로부터 영향을 받고 그의 가르침을 받고 그의 생활을 보면서, 예수님을 권능의 사람으로, 능력의 사람으로 만나게되면서 처음의 동기가 바뀝니다. 예수님은 병고치시는 분이요, 능력있는 분이요… 그렇게

만 생각했는데 가까이가까이서 보니 그게 아닌 것입니다. 예수님은 믿음의 사람인 것입니다. 그래서 오늘본문에 보면 제자들이 오로지 하나의 소원을 기도하고 있습니다. "우리에게 믿음을 더하소서." 이것은 종래에 품었던 생각이 아닙니다. 예수님을 만남으로해서 변화한 제자의 모습으로서의 소원입니다. 우리에게 믿음을 더하소서, 믿음을 주세요—이렇게들 말합니다. 그도그럴것은 저들이 깨달은 것은 '믿음이 문제다'라는 것이었습니다. 보니 예수님께서 많은 병자를 고치십니다. 문둥병자를 깨끗케 하시고 장님을 눈뜨게 하시고 죽은 자를 살리시고 떡 다섯 개와 물고기 두 마리로 오천 명을 먹이시고… 많은 능력을 행하시는데, 그야말로 능력의 사람으로 역사하시는데, 거기에 작용하는 것이 믿음이었던 것입니다. 그 믿음을 본 것입니다. 예수님께서 병고치실 때마다 '네 믿음이 너를 낫게 하였다' 하십니다. 믿음이 하나님의 능력을 수용하게 만든다, 하시는 말씀입니다. 믿는 자에게 능력이 나타나는 것을 제자들이 보았습니다. 그래서 '아, 문제는 믿음이다'하게 되었습니다. 마가복음 2장에 보면 지붕을 뚫고 달아내린 환자가 있습니다. 그 5절에 보면 "예수께서 저희의 믿음을 보시고"라고 말씀합니다. 이러한 장면을 경험하면서 제자들은 역시 믿음의 문제다, 라고 생각하였습니다. 또한 예수님과 함께하면서 저들은 예수님의 절대평화라고 하는 것에 놀랍니다. 절대안정, 절대평화. 이런 일을 만나도 평안하시고 저런 일을 만나도 평안하십니다. 풍랑을 만나서 죽을지경이 되었는데도 예수님께서는 평안하십니다. 깜짝놀라 예수님을 깨웠더니 예수님 말씀하시기를 "적게 믿는 자여 어찌 의심하느냐"하십니다. 다 믿음입니다. 예수님께는 엄청난 믿음이 있는 것입니다. 그 믿음으로 모든것을 이기시고 모든것을 해석하시고 모든것을 극복하시는 것을 봅니다. 그 절대평화를 보고 그들은 놀랍니다. 그래 오늘말씀에 보니 저들은 예수님 앞에 구합니다. 조용한 시간에 아주 진지하게 구합니다. "우리에게 믿음을 더하소서." 오직 이 하나의 기도가 있는 것입니다.

그런데 예수님의 믿음은 어떤 믿음이었습니까. 저들이 보고 깨달은 믿음은 무엇이었습니까. 예수님께서는 철저하게 하나님을 믿으십니다. 하나님께서 나를 보내시고 하나님께서 오늘도 나와 함께 계시고 하나님께서 내 안에 거하시고―하나님을 믿으십니다. 십자가를 몇시간 앞에 두고 다 알고 계시면서 말씀하십니다. "보라 너희가 다 각각 제 곳으로 흩어지고 나를 혼자 둘 때가 오나니 벌써 왔도다 그러나 내가 혼자 있는 것이 아니라 아버지께서 나와 함께 계시느니라(요 16:32)." 그런고로 너희가 환난을 당하나 담대하라, 내가 세상을 이기었노라, 말씀하십니다(요 16:33). 놀라운 말씀입니다. 다 버릴 것이다, 세상이 나를 버릴 것이다, 내가 십자가를 지게 될 것이다, 그래도 나는 절대로 고독하지 않다, 아버지 하나님께서 나와 함께 계시다―그런 믿음입니다. 하나님을 전적으로 믿으십니다. 하나님께서 함께하시고 하나님께서 내 안에 거하심을 믿으십니다. 더욱 중요한 것은 그 믿음 안에서 주님께서는 또 자신을 믿으신다는 사실입니다. 나는 하나님의 보내심을 받은 자요, 나는 말씀이 육신이 되어 거하는 자요, 하십니다. '나'가 누구냐입니다. 그것을 확실하게 믿으십니다. 요한복음을 전적으로 연구하는 분들에 따르면 요한복음에는 '에고 에이미'라는 말씀 곧 'I am'이라는 말씀, 스스로 '나는'이라고 하시는 말씀이 일곱 가지로 나타납니다. 이것을 다 연구하고나면 요한복음 졸업하는 것입니다. 요한복음을 이것으로 설명하는 것입니다. "나는"—간접화법이 아닙니다. 직접화법입니다. 나는 빛이다, 나는 길이다, 나는 진리다, 나는 생명이다, 나는 부활이다, 나는 선한 목자다, 나는 생명의 떡이다—이 한 말씀 한 말씀 속에 깊은 진리가 있습니다. 그것이 요한복음에 나타납니다. "나는"—예수님께서는 당신자신에 대한 확실한 믿음을 가지셨습니다. "나는…" 마태복음 26장 64절에 보면 아주 놀랍고도 극적인 장면이 있습니다. 예수님께서 체포되시어 가야바의 법정에 서시었습니다. 거기 대제사장들과 온 공회는 이미 예수님을 십자가에 못박아버리려고 작정해놓은 터입니다. 예수님의 운명이 이제 어떻게 되리라는 것을 예수님 스스로 잘 알고 계십니다. 그들이 이런 말 저런 말로 질문을 하기도 하고 거짓증인들을 동원하고… 이럴 때입니다. 그러나 예수님 초연하게 말씀하십니다. "인자가 권능의 우편에 앉은 것과 하늘구름을 타고 오는 것을 너희가 보리라." 이제 십자가를 지시게 됩니다. 그러나 예수님께서는 당신자신에 대한 믿음이 있습니다. 내가 구름을 타고 오는 것을 너희가 보리라—대단한 말씀입니다. 하나님의 크신 경륜 안에서 당신자신에 대한 확실한 믿음이 있었습니다. 나는 이러하다… 뿐만아니라 예수님께서는 그 믿음 안에서 제자들을 믿으십니다. 어떤 제자들입니까. 예수님을 세 번이나 모른다고 부인하는 수제자 베드로며 의심많은 도마며 아주 이치따지기에 밝은 빌립 등 시원치 않은 제자들입니다. 그러나 예수님께서 말씀하십니다. 네가 나를 사랑하느냐, 내 양을 먹이라, 네가 나를 세 번 부인할 것이다, 그러나 네가 다시 돌아와서 내 제자가 되리라, 내가 십자가로 구속한 이 교회 이 어린 양들을 네가 먹이라, 네가 나를 위해서 많은 핍박을 받아야 할 것이다, 라고 말씀하십니다. 그렇게 제자들을 믿으셨습니다. 여러분은 하나님을 믿습니다. 자기자신은 얼마나 믿고 있습니까? 얼마나 이웃을 믿고 있습니까? 자식을 믿습니까? 얼마전에 나온 책에 「CEO가 되는 길」이라는 제목으로 번역된 책이 있습니다. 원문제목은 「RUNNING FROM THE TOP」입니다. CEO 50명을 연구해보니, 놀라운 것은 이 50명이 전부 좋은 가정에서 태어나고 자랐으며, 특별히 그걸 읽으면서 감명받은 대목은 이것입니다. 자신이 아주 장난꾸러기가 되었을 때, 아주 문제아가 되었을 때 오로지 그 어머니만은 자기를 믿어주었다는 것입니다. "나는 너를 믿는다." 이것 때문에 오늘의 내가 있다, 하였습니다. 여러분은 얼마나 믿습니까? 집을 나간 자식을 믿습니까? 타락한 남편을 믿습니까? 나 자신을 믿을 뿐 아니라 우리는 이웃을 믿어야 됩니다. 예수님께서는 그 형편없는 제자들을 믿으십니다. 그리고 귀한 일을 맡기십니다. 예수님께서 믿음이 얼마나 소중한가를 다시 강조하십니다. "너희에게 겨자씨 한 알만한 믿음이 있었더면…" 아주 귀한 말씀이지요. 겨자씨 한 알만큼, 고만큼한 믿음이 있어도 "이 산을 명하여 여기서 저기로 옮기라 하여도 옮길 것이요(마 17:20)"라고 말씀하시어 믿음의 소중함을 깨우치십니다. 제2차세계대전 끝날 때쯤 연합군이 승리하여 독일에 진입했습니다. 이 곳 저 곳 다니면서 독일군 잔병들을 소탕하고 있을 때입니다. 어떤 집에 가니까 지하실이 있는데 그 지하실은 유대인들이 잡혀가기 전에 숨어 있던 곳입니다. 플래시를 켜들고 자세히 살폈더니 그 바람벽에 '다윗의 별'이 그려져 있고 그들이 죽임당하러 잡혀가기 전에 써놓은 한 줄의 글이 있습니다. '나는 태양을 믿는다, 여기에 빛이 비치지 아니하여도. 나는 사랑을 믿는다, 그것이 표현되지 아니할지라도. 나는 하나님을 믿는다, 그분께서 아무 말씀 없으시더라도.' 믿음입니다. 오직 믿음입니다. 오늘본문에 특별히 믿음에 대해서 말씀하십니다. 어떻게 하여야 믿음을 키울 수 있는가? 참 유감스러운 것은 모처럼 믿음을 가졌다가 믿음에 손해를 보고 믿음에 상처를 입는 분들이 있다는 것입니다. 왜 그런 일이 있는가? 오늘본문에 예수님께서 비유로 말씀하십니다. 여기에 한 종이 있다, 밭에 나가서 일을 하고 저녁에 돌아왔을 때 그가 수고했다고 해서 그에게 사례하겠느냐, 먼저 먹으라 하겠느냐, 종은 여전히 종이다, 마땅히 해야 될 일을 했을 뿐입니다, 나는 무익한 종입니다, 라고 고백하는 것이 바른 충성된 종의 모습이다, 하는 말씀입니다. 바로 그 모습이 중요합니다. 그래야 믿음이 자랍니다. 모처럼 바치겠다 하다가 받고자 하는 마음이 되고, 수고하겠다고 하다가 칭찬받겠다고 하는 마음이 되고—이렇게 생각이 바뀌니까 믿음이 쏟아지는 것입니다. 처음부터 나는 종입니다. 섬기는 자입니다. 요사이 결혼주례 하면서 주례사에 하나 추가한 것이 있습니다. 신랑신부를 놓고 이렇게 얘기해봅니다, 오늘저녁 자기 전에 신랑 너는 신부 보고 "나는 영원히 당신의 노예입니다"라고 말할 수 있겠나, 물어보니 요사이 신랑들이 그리하겠다고 합디다. 그렇게 하겠대요. 신부 너는 신랑 앞에 "나는 당신의 영원한 노예입니다"라고 말할 수 있겠나, 했더니 하겠다고 그럽디다. 제 마지막말은 이것입니다. "제발 그 마음으로 살아다오." 나는 당신의 영원한 노예입니다—이렇게 생각하고 출발하면 낙심이 어디에 있고, 실망이 어디에 있고, 나약함이 어디에 있겠습니까. 사랑, 참 좋은 것입니다. 바로 이 마음입니다. '나는 당신의 영원한 노예입니다. 당연히 해야 할 일을 했을 뿐입니다.' 나아가서, 나는 무익한 종입니다, 하는 이 마음으로 살아갈 때 믿음이 자라는 것입니다.

　TV에 백두산 호랑이를 생포하는 장면이 나온 적이 있습니다. 그 무서운 호랑이가 크게 포효를 하고 있습니다. 으르렁대고 있습니다. 그 호랑이를 작은 사냥개 한 마리가 막 따라가서 공격하는 것입니다. 이 작은 사냥개가 감히 어찌 그 호랑이한테 대들겠습니까. 오직 뒤에 주인이 있기 때문입니다. 주인을 믿고 있기 때문에 호랑이 앞에서도 겁이 없습니다. 믿음―복음의 능력을 믿습니다. 나를 중생시키시고 나를 변화시키시고 나를 구속하시는 하나님의 능력을 믿습니다. 기도응답을 믿습니다. 하나님의 경륜을 믿습니다. 그 경륜 안에서 현실을 해석합니다. 하나님의 창조적 사랑을 믿습니다. 이 사랑에는 변함이 없습니다. 나와 함께하시는 하나님의 역사를 믿습니다. 내가 사는 생 그 자체에 사명이 있음을 믿습니다. 그리할 때 위대한 하나님의 일꾼이 되는 것입니다. 우리의 기도, 오직 한 가지입니다. 하나님, 믿음을 주십시오, 믿음을 더해주십시오, 믿음을 키워주십시오, 믿음을 온전케 해주십시오, 이것만이 소원입니다―그리할 때 우리는 새로운 세상을 바라볼 수 있는 것입니다. △

나날이 새로워집니다

그러므로 우리가 낙심하지 아니하노니 겉사람은 후패하나 우리의 속은 날로 새롭도다 우리의 잠시 받는 환난의 경한 것이 지극히 크고 영원한 영광의 중한 것을 우리에게 이루게 함이니 우리의 돌아보는 것은 보이는 것이 아니요 보이지 않는 것이니 보이는 것은 잠간이요 보이지 않는 것은 영원함이니라
(고린도후서 4 : 16 - 18)

나날이 새로워집니다

　재작년 여름에 저는 우리교회에서 파송한 강성일 선교사님이 사역하고 있는, 브라질 북쪽에 있는, 적도가 지나가는 선교현장에 다녀온 적이 있습니다. 거기서 교회를 세우고 또 그 지방을 위해서 신학교를 세우고, 신학교 1회 졸업생을 배출할 때 졸업식에 참여하기 위해서였습니다. 거기 가서 특별한 것을 보았습니다. 뭐냐하면 그 지방 사람들은 전부가 자기나이를 모른다는 것입니다. 춘하추동이 없습니다. 겨울도 없고 여름도 없습니다. 적도가 지나가는 곳이라서 아주 뜨겁습니다. 그리고 캘린더문화가 없습니다. 도대체 달력문화가 없기 때문에 오늘이 며칠인지도, 올해가 어느 해인지도 모릅니다. 알 필요도 없고요. 자신은 물론 자기아이들도 몇살쯤 됐을 거라고만 생각하고, 가장 좋은 것은 자기아내를 보고도 몇살쯤 됐을 거라, 생각하고 산다는 것입니다. 신상카드에는 으레 'about…'라고 씁니다. 그럴 수밖에 없는 것이 사실로 모르는 것입니다. 자기나이를 모르고 삽니다. 대충대충 얼마쯤 되겠지, 하고 살아가는 것입니다. 거 참 괜찮겠다, 생각했었습니다. 나이를 잊어버리고 산다는 것, 얼마나 좋습니까. 우리네는 시간에 대해서, 날짜에 대해서 너무 민감합니다. 해가 바뀐다고 민감하고 시간이 바뀐다고 민감하고, 심지어는 예배 시작하는 지금 이 시간도 분(分)으로도 아닌 초(秒)로 지키는 것입니다. 설교가 조금 길어진다 싶으면 벌써 앉음새들이 흐트러집니다. 어떤 사람은 예배 끝에 축도하고 있는데 나가버립니다. 뭐가 그렇게 급한지, 왜 이렇게 시간에 대해서 민감하게 반응하고 살아야 하는지—생각해보면 불행한 일입니다. 그렇게까지 민감해야 할 이유가 없는데 말입니다.

　새천년에 대한 기대가 컸습니다마는, 별로 그에 걸맞도록 소망적이지 못합니다. 그런 한 해를 보냈고, 또 별로 밝지 않은 새해를 지금 맞이하게 되었습니다. 오늘본문에는 역설적 진리를 말씀합니다. 패러독스적인 것입니다. "겉사람은 후패하나 우리의 속은 날로 새롭도다." 아주 귀중한 말씀입니다. 생명이라는 것은 항상 역설적입니다. 후패하는 것과 새로워지는 것이 동시에 이루어지는 것입니다. 문제는 어느 쪽을 보느냐, 어느 쪽에 마음을 두느냐에 있습니다. 어린아이들은 한 살 더 먹었다고 좋아하고 어른들은 한 살 더 늙었다고 서글퍼합니다. 내가 어디에 마음을 두고 있느냐, 하는 것입니다. 우리는 낙심하지 않습니다. 그것은 날로 새롭기 때문입니다, 라고 성경은 말씀합니다. 그런데 먼저, 자기자신에게 집착하는 사람은 낙심합니다. 그러나 전체를 생각할 수 있는 사람은 마음이 새로워집니다. 보십시오. 나라를 위해서 죽는 사람은 나 하나가 죽어서 나라가 삽니다. 그럴 때 그는 낙심하지 않습니다. 나 하나는 사라지지만 나라의 무궁한 발전을 생각하고 그는 기쁜 마음으로 죽어가는 것이 아닙니까. 나 하나만 생각하면 문제가 되는 것입니다. 그러나 교회를 생각하고 하나님의 뜻을 생각하고 큰 것을 생각하면 낙심할 것이 없습니다. 나 하나가 낡아지고 늙어지고 사라지고 죽어간다고 해서 낙심할 것 없습니다.

　또하나, 현재에 집착하는 사람은 낙심합니다. 그러나 미래를 생각할 줄 아는 사람은 낙심할 필요가 없습니다. 현재라고 하는 것은 어차피 지나가야 되는 것이니까요. 현재대로 머물러 있을 수는 없고 또 머물러 있어서는 안되는 것입니다. 봅시다. 아기가 있어 두 돌쯤 됐을 때 보면 말을 배우기 시작합니다. 그럴 때 그 뜻도 모르고 저나름의 말을 하는 것, 얼마나 귀엽습니까. 할아버지 보고도 이놈 저놈, 하는데 그때가 더없이 이쁘지요. 말할수없이 이쁘지마는 그러나 어느 할아버지가 너는 고대로 있어라, 크지 마라, 하겠습니까. 고거 이쁘다고해서 거기서 더 크지 말라, 할 수는 없는 것입니다. "빨리 커라." 이렇게 말을 해야지 "그대로 있어라"한다면 이런 저주가 어디에 있겠습니까. 그와도 같습니다. 우리의 세상이 자꾸만 현재에서 미래로 발전해나가고 있는데, 변화하여야 하는데 이걸 정지시키겠다고 하는, 정지되기를 바라는 마음, 이 얼마나 바보스럽습니까. 현재란 바꾸어져야 됩니다. 변화하여야 됩니다. 변화할 수밖에 없습니다. 지나갈 수밖에 없습니다. 그런고로 먼 미래를 바라보는 사람은 낙심할 필요가 없습니다. 사람의 길은 성공의 연속이 아닙니다. 알고보면 실패의 연속입니다. 많은 실패 속에 삽니다. 요사이 흔히 말하는바 '평생직업' 같은 것은 이제 없습니다. 해마다 바꿔야 합니다. 직업도 바꿔야 되고 또 바꿀 생각을 해야지 한 가지만 붙들고 평생을 간다는 것은 있을 수 없습니다.

또한 어느 부분만 생각하는 사람은 낙심합니다. 전체 속에 있는 부분을 생각하는 사람은 낙심하지 않습니다. 내가 하는 일은 작은 일이로되 이 일로 인하여 큰일이 이루어지고 있습니다. 저 큰일을 위해서 내가 작은 부분을 감당하고 있는 것입니다. 비록 작은 일에 매여 있지마는 나는 전체를 생각하기 때문에 낙심할 필요가 없는 것입니다.

또, 육체적 쾌락에 매여 있는 사람들 낙심합니다. 왜냐하면 육체적인 것은 자꾸 낡아지고 늙어가기 때문입니다. 이대로 머물러 있지를 않습니다. 그런고로, 영적인 것, 신령한 세계를 바라볼 수 있는 지각이 없으면 이 세상만 가지고는 우리가 낙심할 수밖에 없습니다. 물질적인 세계에 집착하면 낙심합니다. 물질은 없어집니다. 소유주가 바뀝니다. 모든것은 퇴보합니다. 물질은 고갈됩니다. 이 세상은 끝이 없습니다. 그런고로 하나님의 뜻을 생각할 때 낙심하지 않을 수 있습니다. 예수님께서는 그의 말세론에서 말씀하십니다. 환난이 있고, 핍박이 있고, 전쟁이 있고, 사랑이 식어지고, 도덕적 종교적으로 큰 혼란이 오겠다, 말씀하시면서 그러나 그것은 재난의 시작이다, 하십니다. 그 모든 일이 있어서 복음이 땅끝까지 전해질 것이다, 그제야 끝이 오리라—예수님께서는 저 앞을, 하나님의 나라를 바라보시기 때문에 오늘의 이 많은 변화에 대해서 초연하신 것을 볼 수 있습니다.

또한 가시적인 것, 겉만 보는 사람은 낙심합니다. 겉은 자꾸 변하니까요. 그러나 속을 볼 줄 아는 사람은 낙심치 않습니다. 한 나무에서 잎이 떨어지는 것을 봅니다. 이것은 겉을 본 것입니다. 그러나 그 속에서 생명이 자라고 있습니다. 여기 질그릇이 있습니다. 질그릇 안에 보화가 있습니다. 그런고로 낙심하지 않습니다. 무너질 것은 무너져야 하고 없어질 것은 없어져야 합니다. 그래야 새것이 움트게 되기 때문입니다. 성 아우구스티누스의 「하나님의 도성(City of God)」이라는 유명한 책이 있습니다. 그 책을 쓰게된 동기에 대해서 그는 이렇게 고백하고 있습니다. 신성로마제국이 무너지는 것을 보았습니다. 영원히 서 있을 줄 알았던 대로마제국이 만족의 침입으로 무너질 때 온세계가 정신을 못차렸습니다. 어찌 이런 일이 있다는 말인가, 하고. 그러나 아우구스티누스는 사람이 세운 나라가 무너지면서 하나님의 나라가 세워지는 것을 보고 있었습니다. 신의 도성을 보고 있었기에 그는 낙심하지 않았습니다. 작년 내내 베스트 셀러에 오른 작품이 있습니다. 1시간이면 다 볼 수 있는 조그마한 책입니다. 그러나 너무나도 재미있는 책입니다. 못보셨으면 이제라도 생전 안 가본 서점에라도 가서 사 보십시오. 거듭거듭 생각하면서 읽어보십시오. 왜 베스트 셀러가 되었는지 충분히 알 수 있을 것입니다. S. 존슨이라고 하는 분이 쓴 것인데,「누가 내 치즈를 옮겼을까?」라는 제목의 동화같은 책입니다. 생쥐 두 마리가 이리저리 쏘다니던 중 커다란 치즈창고를 발견했습니다. 원 세상에! 이렇게 많은 치즈가 있다니─생쥐로 볼 때는 이건 뭐 죽을 때까지 먹어도 다 못먹지요. 아무튼 그 큰 치즈창고를 보고 못견디게 좋았습니다. 매일같이 구멍을 뚫고 들어가서 치즈를 먹습니다. 재미있고 행복했습니다. 그런데 하루는 가보니 그 치즈창고에 치즈가 하나도 없는 것입니다. 한 생쥐는 그때 원망을 합니다. '누가 내 치즈를 옮겨갔을까?' 여러분, 이, 말되는 얘기입니까? 화를 내는 것입니다. 누가 내 치즈를 옮겼단말인가─뉘것인데요. 그동안 제놈들이 남의 것을 도둑질해 먹었지 어떻게 '내 치즈'입니까. 생쥐 한 마리는 굶으면서 원망불평 발악을 하고 있습니다. "누가 옮겨갔느냐?" 그런데 다른 생쥐는 '여기 없으면 다른 곳으로 가 찾아봐야지'하고 미로의 여행을 떠납니다. 여러분, 생각해보십시오. 이 세상이 내맘대로 되는 것입니까? 누가 내 치즈를 옮겼느냐고 고래고래 소리지르면서 죽어가는 불쌍한 사람 많습니다. 생각을 바꿉시다. 본래부터 내것이 아니었습니다. 여러분, 누가 내 머리카락을 희게 했느냐고 소리지를 것입니까. 누가 나를 이렇듯 늙게 만들었느냐고 원망할 것입니까. 당신의 몸이 당신의 것이었습니까. 깊이 생각할 것입니다. 변화는 있는 것입니다. 더구나 이 현대는 변화에 가속이 붙어서 저 옛날 천 년을 두고 변하던 것이 지금은 1년에 변합니다. 척척 책장을 넘기듯이 변하고 있습니다. 급한 변화 —자, 이제 생각하여야 합니다. 21세기를 살아남기 위한 덕목 제1호가 변화에 대해서 유연해야 된다는 것입니다. 변화를 유연하게 받아들여야 합니다. 있을 일이 있는 것이다, 있어야 할 일이 있는 것이다 —당연하게 받아들일 줄 알아야 합니다. 불평하지 마십시오. 근자에 어떤 목사님 설교하는 것을 TV에서 보니 '아니, 옛날에는 멀쩡한 입술에다 빨간 걸 칠하더니 요사이는 또 머리칼에도 요란하게 칠을 하고 다니니 이게 대체 뭔 꼴이야'합니다. 그 꼴로 교회 나오지 말라고 소리지르는 목사님을 보았습니다. 그래서 내가 그분에게 전화걸어서 "정신차려!"하였습니다. 아니, 제 머리 제가 물들이는데 뭐라 하는 것입니까. 머리가 빨갛든 파랗든 이젠 당신의 눈을 바꿔야지 그거 바꾸려들지 말라고, 내버려두라고, 당신도 한번 칠해보라고, 그러면 될 거 아니냐, 하였습니다. 세상 변하는 데 대해서 유연하게 대하십시오. 신경질적으로, 알레르기현상으로 반응하지 마십시오. 내 생각을 바꾸면 간단한 걸 뭘 그렇게 몸서리치고 있는 것입니까. 그리고, 변화의 방향을 알아야 합니다. 변화가 무작정 변하는 게 아닙니다. 어디론가 direction이 있습니다. 방향이 있다는 것을 알아야 합니다. 변화의 방향에 민감하면 돈도 벌 수 있습니다. 이것이 도대체 어디로 가고 있는 거냐, 어디로 변하고 있는 거냐, 이것을 빨리 깨달아야 하고 이것을 관조할 수 있어야 합니다. 또한 변화의 의미를 알아야 합니다. 대체 이 변화가 무엇을 의미하느냐, 그 깊은 곳에 숨어 있는, 때로는 하나님의 말씀으로 내게 들려지는, 아주 큰 말씀으로 들려지는 그 변화의 소리를, 그 속에 담긴 진리를 내가 들을 수 있어야 합니다. 그리고 또 한 가지 잊지 말 것은 이 변화 속에서 새로워지는 일이 있다는 것입니다. 물러가는 게 있는가하면 다가오는 게 있습니다. 없어지는 일이 있는가하면 생기는 것이 있습니다. 계속 새로운 것으로 거듭나면서 새로워지는 그 무엇이 있다는 것을 알아야 합니다. 그것을 아는 지혜가 필요합니다. 이런 지혜가 없는 사람은 실패합니다.

로저 골드라고 하는 심리학박사가 소위 발달심리학 쪽에서 말하는 이런 것이 있습니다. 사람에게 통제에서 벗어나려고 몸부림치는, 도망기라고 하는 기간이 있다, 16~17세. 가능성을 찾는 탐색기가 있다, 18~22세. 생존을 위해서 발버둥치고 피투성이가 되도록 싸우는 투쟁기가 있다, 23~28세. 인생의 깊이를 생각하는 회의기가 있다, 29~34세. 초조와 위기를 느끼는 불안기가 있다, 이제 인생의 한계가 왔으니까, 35~43세. 이제 과거를 회고하는 반성기가 있다, 그건 잘못했다 하는 생각, 44~50세. 쉰이 넘으면 무슨 기간이라고 생각하십니까? 알아서 생각하십시오. 겉사람은 후패합니다. 자꾸 낡아집니다. 그러나 역설적으로 새로워지는 것이 있습니다. 젊은사람들은 머리가 잘 돌아갑니다. 빨리 회전합니다마는 지혜가 없습니다. 제가 이 자리에서 말씀드리기 죄송하지만, 미국에는 그동안에 은퇴라는 게 있어왔는데 법관과 교수와 목사는 예외여서 은퇴라는 게 없습니다. 왜 그렇겠습니까. 나이가 많을수록 인생의 깊이를 점점 더 알기 때문입니다. 피터 드러커라고 하는 교수는 하버드대학 교수인데 지금 92세입니다. 그는 바로 작년에도 유명한 책을 썼습니다. 기억력은 없어지고 근력도 줄어들지마는 날로 새로워지는 부분이 있거든요. 이걸 내버려두어서 되겠느냐―그래서 은퇴 없는 것입니다. 낡아지는 게 있는가하면 점점 새로워지는 게 있는 것입니다. 그것을 알아야 합니다. 여러분 생각해보십시오. 앞으로 환난이 있겠지요. 그러나 그 환난은 잠시 있는 것입니다. "우리의 잠시 받는 환난의 경한 것이"하고 성경은 말씀합니다. 임산부에 있어서 해산의 수고라는 것은 잠시 있는 것입니다. 그 귀한 생명을 얻는 데 비하면 그 수고는 아주 경한 것입니다. 환난과 역경으로 인해서 영광의 중한 것이 창조된다고 말씀합니다. 환난의 경한 것이 영광의 중한 것을 창조한다고 말씀합니다. 그래서 영광과 현재의 고난을 족히 비교할 수가 없는 것입니다. 그렇기 때문에 예수믿는 사람의 돌아보는 것은 보이지 않는 것이요 보이는 것이 아닙니다. 미래의 것이요 현재의 것이 아닙니다. 깊은 세계, 하나님의 뜻, 하나님의 경륜, 하나님의 부르심을 생각하고 거기에 집중하고 그에 응답하는 것입니다. 그런고로 새해가 새해되기 위해서는 세계관을 바꿔야 합니다. 인생관을 바꿔야 합니다. 가치관을 바꿔야 합니다. 그것이 새로워져야 합니다.

재미있는 얘기가 있습니다. 어느 초등학교의 나이많은 교장선생님이 지혜로운 분이었습니다. 새해를 당해서 선생님들에게 '새해를 나는 이렇게 살아보겠다'라고 새롭게 각오, 결심한 것 한 가지씩만 써오라는 과제를 주었습니다. 모든 선생님이 한 가지씩 써왔습니다. 많은 사람 앞에서 그 중 제일 모범적이라 할만한 것을 발표했습니다. 그랬더니 선생님 하나가 "왜 내것은 안읽어줍니까?"하고 고래고래 항의를 합니다. 교장선생님이 "아하, 미안합니다. 내가 미처 챙기질 못했군요"하고 교장선생님은 그 많은 것을 뒤적뒤적해서 그 선생님의 답을 찾고는 사람들 앞에서 읽어주었습니다. 그것은 이런 내용

이었습니다. '사소한 일에 나는 절대로 화를 내지 않겠다.'

여러분, 새해라는 것은 한 단계씩 더 새로워져야 되고, 더 영적인 사람이 되어야 하고 더 영원지향적인 사람이 되어야 하는 것입니다. 더 높은 가치의 의미를 창조하며 살아가야 하는 것입니다. 인생은 질적입니다. 물량적 성공은 그건 변화 중의 하나입니다. 성공할 수도 있고, 실패할 수도 있습니다. 인생의 질을 새롭게 하면서 만물을 새롭게 하노라 하시는 주님의 말씀을 따라서 정말로 날로 새로워지는 그런 새해가 되기를 바랍니다. △

예수의 결심

　예수께서 승천하실 기약이 차가매 예루살렘을 향하여 올라가기로 굳게 결심하시고 사자들을 앞서 보내시매 저희가 가서 예수를 위하여 예비하시려고 사마리아인의 한 촌에 들어갔더니 예수께서 예루살렘을 향하여 가시는 고로 저희가 받아들이지 아니하는지라 제자 야고보와 요한이 이를 보고 가로되 주여 우리가 불을 명하여 하늘로 좇아 내려 저희를 멸하라 하기를 원하시니이까 예수께서 돌아보시며 꾸짖으시고 함께 다른 촌으로 가시니라
　　　　　(누가복음 9 : 51 - 56)

예수의 결심

「Thinking」 즉 「사색」이라고 하는 책의 저자인 정치철학자 한나 아렌트(Hannah Arendt) 여사는 많은 범죄자들과의 상담과 그 경험을 통해서 이러한 결론을 얻었습니다. 사람이 악한 행동을 하게 되는 것은 그의 본래적인 악함에 원인이 있기보다는 애매함과 우유부단함에 기인한다고 하는 것입니다. 말하자면 사람이란 본래 다 선하다는 것입니다. 그 마음깊은 곳에 착함과 진실함과 선함이 있다는 것입니다. 그러나 이 선함을 좇지 못하고 악한 욕망, 악한 어떤 요구 앞에서 애매한 태도를 취하고 있거나 또 우유부단함으로해서 그만 악에 끌리고 악을 거부하지 못하여 어느 결에 자유를 빼앗기게 되고 악한 사람으로 나타나게 된다는 것입니다. 참으로 많은 생각을 하게 하는 교훈입니다.

코카 콜라 창업자인 아사 캔들러(Asa Griggs Candler)는 본래 알콜중독자였습니다. 한시라도 술을 안먹으면 살 수 없었습니다. 술을 먹지 아니하면 정신이 들지 않았습니다. 그래 알콜중독자수용소에도 여러 차례 끌려가서 고생을 했건만 술에 대한 욕망에서 헤어나지 못하고 비참하게 살아갔는데 어느날 그는 자신의 마음속으로부터 들려 오는 강한 음성을 들을 수 있었습니다. '나 자신의 본능적 욕구를 거부하는 사람만이 성공할 수 있다. 속에 가진 이 악한 욕구, 이 욕망을 거부하여야만 나는 자유인이 될 수 있다.' 그는 깊이 깨닫고 집에 돌아가 아내의 손목을 잡고 자신이 깨달은 바를 고백하고 같이 울며 하나님 앞에 기도하였습니다. 그리고 다시 시작합니다. 자유인으로 출발합니다. 술의 노예가 되었던 사람이 이제는 자유인으로, 그 양심도 그 영혼도 모든 악한 욕망으로부터 벗어난 자유인으로 살아갑니다. 그리고 소득의 십일조를 하나님 앞에 철저히 바치면서 「코카콜라」라고 하는 큰 기업을 이루게 되었다고 합니다.

정신과의사인 김정일 교수는 그의 책에서 말합니다. 거절해야 할 일에 거절하지 못하는 사람은 일부러 스트레스에 시달린다, 그리고 막연한 적개심을 가지고 산다, 하였습니다. 대단히 중요한 말입니다. 거절해야 될 일입니다. 그럼에도 불구하고 거절하지 못하고 끌려가놓고는 자기를 망쳐버렸다고해서 상대방에 대하여, 그 무언가에 대하여 그는 언제나 적개심을 가지고 산다는 것입니다. 다시말하면 자신이 선택한 일에 대한 책임을 지지 못하고, 자신이 거절하지 못한 데 대한 확실한 책임을 지지 못하고, 오히려 자기를 이렇게 속박한 그 무엇에 대해서 적개심을 가지고 산다는 것입니다. 이게 바로 스트레스라고 하는 것입니다. 저가 만들어놓고, 저가 빠져놓고 딴소리 하는 것입니다. 저가 연애하고, 저가 죽느니사느니 해서 결혼해놓고는 나중에 보니 "너 때문에 나 망쳤다"하는 사람을 더러 봅니다. 꼭 이 꼴이라는 것입니다. 인생파멸을 사는 사람마다 꼭 같은 모양으로 살아갑니다. 거기에 문제가 있는 것입니다. 그런고로 인생은 하고 싶은 일을 할 때에 가장 아름답고 가장 싱싱하게 보이는 것입니다. 하고 싶은 일—무슨 말입니까. 자신이 선택하고 자신이 사랑하며 사는 것입니다. 자유인으로 사는 것입니다. 그 사람이 가장 싱싱한 것입니다.

그런데, 사람을 저렇듯 애매하게 만드는 이유가 무엇입니까. 왜 초라하게 되는 것입니까. 이에 대하여 리처드 포스터는 그의 저서에서 말합니다. 현대를 사는 사람들에게 충고하는 말입니다. '사람을 애매하게 만드는 것은 noisiness다.' 소음이라는 것입니다. 어렸을 때부터, 날 때부터 시작해서 이래저래 듣는 것이 많습니다. 라디오, 텔레비전, 컴퓨터, 이 소문 저 소문, 심지어는 신문까지도… 요새 신문에 뉴스가 얼마나 많습니까. 많은 정보 많은 소리를 듣게 되는데, 이것이 사람을 그만 미치게 만듭니다. 자기성찰, 침묵과 고요를 잃어버립니다. 여러분, 지나가는 말로 말씀드립니다마는 주일날 하루는 신문 보지 마십시오. 웬만하면 전화도 하지 말고 받지 마십시오. 일주일에 하루만이라도 좀 귀가 조용했으면 좋겠습니다. 계속 소음에 시달리니까 그만 내적 존재가 미쳐버리고 마는 것입니다.

또하나는 'busyness'입니다. 너무 busily, 바쁘게 산다는 것입니다. 아주 빨리 되어야만 효율성이 있다는 철학 속에서 서두르고 있습니다. 시(時)테크를 논하니까요. 시간이 지나면 소용없습니다. 얼마나 빠르냐, 속도감과 생산이 정비례한다해서 우리는 빠르게 급하게 쫓기듯이 서두릅니다. 생각하고 달리는 게 아니라 달리면서 생각하니, 대체 어디로 가는지도 알 수 없게 됩니다.

또하나는 'crowd'입니다. 군중입니다. 우리는 남들이 나를 어떻게 생각할까, 여기에 너무 신경을 많이 씁니다. 물건을 팔고 사는데, 내가 만든 물건을 남들이 어떻게 평가해줄는지를, 다른 사람들의 기호, 선호도를 생각하지 않을 수가 없지요. 이러다보니 어느 사이에 사람도 못쓰게 되었습니다. 남들이 나를 어떻게 평가하나—이렇게 끌려가기 시작하고 남들의 판단기준에 나를 떠맡긴 지 오래됐습니다. 그대로 인생관이 표류하게 되었습니다. 자기상실에 빠지고 말았다, 이것입니다. 현대인에 대한 진단이 이렇습니다.

오늘분문에 나타난 말씀은 아주 짧습니다마는 굉장히 중요한,

성경 한 중심부에 있는 핵심적 메시지입니다. 예수님께서 예루살렘을 향하여 올라가시기로 굳게 결심하셨다—이 사실은 겟세마네동산의 기도 만큼이나 그 가진 뜻이 깊고 귀중한 핵심적 복음의 말씀입니다. 여러분, 십자가사건, 이것을 어떻게 보느냐가 중요합니다. 십자가, 예수님께서 달리신 이 십자가는 무엇입니까. 그것을 어떻게 보느냐에 따라서 구원이 있기도 하고 사망이 있기도 하고, 기독교인이기도 하고 아니기도 합니다. 이를테면 저 문선명 집단, 이제는 자기 자체가 우리는 기독교가 아니라고 선포했으니 뭐 그대로 얼마든지 비판할 수가 있습니다. 그들도 성경을 봅니다. 그러나 예수를 안 믿습니다. 왜? 예수님의 십자가를 저들은 무능의 소치로 봅니다. 실수한 것으로 봅니다. 어떻게어떻게 하다가 예수는 그만 음모에 걸려서 끌려가 죽은 것이다, 이겁니다. 이렇게 보면 그리스도인이 아닙니다. 여러분, 이것을 알아야 합니다. 예수님의 십자가를 볼 때 가장 중요한 것이 이것입니다. 예수님께서 십자가에 돌아가시는데, 그것은 우연한 사건이 아니었습니다. 일시적인 것, accident, 돌발사건이 아닌 것입니다. 성경이 전체성경을 통해서 일관되이 말씀하는 바가 무엇입니까. 예언, 그리고 성취. 성경이 말씀하는 데는 우연사란 없습니다. 하나님께서 크고 놀라운 경륜 속에서 오래전에 예언하시고 성취하시고, 예언하시고 성취하시고… 우연은 없는 것입니다. 하나님의 큰 경륜 속에 필연적 사건이 있을 뿐입니다. 십자가는 오래전에 예언하신 그 사건이 여기서 성취된 것입니다.

또하나는 무지에서가 아니라는 것입니다. 모르셔서 어느 사이 그 음모에 말려들어 십자가를 지셨느냐? 뜻도모르게, 애매하게 억울하게 죽으셨느냐? 그게 아니라는 것입니다. 또한 무능의 소치도 아닙니다. 피할 수 없어서 십자가를 지신 것이냐? 아닙니다. 예수님께서 겟세마네동산을 내려오시다가 체포되시는 시간에 하신 말씀이 있습니다. 열두 영도 더 되는 천사를 보내시게 하여 저 원수들을 다 진멸할 수도 있지만 만일에 그렇게 하면 이런 일이 있으리라, 한 성경이 어떻게 이루어지겠느냐, 하십니다(마 26:53-54). 결코 무능해서 십자가를 지신 것이 아닙니다. 성경은 누누이 증거합니다. 나사로를 살리십니다. 죽은 지 나흘 되어 썩어 냄새나는 나사로를 살리십니다. "나사로야 나오라." 소리를 지르십니다. 죽은 자가 살아나옵니다. 그 능력을 가지신 예수, 그 많은 능력을 가지신 예수께서 조용하게 십자가에 죽으십니다. 그래, 능력이 없어서 죽으신 것입니까. 이 사실을 분명히 알아야 합니다. 성경이 강하게 증거하는 것은 바로 그것입니다. 누구의 병이 낫고, 장님이 눈을 뜨고 문둥이가 깨끗해지고… 그리 중요한 얘기들이 아닙니다. 문제는 십자가를 설명하고 있다는 것입니다. 저같은 능력을 가지신 분이 이렇게 말없이 십자가에 죽으셨다, 그것입니다. 십자가사건은 그런고로 선택적이요, 자발적이요, 결단적인 것이었다는 것입니다.

오늘본문에 나타난 사건은 예수님생애의 last stage, 마지막 단계를 말씀하는 것입니다. 지금까지는 병도 고치시고 말씀도 하시고 돌아다니면서 역사하시고 하였지마는 이제는 예루살렘으로 올라가십니다. 저 앞에 십자가가 있습니다. "예루살렘을 향하여 올라가기로 굳게 결심하시고"―전혀 다른 모습으로 출발하십니다. 정면충돌 하시는 것입니다. 정면대결 하시는 것입니다. 그리고 십자가에 돌아가십니다. "굳게 결심하시고"라 하였는데, 헬라말원문으로 '프로소폰 에스테리센'이라는 이 말씀이 아주 중요한 말씀입니다. '프로소폰'이라는 말이 '얼굴'이라는 말이고, '에스테리센'은 '굳다'라는 뜻입니다. 예루살렘을 향하여 얼굴을 굳게 하셨습니다. 그 결심을 이렇게 표현하고 있는 것입니다. 예루살렘 쪽을 향해서 마음을 굳게 하시고 ㅡ이제 무엇을 의미하는지, 우리가 충분히 알만하지 않습니까. 예수님께서는 다 알고 계십니다. 저 앞에 간사한 무리가 있어, 예수님 십자가에 못박기로 결정을 다 해놓고 '올라오기만 해라.' 기다리고 있습니다. 그것을 다 아시면서 선택적으로, 자발적으로 그리로 가십니다. 그렇게 하기로 결심을 하셨습니다.

또한 "승천하실 기약이 차가매"ㅡ엄청난 의미가 있는 말씀입니다. 보십시오. 예수님의 생애가 있고 십자가가 있고 부활이 있고 승천이 있는 것입니다. 이 세 단계를 거쳐가는 것입니다. 십자가, 부활, 그리고 승천입니다. 그런데 승천하실 기약이 차가매 이제 십자가의 길로 가십니다. 영광의 아침을 바라보며 십자가의 길로 가십니다. 십자가를 통해서 부활, 부활을 통해서 승천입니다. 저 앞을 바라보시면서 오늘 골고다를 향해 가시는 예수님의 모습을 보십시오. 예수님의 본래성이 그렇고 주님의 뜻이 그렇고 하나님의 경륜이 그렇습니다. 여러분, 더욱 깊이 생각할 것이 있습니다. 모든 사람은 예언을 기다렸습니다. 예수님께서는 예언을 당신자신을 통하여 성취하고자 하셨습니다.

제가 북한을 오간다고해서 더러 저보고 질문을 합니다. "목사님은 북한문제에 대한 전문가가 아니겠습니까." "전문가라기보다 북한을 늘 생각하고 기도하고 있는 그런 사람이지요." "그럼 한 가지 물어봅시다. 목사님, 언제 통일이 될까요?" 꼭 이렇게 묻는 것입니다. 내가 무슨 점치는 사람인 줄 아는지. "언제 통일될까요?" 저는 대답합니다. 언제나 똑같은 대답을 합니다. "우리 하기탓입니다. 누군가가 해주길 바라지 마세요. 당신의 마음속에 통일이 있느냐고 묻고 싶소." 이게 중요한 것입니다. 우리 마음속은 아직도 누구를 미워하고 있습니다. 누가 망하기만을 바라고 있습니다. 이러고 되겠습니까. "당신 하기탓입니다." 천지가 달라지고 세상이 달라지고 나라가 달라지고, 도 뭘 바라는 것입니까? 당신 하기탓입니다. 나 하나가 오늘 이 엄청난 일을 위해서 해야 할 일이 있습니다. 예수님께서는 예언의 성취를 기다리고 기다리셨습니다. 그러나 기다리기만 하시지 않았습니다. 이제는 나 자신의 생애 속에서 예언을 성취시키시는 것입니다. Here, Now, to me. 지금 여기서, 이 현재적 사건 속에서 내가 예언을 성취시키는 것입니다. 예언을 현실화하셨습니다. 놀라운 진리가 여기에 있습니다. 그리고 굳게 결심하십니다. 이후로는 마음이 변할 것 없습니다. 이렇게저렇게 저울질할 것도 없습니다. 여러분, 매사에 너무 오래 생각하면 안됩니다. 그러면 끝도 없습니다. 헬라말에 '에포케'라고 하는 유명한 말이 있습니다. '판단중지'입니다. 이것은 꼭 필요합니다. 이럴까 저럴까, 저럴까 이럴까… 끝도없는 저울질 그만하십시오, 이제는. 이제는 결정을 하여야 합니다. 일본 격언에 재미있는 말이 있습니다. '만날까말까 하는 사람은 만나지 말고, 먹을까말까 하는 음식은 먹지를 말고, 갈까말까 하는 길은 가지를 마라. 죽을까말까 할 때는, 죽어라.' 아주 귀한 격언입니다. 모름지기 중요한 결정이 있어야 합니다. "굳게 결심하시고…"

그리고 오늘본문에 보니 사마리아로 가시는데 사마리아사람들이 예수님을 영접하지 않았습니다. 예루살렘으로 가신다고 하니까 유대사람들 미워하는 사마리아사람들이 못마땅해서 예수님을 영접하지 않았습니다. 예수님께서 유대나라 왕이 되려고 가시는 것으로 생각했기 때문입니다, 예수님께서는 십자가 지러 가시는데. 오해가 있는 것입니다. 그러나 나무랄 것 없습니다. 오해를 하든말든, 홀대를 하든말든 나는 내 길을 어엿이 가는 것입니다. 몰튼 캘시라고 하는 노트르담대학 교수는 「How Can We Love One Another」라는 책에서 물질주의시대를 사는 인간의 가치관을 두고 몇 가지로 분석하였습니다. 첫째, 파워 게임을 하며 사는 사람들, 권력이 모든것의 근본이라고 생각해서 합법적으로, 때로는 비합법적으로 권력을 얻고자 몸부림치는 파워 게임에 온 생을 바치는 사람이 있다, 하였습니다. 여러분, 돈버는 것도 권력 때문이고, 권력만이 나의 생의 의미를 결정한다고 생각해서 죽기살기로 권력을 찾아 헤매지마는 여러분, 권력 찾아간 사람들, 그 뒤끝을 보십시오. 다 패자로 끝납니다. 승자는 없습니다. 오직 패자일 뿐입니다. 제가 인천에서 목회할 때, 어느 국회의원이 세상을 떠나 장례식을 하러 갔다가 큰 충격을 받았습니다. 도대체 문상객이 두 사람밖에 없는 것입니다. 우리 교인들 간 사람 몇 사람 외에는 조문객이 둘밖에 없더라고요. 정치하는 사람, 그 끝이 무상합다. 그렇습니다. 평소 공연히 으스대는 거지 마지막은 다 비참합니다. 또, 두 번째 유형은 쾌락주의자입니다. 유희적 쾌락을 즐깁니다. 이기적으로 쾌락만 좇습니다. 마지막에는 허무하고 비참해집니다. 또하나의 유형은 세상을 부정적으로만 보는 사람입니다. 만사에 탈을 잡고 못마땅하게 여기면서 살지마는 결국에는 절망하게 됩니다. 남는 것이 뭐겠습니까.

믿거나말거나, 알거나모르거나 이것은 진리입니다. 오직 사랑을 위하여 사는 것, 그것만이 바로 사는 길입니다. 얼마전에 저는 이런 얘기를 들었습니다. 어느 대학병원에 간병인으로 사는 사람이 있습니다. 자녀도 있는 사람입니다. 그러나 자녀들도 이제 다 크고 할일이 없습니다. '내가 뭘 할까?' 하다가 죽어가는 사람들을 앞에 놓고 그저 간병인으로 돈 몇푼 받고 수고를 했습니다. 처음에는 돈받으려고 갔었습니다. 그러나 불쌍한 사람들을 돌아보다보니 거기에 취미가 붙었습니다. 너무나도 아름다운 것입니다. 웬노인이 일 년 동안을 입원해 있는데 그 간병인으로 정성을 다했습니다. 물론 이제는 돈생각 없습니다. 그 노인, 자녀들도 여럿 있는 사람인데 보아하니 돌아봐주는 사람이 없습니다. '내가 돌아보지.' 정성을 다했습니다. 그 노인, 마지막이 다가와 세상떠나기 직전 이 간병인과의 결혼을 신고하고 엄청난 돈을 이 여인에게 유산으로 줘버렸습니다. 그리고 이 여인은 그 돈을 받고도 여전히 간병인생활을 합니다. 그는 사랑이 무엇인지를 알았습니다. 나를 필요로 하는 사람을 위해서 내가 사랑을 베푸는 것이 얼마나 행복한 일인지를, 그래서 내가 얼마나 자유인인지를 깨닫기 시작했습니다. 그래서 수억 원의 유산을 받아놓고도 여전히 간병인으로 사는 것입니다. 삶의 보람이 어디 있는 것입니까? 얼마나 더 살면 좋을 것이겠습니까? 어떻게 사는 것이 바로 사는 것입니까?

여러분, 가장 중요한 것은 그 무엇에도 노예가 되지 말라는 것입니다. 무엇에 끌릴 것 없습니다. 결단이 있는 자는 직선거리를 갑니다. 전후좌우 돌아볼 것이 없습니다. 하나님의 경륜을 알고 사는 사람은 언제나 자유롭습니다. 골로새서 1장 25절에서 사도 바울은 '내게 주신 경륜을 따라' 내가 사도가 되었노라, 말씀합니다. 내게 주신 경륜, 하나님의 큰 경륜 속에 내가 있음을 알았습니다. 나의 존재가치를 알았습니다. 그렇게 살았습니다. 예수님께서 요한복음 18장 11절에 말씀하십니다. "아버지께서 주신 잔을 내가 마시지 아니하겠느냐." 아버지께서 아들에게 주시는 십자가입니다. 이제 전후좌우를 기웃거릴 필요가 없습니다. 가야바가 어떻든, 가룟 유다가 배반을 하든말든, 빌라도가 뭐라고 하든, 로마군인이 죽이든 살리든, 상관 없습니다. 아버지께서 내게 주시는 것입니다. 십자가입니다. 이렇게 믿고, 이렇게 선택하고, 이렇게 결정하고 사는 사람 흔들림이 없습니다. 자유합니다. 기쁨으로 충만합니다. 늘 행복하게 삽니다. 무엇인지도 모르는 그 무엇에 끌려가면서 노예생활 하는 것처럼 비참한 노릇이 없습니다. 굳게 결심하고 선택하고, 그리고 남은 생을 사는 것입니다. 이러한 자유함이 여러분에게 함께하기를 바랍니다. △

찬미를 온전케 하시는 하나님

　예수께서 성전에 들어가사 성전 안에서 매매하는 모든 자를 내어 쫓으시며 돈 바꾸는 자들의 상과 비둘기 파는 자들의 의자를 둘러 엎으시고 저희에게 이르시되 기록된 바 내 집은 기도하는 집이라 일컬음을 받으리라 하였거늘 너희는 강도의 굴혈을 만드는도다 하시니라 소경과 저는 자들이 성전에서 예수께 나아오매 고쳐 주시니 대제사장들과 서기관들이 예수의 하시는 이상한 일과 또 성전에서 소리 질러 호산나 다윗의 자손이여 하는 아이들을 보고 분하여 예수께 말하되 저희의 하는 말을 듣느뇨 예수께서 가라사대 그렇다 어린 아기와 젖먹이들의 입에서 나오는 찬미를 온전케 하셨나이다 함을 너희가 읽어 본 일이 없느냐 하시고 그들을 떠나 성밖으로 베다니에 가서 거기서 유하시니라
　　　　　(마태복음 21 : 12 - 17)

찬미를 온전케 하시는 하나님

얼마전에 저는 한 장례식을 집례한 일이 있습니다. 일상적인 방법으로 찬송하고 기도하고 성경을 읽고 설교하고, 그리고 축도하고… 그러한 일상적 방법으로 장례식예배를 인도하였습니다. 예배 끝난 후에 아주 점잖게 생긴 신사 한 분이 제게 다가오더니 진지하게, 심각하게 말하는 것입니다. "저는 기독교인이 아닙니다. 그런데 고인과 개인적 인연이 있어서 오늘 이 장례식에 참여했는데 기독교예식으로 진행되는 장례식을 난생처음 보았습니다. 그리고 큰 충격을 받았습니다." 그는 두 가지를 이야기합니다. 먼저 "기독교인들은 장례식에서도 노래를 부르는구만요"하는 것이었습니다. 이분이 찬송이라는 말을 모르거든요. 그분의 귀에는 찬송이 노래로 들리는 것입니다. 이어서 그는 더 중요한 말을 합니다. "기독교교리에 부활이 있고 영생이 있다는 말은 듣고 있습니다마는 추상적인 진리로 그렇게 받아들이는 줄 알았는데 오늘 목사님의 설교와 교인들의 반응을 보니 진짜로 부활을 믿고 영생을 사실적으로 믿는구만요." 제가 대답하였습니다. "아, 그럼요. 바로 이 두 가지가 기독교교리의 핵심입니다. 그게 중심교리입니다." 그분, 더는 아무 말 하지 않았습니다. 깊이 생각을 하더니 그 다음 주일부터 교회 나옵디다.

여러분, 이것이 가장 중요한 신앙의 핵심입니다. 예수님께서 제자들과 함께 흔히 말하는 Last Supper, 마지막 만찬을 드십니다. 제자들은 그 뜻을 다 몰랐습니다마는 예수님께서는 알고 계십니다. 이것이 마지막, 마지막 만찬입니다. 문자 그대로 마지막 만찬입니다. 그래 떡을 가지시고 "이것은 너희를 위하는 내 몸이다"하시고, 잔을 가지시고 "이것은 너희를 위하는 내 피다"하십니다. 한 말씀 한 말씀 이 얼마나 중요한 말씀이요, 그 시간이 얼마나 중요한 시간입니까. 이렇게 마지막 성만찬예식을 행하시고 이제 겟세마네동산으로 가십니다. 여기서 체포되시고 십자가를 지시게 됩니다. 예수님께 세상의 자유가 있었다면 겟세마네동산을 향하여 나아가시는 지금 바로 거기까지입니다. 그 다음부터는 체포되어 이리저리 끌려다니시다가 십자가에 돌아가시지 않습니까. 예수님, 감람산 겟세마네동산을 향해 가실 때를 성경은 이렇게 증거합니다. "저희가 찬미하고 감림산으로 나아가니라." 찬송이 나올 수 있을까요? 십자가를 바라보고 가는 길에 찬미가 나올 수 있을까요? 찬송이 있을 수 있을까요? 그러나 마태복음 26장 30절에 분명히 말씀합니다. "찬미하고 감람산으로 나아가니라." 매우 중요한 요절입니다. 이사야 43장 21절에 "이 백성은 내가 나를 위하여 지었나니 나의 찬송을 부르게 하려 함이니라"하고 말씀하십니다. 창조의 목적이 찬송인 것입니다. 당신의 백성을 구속, 구원하시는 목적이 바로 찬미입니다. 찬송을 부르게 하시겠다는 것입니다. 찬송은 하나님의 뜻이요, 하나님의 목적이요, 역사의 방향입니다. 하나님만이 영광을 받으시고, 하나님의 백성으로하여금 하나님을 찬송하게 만들고—그렇게 섭리하고 경륜하시는 것입니다.

「사랑은 사흘분의 설탕이에요」라는 제목의 아주 사랑스러운 산문집이 있습니다. 오인숙씨가 지어놓은 조그마한 책인데 그 속에 있는 이야기입니다. 그분이 친히 경험한 것을 이렇게 쓰고 있습니다. 어느날 장애인선교회에서 '행복나누기 찬양제'라고 하는 것을 열었는데 오인숙씨에게 초대장을 보냈습니다. '당신은 시인이니 여기 와서 찬송을 같이 부르고 좋은 시를 하나 발표해주시면 좋겠습니다' 했는데 이분이 그날따라 기분이 나지를 않았습니다. 시상이 떠오를 것 같지도 않았습니다. 그래 마음이 좀 편하지 않아서 못가겠다고 거절을 했습니다. 거절을 해놓고 퇴근하는 길에 '그래도 그럴 수가 없는데…' 마음에 좀 꺼림칙해서 퇴근후에 서초구민회관을 찾아갔습니다. 여기서 '행복나누기 찬양제'라고 하는 것이 열리고 있는 것입니다. 그는 별감동 없이, 어쩌면 거절한 것이 좀 미안해서 뒤늦게 참석을 했다고 합니다. 그런데 복음성가 가수인 조성철씨의 찬양, 휠체어에 앉은 채로 기타를 치면서 복음성가 부르는 소리를 듣게 됩니다. 그 얼굴은 환하고 그 음성은 맑고, 그 가사 하나하나가 큰 감동을 주는데, 이렇게 놀라운, 행복한 시간이 있을 수 없었습니다. 정말 행복을 나누어주는 축제가 되고 있더랍니다. 여기서 깊은 감명을 받고 이분, 한없이 울었다고 합니다. 그리고 이렇게 깨달았다고 합니다. '나야말로 가장 무거운, 중증장애인이다. 저분들은 몸의 장애인이지만 나는 마음의 장애인이다. 나는 정신적인 병자다.' 이렇게 스스로 깨닫고 펑펑 울었다는 것입니다. 그리고 그는 이렇게 글을 쓰고 있습니다. '눈물을 흘리고난 눈은 아름다워지나봅니다. 옆에 앉은 낯선 사람의 얼굴도 그렇게 아름다울 수가 없고, 작은 일 사소한 일, 사소한 사물에까지도 사랑의 의미를 부여하고 싶어졌습니다." 여러분, 우리의 진정한 찬송은 어디에 있는 것입니까. 잘되고, 성공하고, 축제를 하고, 축하하고, 파티하고… 거기에 있는 것이 아닙니다. 우리의 심령이 깊이 내려가고 또 내려가고, 겸손하고 아주 순수해질 때, 거기서 진정한 찬송, 진정한 찬양을 부르게 되는 것입니다. 여러분, 활짝 웃으면서 감사하다고 말해보았습니까? 아니면 눈물을 흘리며 감사하다고 말해보았습니까? 눈물로 감사하는 그 세계에 진정한 행복과 감격이 있는 것입니다.
　오늘성경은 말씀합니다. "찬미를 온전케 하셨나이다." 헬라말원문이 '카테르티소'인 이 말씀은 완전하게 하셨다는 말씀입니다. 부족한 부분을 하나님께서 완전케 하십니다. 찬미를 완전케 하십니다. 이렇게 성경은 증거하고 있습니다. 시편 8편 2절을 인용한 말씀입니다. 여러분, 찬미가 어디에 있습니까. 기쁨과 행복과 감사가 어디에 있는 것입니까. 건강한 때입니까, 병든 때입니까. 성공한 때입니까, 실패한 때입니까. 오늘본문에 중요한 내용이 있습니다. 예수님께서 지금 나귀를 타고 입성하고 계실 때 많은 사람들이 "호산나"하고, 만세를 불렀습니다. 만세소리는 같지만 그 뜻은 다 다릅니다. 저마다 저나름의 생각을 가지고 부른 소리입니다. 보십시오. 많은 어른들은 예수님께서 왕이 되신다고, 제자들은 예수님께서 보좌에 앉으실 것이라고 출세욕에 들떠서 찬송을 불렀습니다. 만세, 만세, 큰소리로 불렀습니다. 그러나 어린아이들은 그렇지 않습니다. 그 아이들은 출세를 바라는 것도 아니고 영광을 바라는 것도 아닙니다. 순전한 마음으로 순수하게 호산나를 불렀습니다마는 역시 어린아이들은 깨달음이 유치하다고 생각해야 되겠지요. 어쨌든 찬송을 부릅니다. 이 어린이들의 찬송을, 이 순진한 찬송을 두고 오늘성경은 말씀합니다. 온전케 하셨다고. 그것이 하나님의 역사라고 말씀하십니다.
　역시 감사와 찬송은 깊은 깨달음에서 옵니다. 깨달음이 그 언제 이루어지는 것입니까. 성경을 보면 사도 바울의 행적이 죽 나타납니다마는 사도 바울이 찬송을 불렀다는 얘기는 별로 없습니다. 물론 불렀겠지요. 그러나 기록상으로는 빌립보감옥에서 불렀다는 것밖에 없습니다. 예수의 이름을 위하여 매를 맞고 죽을지경이 되어서 아주 정신을 잃었다가 정신을 차리게 되었을 때, 으시시하고 고통스러웠겠지마는 정신을 차리는 그 순간 그는 하나님을 찬양합니다. 여기서 피어오르는 찬양, 아주 아름다운 것이었습니다. 순수한 것이었습니다. 저는 비교적 찬송을 좋아합니다. 한때는 지휘자가 희귀해서 성가대지휘도 해보았습니다마는 제가 한평생 부른 찬송 중 가장 깊은 감사와 감격으로 눈물겹게 불렀던 찬송은 이것입니다. 북한, 광산에서 시간도 알 수 없고 언제 죽을지 모르는 그런 절박한 시간을 보내며 얼마동안 고생을 한 적이 있습니다. 같이 고생하는 사람들 가운데 기독교인이 많았습니다. 절대로 말을 못하게 되어 있고, 말을 한마디라도 했다가는 그게 무슨 말이든 좌우간 곤욕을 치르는 것입니다. 그런 가운데 일을 하면서 휘파람으로 찬송을 부릅니다. 한 사람이 휘파람으로 찬송을 부르면 그것이 점점점점 파급되어서 많은 사람이 소리를 같이하여 휘파람을 불게 되었습니다. 어느 사이에 그 지역이 온통 휘파람찬송으로 가득차게 되었습니다. 그리고 서로 마주보면 다들 얼굴이 환하고, 어떤 분은 눈에서 눈물이 주르르 흐릅니다. 이같은 찬송, 그 순간의 찬송이야말로 정말 사도 바울이 감옥에서 찬송을 불렀다고 한 의미를 조금은 이해하게 해주었습니다. 여러분은 어느 때 순수하고도 온전한 찬송을 불러보았습니까? 깊은 깨달음 속에 그런 찬송이 있는 것입니다. 이스라엘백성이 홍해를 건너서 나옵니다. 홍해를 건넜을 때의 감격에 찬 기쁨으로 그들은 찬송을 불렀습니다. 이 찬송이 오늘의 찬송가에 효시가 되었다고들 찬송가학자들은 말합니다. 그랬을 것입니다. 홍해를 건너서 출애굽된 그 감격, 노예생활에서 벗어나 자유인된 그 감격으로 그저 찬양을 합니다. 앞에 무슨 일이 있을지 알 바가 아닙니다. 구원받고 구속받은 이대로만 가지고 충만합니다. 더 바랄 것이 없습니다. 하나님의 영광을 높이 찬양합니다. 홍해를 건너온 이스라엘백성의 찬양, 그것이 우리찬송의 뿌리가 되는 것입니다. 그 감사와 감격입니다. 그리고 하나님의 신비한 능력, 그 창조적인 역사에 대한 깨달음이 마침내 이같은 찬양을 하게 하는 것입니다.

　스위스의 심리학자이자 의사인 폴 투르니에는 많은 책을 썼는데, 그 중「창조적 고통」이라고 하는 책이 있습니다. 거기 보면 그는 많은 환자들을, 특별히 정신과환자들을 상담하고 한평생을 지내면서 깨달은 것은 이렇다고 말합니다. '현대환자들의 중증은 바로 자기상실감이다. 용기부족이다. 어느 사이에 자기를 잃어버린 것이다.' 돈을 잃어버린 것도 아니고 명예를 잃어버린 게 아니고 건강을 잃은 게 아니라 자기를 잃어버렸다는 것입니다. 자기상실감에 허덕이고 있다는 것입니다. 그러나 문제는 왜 자기를 잃어버렸느냐―그것을 몰랐다는 데 있습니다.

　여러분, 고난이란 누구나 바라지 않습니다. 그러나 고난은 창조성을 알게 하고 나의 나됨을 되찾는 중요한 계기를 만들어줍니다. 잃어버린 자기를 찾게 하는 것이 고난입니다. 고난을 모르고 살다죽는 사람은 멍청한 사람입니다. 가난과 고통을 통해서 '나'라고 하는 존재를 찾게 됩니다. 나의 당한 고통, 이것이 준 가장 소중한 선물이 바로 자기를 찾는 길이요, 하나님을 찾는 길입니다. 고난은 우리로 하여금 마음을 단순하게 만듭니다. simplify, 단순하게 할 때 거기서 순수한 찬송이 나오는 것입니다. 아직도 여러분의 마음이 복잡합니까? 소원도 많습니다. 체면도 생각해봅니다. 가문도 생각합니다. 나름대로 아직도 복잡합니다. 아직도 덜됐습니다. 정말로 깊은 고난에 들어갔을 때, 고난에 실존적으로 부딪칠 때 마음은 깨끗해지고 단순해집니다. 그리고 예수의 십자가를 바라보면서 십자가를 통하여 우리는 영원을 관조하게 됩니다. 그 순간에 찬송이 우러납니다. 미래를 지향합니다. 약속의 세계를 바라봅니다. 지난날이, 과거가 하나님의 손에 있었고, 오늘이, 현재가 하나님의 은총에 있고, 미래로 향하는 하나님의 축복과 약속이 환하게 전망됩니다. 관조됩니다. 눈앞에 환하게 전개됩니다. 그때에 찬송이 우러나는 것입니다. 여기서 생각합니다. 소망이 없는 행복은 행복이 아닙니다. 어떤 고난일지라도 거기서 소망을 산출할 수 있을 때 거기에 찬송이 있고, 행복이 있는 것입니다. 오직 소망입니다.

찬미의 주제는 언제나 주 하나님이십니다. 사람이 유치할 때는 '내 소원을 이루어주세요' '내 병을 고쳐주세요' '내 소원을 들어주세요'… 이런 것이 찬송가 가사가 될 수도 있습니다마는 이것을 다 넘어서게 될 때 오직 창조주 하나님을 찬양하고, 나를 구원하신 예수 그리스도를 찬양하고, 오늘도 내 마음에 함께 계시는 성령의 역사를, 은사를 찬양합니다. Trinitarian, 삼위일체적인 그런 찬양이 가장 높은 찬양이요, 제일 높은 찬송이 됩니다. 초대교회의 특징이 무엇입니까. 그들이 유무상통을 하였습니다. 내것을 내것이라 하는 자가 없었습니다. 서로 사랑하고 돕고, 공유하였다고 합니다마는 그보다 더 중요한 것은 하나님을 찬양하였다는 사실입니다. 사도행전 2장 47절을 보십시오. 초대교회사람들은 모일 때마다 하나님을 찬양하였다, 합니다. 경제적으로 나아진 것도 없습니다. 정치적으로 달라진 것도 없습니다. 자기생활에 변화가 생긴 것이 아닙니다. 그들에게 달라진 것은 하나님을 찬양하는 마음이 생겼다는 것입니다. 원망과 불평과 좌절에서 벗어나 하나님의 영광을 찬양하는 그런 것으로 바꾸어졌습니다.

낮에도 별빛은 있다고 합니다. 그러나 낮에는 별을 못봅니다. 모든 빛이 사라지고 캄캄해졌을 때, 삼라만상 그 아무것도 볼 수 없을 때 비로소 저 멀리멀리 있는 별빛을 바라볼 수 있는 것입니다. 그래서 사람은 밝을 때 멀리 보는 게 아니라 어두울 때 멀리 보는 것입니다. 찬송을 온전케 하셨다, 하십니다. 순진하면서 잘 모르고 깨닫지 못할 때 알게 하시고, 나를 중심한 찬송을 하나님의 영광을 중심한 찬송으로, 조건적인 감사를 무조건적인 감사로, 현재적인 이 답답한 인간을 영원지향적인 거룩한 심령으로 승화시켜주실 때 우리는 하나님을 찬송하게 됩니다. 그래서 우리 믿음의 조상들, 순교자들은 하나같이 찬송을 불렀습니다. 찬송이 없이 죽는 자는 순교자가 아닙니다. 이것을 알아야 합니다. 세상을 떠나면서 유족들 보고 '참 아름다워라' 찬송을 불러달라고 부탁한 분이 있습니다. 그래서 온집안이 그분 돌아가실 때 계속 '참 아름다워라'를 불렀다고 합니다. 장례식에서도 '참 아름다워라 주님의 세계는…'만 불렀습니다. 이게 말이 됩니까. 그러나 이것이 믿음의 세계입니다. 김용식씨라고, 그분 아시는 분이 많을 것입니다. 외교관이고 장관도 지낸 분입니다. 그분은 임종 때 '인애하신 구세주여 내 말 들으사 죄인 오라 하실 때에 날 부르소서…' 찬송을 불러달라고 부탁했습니다. 또 김활란박사는 "내 장례식에 장송곡을 부르지 마라. 축제와 같이 기쁜 찬송을 불러다오"하였습니다. 그래서 그의 장례식은 축제였습니다. 눈물이 없는 완전한 음악제로 장례식을 치렀습니다. 제가 잘 알고 존경하는 김정준 목사님은 '저 좋은 낙원 이르니 내 기쁨 한이 없도다…'를 불러달라고 부탁하였습니다. 그리스도께서는 십자가를 향하여 겟세마네동산을 올르실 때 찬미를 드렸습니다. 그리스도인은 찬미와 함께 세상을 이기고, 죄를 이기고, 환난을 이깁니다. 승리하여 찬송하기보다 찬송하며 승리하는 것이 그리스도인의 모습입니다. 특별히 임종시에 우리는 또다시 밝은 찬송을 부르며 주님 앞에 갈 것입니다.

    이제 묻습니다. 당신의 찬송은 무엇입니까? 당신이 임종시에 부르고 싶고 듣고 싶은 마지막 찬송은 무엇입니까? 우리의 영혼 깊은 곳에서부터 부르는 찬송을, 이 찬미를 온전케 하시는 주님을 다시한번 생각하여야 합니다. 거기에 참소망, 참승리, 참용기가 있기 때문입니다. △

부활신앙의 증인

나은 사람이 베드로와 요한을 붙잡으니 모든 백성이 크게 놀라며 달려 나아가 솔로몬의 행각이라 칭하는 행각에 모이거늘 베드로가 이것을 보고 백성에게 말하되 이스라엘 사람들아 이 일을 왜 기이히 여기느냐 우리 개인의 권능과 경건으로 이 사람을 걷게 한 것처럼 왜 우리를 주목하느냐 아브라함과 이삭과 야곱의 하나님 곧 우리 조상의 하나님이 그 종 예수를 영화롭게 하셨느니라 너희가 저를 넘겨 주고 빌라도가 놓아 주기로 결안한 것을 너희가 그 앞에서 부인하였으니 너희가 거룩하고 의로운 자를 부인하고 도리어 살인한 사람을 놓아 주기를 구하여 생명의 주를 죽였도다 그러나 하나님이 죽은 자 가운데서 살리셨으니 우리가 이 일에 증인이로라 그 이름을 믿으므로 그 이름이 너희 보고 아는 이 사람을 성하게 하였나니 예수로 말미암아 난 믿음이 너희 모든 사람 앞에서 이같이 완전히 낫게 하였느니라

(사도행전 3 : 11 - 16)

부활신앙의 증인

얼마전 「중앙일보」에 '증인 사생활보호 허점'이라고 하는 제목의 기사가 실려 있었습니다. 검찰의 각종 수사기록이 공판과정에서 그대로 노출되어 관련된 증인들의 신변과 사생활 보호에 허점을 드러낸다고 하는, 이런 문제를 크게 취급하였습니다. 증인과 피해자는 보복이 두려워서 진술을 꺼리게 되었다는 것입니다. "나는 분명히 그 사실을 목격했다"라고 당당하게 나서서 증명할 수 없는 그런 시대가 되었습니다. "나는 그 사건을 확실하게 보았노라!" 이 한마디, 얼마나 중요한 것입니까. 이렇게 말하는 사람이 다 없어지면 사건은 그대로 미궁으로 묻히고 맙니다. 엄연한 사실인데도 불구하고 이 세상에서는 종종 증인이 없고 증거가 없습니다. 그래서 아주 없던 일들처럼 덮어버려지고 마는 사건을 얼마나 많이 봅니까. 어느 하나 똑바로 증거된 일이 없습니다. 왜요? 증인이 없습니다. 증거가 없습니다. 도대체 내가 증인이다, 하는 사람이 없습니다. 왜냐하면 증언에 따르는 불이익이 너무 크기 때문입니다. 이익이 오느냐 불이익이 오느냐의 문제를 떠나 사실을 사실대로 목숨을 걸고 말할 수 있어야 되겠는데 그럴 수 있는 사람들이 다 도망갔습니다. 피해자들마저도 보복이 무서워서 다 숨어버렸습니다. 진실을 은폐하고 있습니다. 이것이 우리의 현실입니다. 여러분, 사실을 사실대로—이것이 진실입니다. 사실이 사실대로 이해되면 이것을 진리라고 합니다. 사실이 사실대로 확증되면 거기에 정의가 있습니다. 우리는 지금 진실도 없고 진리도 없고 정의도 표류하는 그런 세상에 살기 때문에 미래가 안보입니다. 암담한 것입니다. 진리가 땅에 묻히고 정의가 표류하는

데 우리가 어디에 마음을 두고 살겠습니까.

   사실과 사실에 대한 믿음, 매우 중요한 것입니다. 이 긴장관계는 매우 중요합니다. 엄연한 사실이지마는 사실을 사실로 내가 믿지 않는다면 역사적 사실이 숨어 있어도 내게는 사실이 아닙니다. 내가 무슨 죽을병에 걸렸다 하더라도 '나는 죽을병에 걸렸다'하는 것을 내가 믿지 않거나 모르고 있다면 나는 지금 죽을병에 죽어가면서도 죽어가는 사람의 의식상태가 아닌 것입니다. 불신이 문제요 병든 이성이 문제입니다. 자기나름으로 이성을 굴립니다. 자기생각으로, 자기합리적 이해능력으로 이해가 안된다는 것입니다. 여러분, 내가 이해가 되든 안되든 사건은 사건이요, 내 마음에 들든 안들든 사실은 사실대로 있는 것입니다. 내가 그것을 인정하느냐 안하느냐와는 상관이 없는 것입니다. 그럼에도 불구하고 우리는 종종 자기 이성의 한계 안에서 만사를 이해하려들고 때로는 긍정하고 때로는 부정합니다. 참 한심한 일입니다.

   또한 오판이 문제입니다. 판단이 빗나갈 때 사건자체가 빗나가는 걸로 압니다. 때로는 자기집착에서, 자기경험의 감옥에서 벗어나지 못하는 경우가 있습니다. '내 경험에 그런 일 없다. 들은 바도 없고 본 바도 없다. 그런고로 없다.' 그래서 없는 일입니까. 내가 못가본 세상이 없고 내가 못본 세상은 없고 내가 경험하지 않은 것은 없는 것입니까. 절대로 그럴 수가 없습니다. 그럼에도 불구하고 자기의 경험과 지식에 집착해서 진리의 엄연한 것, 사건자체의 놀라운 진리를 부정하며 미련하게 살아가고 있습니다. 사실됨과 진리됨을 모독하면서 사는 우리 인간들의 모습입니다. 여러분, 사실을 사실대로 믿을 때만 사건이 사건됩니다. 특별히 사랑에 대해서. 소중한 사랑을 받고 있다는 것, 엄청난 사랑을 받고 있다는 것을 내가 믿지 않으면 그 사랑은 나와 상관이 없습니다. 한평생을 기뻐하고 감사찬송을 할 만큼 엄청난 사랑을 내가 받는데, 사랑받는다는 사실을 내가 믿지 않고 있습니다. 그러면 그 사랑과 나와는 아무 상관도 없고 내 생활은 여전히 종말로 치닫게 되는 것입니다.

　이해와 논리가 대단히 중요한 것같으나 사실자체와는 거리가 멉니다. 한번 불신의 노예가 되기 시작하면 진리와 의를 벗어나 표류하는 그런 인생을 살게 된다는 것을 깊이 깨달아야 합니다. 예수님의 부활사건, 엄연한 사건입니다. 그러나 예수님 그 당시부터 지금까지 믿는 자가 있고 안믿는 자가 있습니다. 여러분, 이것을 알아야 합니다. 어떤 사건이든 그것을 믿는 자가 있고 안믿는 자가 있습니다. 예수님의 부활사건에 대한 기록들을 성경에서 자세히 보면 이상하게도 '그가 믿었다' 하는 말씀보다는 '오히려 의심하는 자가 있더라' '오히려 의심하더라'하는 말씀으로 되어 있습니다. 당연하지요. 나도 의심하였을 텐데. 누군들 그걸 의심 아니하겠습니까. 의심했다고 하는 것이 아주 당연한 것입니다. 그러나 이 엄청난 사건에 직면하게 됩니다. 그래서 믿음을 가지게되면 가지는 순간에 그 부활생명과 내 생명이 연합해서 나 자신이 부활하는 놀라운 기적을 낳게 됩니다. 그러나 믿지 않을 때는 이 엄연한 사실도 아무 상관이 없더라고요. 그러므로 부활사건과 부활신앙, 이는 매우 중요한 관계가 있습니다. 이 문제를 성경은 아주 드라마틱하게 구구절절이 잘 설명하고 있습니다.

　예수님을 세 번이나 부인했던 베드로, 뭐 인간적으로 예수님 앞에 참 못할 짓을 했지요. 그런데 예수님께서 부활하셨습니다. 그리고 베드로를 만나주십니다. 놀라운 얘기입니다. 부활하신 예수님께서 그 베드로를 만나주시는 것입니다. 감사, 감격, 베드로는 깜짝놀랍니다. 그러나 이상한 것은, 그래서 그날부터 베드로는 새사람이 되어 살았다, 성경은 그렇게 말씀하고 있지를 않습니다. 그 사람, 예수님 몇번 만나고나서 '부활한 건 확실하다'라고까지는 생각한 것같은데 그 다음에 하는 말이 뭐냐하면 "나는 물고기 잡으러 가노라"하고, 그리고 옛직업으로 돌아갑니다. 이거 웬일입니까. 우리는 그 점에 깊이 생각을 기울여야 됩니다. 예수님부활, 그 객관적 사실과 나와 무슨 관계가 있느냐, 그것입니다. 믿은들 그것과 나와 무슨 관계가 있느냐, 이것입니다. 여기에 문제가 있는 것입니다. 그래서 부활절과 오순절은 아주 중요한 관계가 있습니다. 저 오순절이 없는 부활절이라면 객관적 사건, 객관적 진리로 남고, 부활절 없는 오순절이라고 하면 덧없는 신비주의에 사로잡히게 되는 것입니다. 사건과 그에 대한 신앙, 이것이 서로 연합해서 귀중한 역사를 이루게 됩니다. 결국 베드로는 오순절에 성령받음으로 비로소 새사람이 됩니다. 그전에 그가 물고기잡으러 갔을 때 예수님 친히 찾아가시어 네가 나를 사랑하느냐, 내 양을 먹이라, 하십니다. 그 다정하신 예수님의 음성을 베드로는 들었습니다. 꾸짖지 아니하시고 사랑으로 용납해주시는 주님 앞에 감격했습니다마는 그 감격만 가지고는 별도리가 없었습니다. 문제는 성령충만 하게 될 때 그 부활하신 예수께 대한 부활신앙을 가지게 되고, 부활신앙의 사람이 될 때 부활의 증인으로 새로운 생을 시작하게 됩니다.

    여러분, 이 초대교회의 이야기는 두고두고 생각할 문제입니다. 우리의 신앙의 고향이 거기에 있기 때문입니다. 초대교회의 일로 돌아가보십시오. 자, 예수님 부활하셨습니다마는 부활하신 예수님을 만난 사람이 어떻게 되는가를 한번 보십시오. 대제사장과 빌라도, 가야바, 바리새인들… 이런 사람들이 예수님을 십자가에 못박았습니다. 저들의 지식, 저들의 경건, 저들의 신앙적 상식으로는 이 예수는 마땅히 죽어야 한다, 그것입니다. 그래서 재판을 하고 예수님을 정죄하고 십자가에 못박았습니다. 빌라도도 나름대로 '저는 죽어 마땅하다' 생각해서 십자가에 못박았습니다. 예수님 죽으셨습니다. 그런데 이제 하나님께서 부활시키십니다. 여기에 문제가 있는 것입니다. 우리는 그를 죄인으로 십자가에 못박았는데 하나님께서 그를 의인으로 살리셨습니다. 우리는 그를 죽어 마땅한 죄인이라 해서 죽였는데 하나님께서 '아니다' 하시고 높여 의인으로 영화롭게 하셨다는 말씀입니다. 그러면 이 순간 예수님을 십자가에 못박았던 사람들은 다같이 죄인이 되는 것입니다. 의인을 죽였으니까요. 이제 제자들이 "예수부활" "예수님 부활하셨습니다" 하는데, 그 속에 많은 뜻이 있습니다. '예수님은 죽으셔야 할 분이 아닙니다. 죽여서는 안될 분입니다. 그를 죽인 사람들은 다 용서받을 수 없는 죄인입니다' 하는 메시지가 그 속에 있는 것입니다. 그렇다면 이 완악한 무리들 앞에 "예수부활!" 이렇게 말해놓고 살아남을 수가 있겠습니까. 그래서 예수님 죽인 사람들은 줄줄이 예수님부활을 증거하는 사람들을 모조리 죽이려고 하였던 것입니다. 예수님 부활하셨습니다—이 말을 할 때는 한마디로 죽을 각오를 한 것입니다. 예수님과 함께 십자가에 못박혀 죽을 각오를 하고야 그 한마디를 할 수가 있습니다. 예나 오늘이나 증인에게는 용기가 필요합니다. 비상한 용기가 필요한 것입니다.

공교롭게도 '증인' '증거'라고 하는 말을 헬라어로는 '마르튀레스' '마르튀리아'라고 말합니다. 그런데 순교자를 영어로 'martyr'라고 말합니다. 증거라는 말을 그대로 옮겨서 영어로 발음하게될 때 순교자가 됩니다. 증인이 순교자요 순교자가 증인인 것입니다. 부활의 증인은 순교자입니다. 보십시오. "예수님 부활하셨습니다"라고 말해놓고, 그래서 누가 "죽이겠다" 하고 덤비면 도망가겠습니까. 예수님 부활하시고 예수믿는 나도 부활한다, 하는 것을 믿는다면 당당하게 죽어야 되지 않겠습니까. 특별히 예수이름으로 죽는 것은 최대의 영광이지요. 그래서 순교자만이 부활의 증인인 것입니다. 부활의 증인은 죽음을 넘어서는 것입니다. 사망권세를 넘어서는 것입니다. 오늘의 말씀에 보면 "우리가 이 일에 증인이로라" 하였습니다. 예수 부활에 대해서, 부활사건에 대하여 내가 증인이다! — 아, 얼마나 놀랍습니까. 얼마나 큰 용기입니까. 얼마나 확실한 믿음입니까.

월리암 제임스라고 하는 교수가 「종교적 체험의 다양성」이라고 하는 책을 씁니다. 그 책에서 그는 성숙한 종교적 인격, 그것을 가리켜서 '성자성(聖者性:saintliness)'이라 하고 '성자' 그만이 아니라 성자성을 가진 성숙한 '성도'라면 다음과 같은 철학과 삶의 자세로 살게마련이다, 하고 네 가지를 들었습니다. 첫째가 세상의 일상적 이해관계에서 벗어나 보다 넓은, 보다 큰 삶의 비전을 가지고 산다는 것입니다. 일상적인 이해관계, 조금 더 벌면 어떻고 못벌면 어떻습니까. 잃으면 어떻고 얻으면 어떻습니까. 오래 살면 어떻고 적게 살면 어떻습니까. 그게 중요한 것이 아닙니다. 보다 넓고 크고 위대한 세상을, 저 앞을 향한 비전을 가지고 사는 것입니다. 이것이 바로 성자성입니다. 둘째, 절대자인 하나님과 자신의 생명 사이에 친애의 연속성을 가지고 산다는 것입니다. 하나님께서 나를 사랑하십니다.

그 사랑 안에 내가 있습니다. 그가 내 안에 계시고 내가 그 안에 있습니다. 그 섭리 안에 내가 있습니다. 하나님의 위대한 역사에 내가 고용되고 있습니다. 그러한 가치관, 그러한 정체의식을 가지고 사는 것입니다. 셋째는, 이기적 폐쇄성에서 벗어나 자유롭고 초월적인 마음의 기상을 지니고 산다는 것입니다. 참 좋은 말입니다. 이기적인 폐쇄성, 여기에 노예가 될 때 사람은 비참합니다마는 이건 자유롭습니다. 나 중심의 생활로부터 완전히 벗어나서 삽니다. 그것이 바로 성도의 모습입니다. 넷째는, 감정의 중심이 조화있는 사랑과 애정으로 진행되고, 율법적이고 도덕적인 인격과는 달리 초월적인 차원에서 산다는 것입니다. 여러분, 가장 무서운 것이 율법입니다. 또 무서운 것이 죽음입니다. 율법 그리고 사망권세를 다 이기고 초연하게 자유인으로 삽니다. 누구도 그를 심판할 수 없습니다. 누구도 그를 비판할 수 없습니다. 누구도 그를 말리지 못합니다. 당당한 그런 사람으로 살아간다, 그리고 그는 사랑을 베풀며 산다, 하였습니다.

여러분, 십자가 속에, 거기에 하나님의 사랑이 계시되어 있습니다. 부활사건 속에 우리를 의롭다 하시는 증거가 있고 영원한 하나님의 나라가 약속되어 있습니다. 이 부활의 약속을 믿고, 십자가의 사건에 엄청난 의미를 부여하며, 오늘 내가 지는 십자가 속에도 많은 신비로운 의미가 있음을 순간순간 해석하면서 살아갑니다. 예수님, 부활을 바라보셨기에 십자가를 쉽게, 편하게 지실 수 있었던 것입니다. 그래 예수님 말씀하십니다. "조금 있으면 너희가 나를 보지 못하겠고 또 조금 있으면 나를 보리라(요 16:16)." 부활의 아침을 바라보고 가시는 그 길에 십자가라고 하는 사건은 별것이 아니었습니다. 이와 같이입니다. 그리스도인은 바로 이러한 신앙으로 살아가는 것입니다.
　종교개혁자 칼뱅은 신앙의 세 가지 영역을 말합니다. 하나는 성서적 지식입니다. 성경적 지식이 없이는 신비주의에 빠집니다. 또하나는 경험입니다. 신앙적 체험이 없으면 한낱 신념으로, 관념주의로 빠져듭니다. 그리고 셋째는 봉사입니다. 봉사가 없으면 그 믿음은 자라지 않습니다. 그렇습니다. 베드로는 부활사건 앞에서 부활신앙을 가지고, 그리고 사랑을 실천하면서 살아갑니다. 부활신앙증인으로 살았습니다. 용기있게, 거침없이, 온전한 자유인으로 살게 된 것입니다. 이렇게 살아갈 때 주님께서 그와 함께하셔서 큰 표적이 따랐습니다. 오늘본문에 보는대로입니다. 성전 미문에서 나면서부터 앉은뱅이된 사람을 벌떡 일으킵니다. 이로 인하여 사람들이 깜짝놀랄 때 그는 겸손하게 증거합니다. '놀랄 것 없소. 당신들이 죽인 예수께서 부활하시고 나와 함께 계셔서 여기서 이 표적을 주셨소!' 오직 부활의 능력, 오직 부활증인으로, 부활신앙으로 살 때 비록 모순된 세상을 살지라도 밝은 세상을 바라보고, 절망으로 치닫는 와중에서도 역사 저 건너편에 있는 밝은 세상을 바라보면서 가장 활기있고 용기있고 생명력이 넘치는 증인의 생을 살게되는 것입니다. △

마음과 마음의 만남

만군의 여호와가 이르노라 보라 극렬한 풀무불 같은 날이 이르리니 교만한 자와 악을 행하는 자는 다 초개 같을 것이라 그 이르는 날이 그들을 살라 그 뿌리와 가지를 남기지 아니할 것이로되 내 이름을 경외하는 너희에게는 의로운 해가 떠올라서 치료하는 광선을 발하리니 너희가 나가서 외양간에서 나온 송아지같이 뛰리라 또 너희가 악인을 밟을 것이니 그들이 나의 정한 날에 너희 발바닥 밑에 재와 같으리라 만군의 여호와의 말이니라 너희는 내가 호렙에서 온 이스라엘을 위하여 내 종 모세에게 명한 법 곧 율례와 법도를 기억하라 보라 여호와의 크고 두려운 날이 이르기 전에 내가 선지 엘리야를 너희에게 보내리니 그가 아비의 마음을 자녀에게로 돌이키게 하고 자녀들의 마음을 그들의 아비에게로 돌이키게 하리라 돌이키지 아니하면 두렵건대 내가 와서 저주로 그 땅을 칠까 하노라 하시니라

(말라기 4 : 1 - 6)

마음과 마음의 만남

「친구」라고 하는, 요새 한창 인기있는 영화가 있습니다. 1981년 부산의 한 고등학교 교실에서 있었던 일로 이 영화는 시작됩니다. 야비하게 생긴 40대중반의 교사가 교단에서 내려오더니 무슨 잘못이 있는지 모르나 한 학생의 뺨을 세게 꼬집어잡고 나머지 손으로 한쪽 뺨을 후려갈깁니다. 곧장이라도 피가 터질 만큼 세게 치고나서 "다음!"하고 다른 학생을 부르고는 도살장에 들어서는 것같이 움츠리고 벌벌떠는 그 학생을 또 그렇게 마구 때립니다. 무자비합니다. 교사가 그 학생 보고 묻습니다. "느그 아부지 뭐하노?" 학생은 기어들어가는 목소리로 대답합니다. "회사에 다니십니다." 교사는 눈을 부라리고 호통칩니다. "이놈아! 느그 아부지는 상사한테 굽신거려가면서 돈벌어와 널 공부시키는데, 니놈은 공부하는 꼴이 이게 뭐야?" 그러고는 주먹을 또 날립니다. 다음으로 또 한 학생에게 물어봅니다. "느그 아부진 뭐하노?" 학생은 쭈볏쭈볏 대답합니다. "장의사요." 하고 싶지 않은 말을 합니다. 교사는 또다시 눈을 부라리고 호통칩니다. "느그 아부지는 죽은 사람 염하고 오만 고생 다해 너 공부시키는데 성적이 이게 뭐꼬?" 그리고 또 한바탕 먹입니다. 배우 장동건이 이 학생 역입니다. 다음으로 배우 유오성이 분한 학생을 보고 "느그 아부지 뭐하노?"하고 교사가 묻습니다. 이 학생, 한참 망설이다가 "건달입니다"하고 대답합니다. 움찔, 그러나 교사는 역시 호되게 손찌검을 합니다. 그런데 매맞는 이 학생들은 하나같이 교사의 폭행을 피하지 않습니다. 그대로 맞습니다마는 마음속에서는 반항심이 불일듯합니다. 그 교사, 학생들의 자존심 상관하지 않고 막 짓밟으면서 죽일 고기 다루듯 하는데 명분이야 딴에는 학생들 잘되라는 것이겠지요. 공부 잘하라고 그러는 것으로 치부되겠지요. 그러나 학생들은 끝까지 반항을 하고 두 친구는 나가서 건달이 되고 맙니다. 그 일생이 망가지고 맙니다.

　인생은 세 가지의 복을 타고나야 합니다. 이것은 내 선택이 아닙니다. 첫째, 부모를 잘 만나야 됩니다. 어찌하겠습니까. 내가 부모를 선택한 게 아닙니다. 부모가 나를 낳아주어서 세상에 태어났습니다. 부모를 잘 만나는 것, 결정적인 축복입니다. 둘째, 선생을 잘 만나야 됩니다. 단 한 사람의 좋은 선생을 만남으로 훌륭한 사람이 되기도 하고, 단 한 사람의 몹쓸선생을 만나서 일생이 망가지기도 합니다. 셋째, 배우자를 잘 만나야 됩니다. 아내, 남편, 이거 잘못 만나면 큰 일납니다. 제가 결혼주례 할 때마다 얘기하는데도 황홀경에 빠져 있는 청년들이 못알아듣는 것같습니다. "행복을 찾아 결혼한다마는 너희가 진정으로 사랑한다면 천국이다. 오늘 천국에 들어가는 거다. 사랑이 식어지고나면 그날부터 십자가를 지는 거다. 천국과 지옥을 동시에 넘나드는 곳이 가정이다. 알았느냐?" 잘 모르더라고요.

　오늘본문에 볼 것같으면 역사의 종말에 그리스도께서 오심으로 하여 많은 사람이 구원을 받습니다. 구원받은 성도에게는 아비의 마음이 자녀에게로, 자녀의 마음이 아비에게로 돌이키게 되는, 가정의 구원이 있겠다, 합니다. 부모자식 간의 관계가 구원되겠다는 것입니다. 그래서 가정이 하나님의 나라가 되겠다는 것—이것이 오늘 주시는 메시지입니다. 모름지기 마음의 문제입니다. 사랑한다는 말, 많습니다. 그러나 딴에는 사랑한다고 하면서 사람을 괴롭힙니다. 사랑하기 때문이라고 하면서 사람을 죽입니다. 자식을 아예 비틀어버립니다. 그, 결코 사랑이 아닙니다. 마음의 문제입니다. 마음을 주고 마음을 받아들일 때만이 그것이 사랑이요, 그 사랑을 받고 그 사랑을 먹고 사람은 사람되는 것입니다. 사람은 밥을 먹고사는 게 아닙니다. 사랑을 먹고삽니다. 사랑 없이는 살지 못합니다. 사랑은 마음입니다. 마음은 첫째, 진실입니다. 정직함이라는 것을 잊지 마십시오. 사랑하는 자 앞에는 정직합니다. 사랑은 거짓이 없습니다. 진실만이 최고의 웅변이요 최고의 교육입니다. 여러분, 자녀들 앞에 정직하십시오. 뭐를 잘하고 못하고는 중요한 게 아닙니다. 세상에 사랑하는 사람으로부터 속는다는 배신처럼 괴로운 일이 어디에 있습니까. 내가 어렸을 때부터 만난 바로 이 부모님, 그들의 정직함, 그 진실함만이 가정교육의 기본이라는 것을 알아야 합니다. 천하없는 이야기도 소용이 없습니다. 오직 진실한 말만이 설득력이 있는 법입니다. 대화가 어떻게 이루어지느냐 하는 것을 연구한 전문서적을 보면 그저 다 종합할 때 간단하게 세 마디입니다. 가장 효과적인 대화는 진실입니다. 진실한 말. 그리고 넓은 가슴으로 수용하는 수용적 자세, 그리고 깊은 이해입니다. 깊이 이해하는 것입니다. 그들의 사정을 깊이 이해하는 것입니다. 그것이 대화를 가능하게 하는 것입니다. 진실입니다. 여러분, 부모님의 진실을 보고 자녀들은 그 속에서 자라납니다.

　　마음은 곧 겸손입니다. 부모의 교만이 자녀의 허영으로 이어집니다. 허영과 허세가 이 나라의 경제 정치 문화를 다 망쳐버렸습니다. 자녀들 앞에 겸손합시다. 이래라 저래라 하지 말고 아주 낮추어서 "나는 실패했다. 나는 너만큼 열심히 공부하지 못했다. 나는 너만도 못했느니라" 하여보십시오. 아이들은 신바람나게 공부합니다. 그런데 어른들이 자기는 굉장히 잘한 것처럼 "야, 나는 안그랬다"한다면 애들이 벌써 어머니 성적표까지 보고 앉았다고요. 멀쩡한데 왜 쓸데없는 소리를 하십니까? 아주 겸손하게 낮추어서 나는 이러했느니라, 그러므로 네게 소원하는 것은 이렇게 해달라는 것이다—진실, 겸손입니다. 허영이 문제입니다. 부모님의 교만이 문제입니다. 보십시오. 최고가 되라 합니다. 최고지향적인 교육을 하면서 그만 최선을 잃어버렸습니다. 최고, 그것이 문제입니다. 가끔 우리가 보는 현상입니다. 우리의 잘못된 성정입니다. 뭐 한다는 사람, 6개월밖에 못한 장관인데도, 그 사람 죽을 때까지 장관이라고 불러줘야 좋아한다고 합니다. 이렇다하게 잘한 장관도 아니던데요. 오히려 "제발 나를 장관이라 부르지 말아달라"고 했으면 좋겠는데 그렇게 불러달라고 한다는 것입니다. 이거 거지근성입니다. 뭐가 잘난 과거라고 그걸 간판인 양 달고 다니려 합니까. 명함에다가 떡 찍어가지고… 깨끗하게 치워버리고 모씨(某氏)로 돌아갈 것입니다. 그래야 저도 살고 나라도 삽니다. 가정도 삽니다. 나 별거 아니다, 그래야 아이들이 자유로울 것인데 우리가문이 어떻고, 우리뼈대가 어떻고, 합니다. 무슨 대단한 뼈대라고. 이게 바로 이 나라 교육을 망치고 있는 것입니다. 최고지향만 있고 최선이 없습니다. 그래서 '최고'에 이른 사람은 교만해서 망하고 그렇지 못한 사람은 낙오자로 절망하고, 다 망합니다. 최선이 뭔지, 내가 사는 처지에서 가장 행복할 수 있는 비결이 뭔지, 행복의 질적 소양을 가르쳐야 합니다. 이 처지 이대로 얼마든지 행복할 수 있고 얼마든지 위대한 일을 할 수가 있습니다. 최선의 길이 있는 것을 보여주고 가르쳤어야 합니다. 그런고로 마음은 곧 겸손입니다.

또한 마음은 기다림입니다. 곧 시간을 주는 것입니다. 기다림의 시간이 사랑을 가름하는 바로미터입니다. 얼마나 기다릴 수 있습니까? 재미있는 얘기를 들은 적이 있습니다. 어느 권사님, 옛날에 상하이대학 다닐 때 뒤에 장로님 된 남학생이 눈이 많이 내리는 겨울날 밤 찾아와서 만나려고 합니다. 눈이 오는데도 대문앞에 서 있는 걸 창문으로 보고 그때부터 이 여학생, 목욕을 하기 시작합니다. 그리고 분장을 하고, 두 시간 동안을 이렇게 보내다가 내려다보면 그 남학생은 아직도 그 자리에 서 있습니다. 곁의 친구들이 "얘, 이제 그만하고 나가봐줘라"할 정도였다고 합니다. 얼마나 기다릴 수 있습니까? 사랑은 기다림입니다. 기다릴 수 있는 것입니다. 기다림의 즐거움, 이게 사랑이라는 것입니다. 그런데 무슨 좀 언짢은 일이라도 있으면 단 한 시간도 못참아서 발칵 뒤집어놓는 이 얄팍한 마음, 이게 바로 사람을 망치는 것입니다. 인격을 짓밟는 것입니다. 기다려보십시오. 넉넉히 알 수 있을 때가 있을 것이니까요. 「아픈 마음의 치유」라고 하는 책은 저자 론 멜 자신의 경험을 기록한 책입니다. 어떤 아이가 마음을 아파하고 절망감에 빠져 아주 괴로워하는 것을 보고 그의 아버지는 가슴이 미어집니다. 아버지는 아이가 잠자는 방에 몰래 들어가서 아이 옆에 아침까지 가만히 누워 있었습니다. 아침이 되어 아들은 눈을 뜨더니 "아버지, 고맙습니다. 괜찮아요. 제가 넉넉히 이길 수 있을 겁니다"하고 말하더랍니다. 우리네같았으면 따라다니면서 "왜 그러냐? 뭐때문이냐?"하고 자꾸 상처를 찌르기 일쑤입니다. 가만히 옆에 앉아 있으세요. 조용하게 같이 누워 있으세요. 그리고 침묵하세요. 그 기다림이 사람을 구원하는 것입니다. 우리네는 너무 말이 많습니다. 말을 통해서 뭘 해결하려고듭니다. 아닙니다. 침묵이라고 하는 기다림이 필요합니다. 조용하게 함께하는 그 기다림 말입니다. 그것이 마음이요, 그 마음과 마음이 통하는 것입니다.

또한, 마음이란 곧 믿음입니다. 끝까지 믿어주어야 됩니다. 과거에 대한 것도 믿습니다. 그랬을 거다, 내가 너의 정직함과 진실을 믿는다, 합니다. 현재를 믿고 그들의 장래를 또 믿어주어야 됩니다. 「Lesson from the Top」이라고 하는 유명한 책이 있습니다. 우리말로 「CEO가 되는 길」이라고 번역된 이 책에는 세계적인 대표적 CEO의 한 사람인 '제너럴 일렉트릭'의 잭 웰치 회장 얘기가 있습니다. 크게 성공한 분입니다. 그는 지난날을 회상하면서 이렇게 말하고 있습니다. 그의 어머니 그레이스는 아들을 믿어주었습니다. 그는 이렇게 말합니다. "모든 사람이 나를 믿지 않을 때도 어머니는 나를 믿었다. 내가 나를 믿을 수 없을 때도 어머니는 나를 믿었다. '너는 할 수 있다. 너는 할 수 있다' 한 그 믿음 때문에 오늘의 내가 있다." 어떤 일이 있어도 실망은 있을 수 없습니다. 절망도 있을 수 없습니다. 사랑은 곧 믿음입니다. 믿어줍니다. 끝까지 믿습니다. 믿고 결코 낙심하지 않습니다.

그리고 마음은 곧 행복입니다. 사랑한다는 말을 우리는 많이 합니다. 그러나 그 말은 별의미가 없습니다. 가장 중요한 것은 눈빛입니다. 마음입니다. 사랑하는 자의 눈빛은 언제나 밝습니다. 그런고로 내가 늘 말하는대로 "I am so happy because of you(나는 너로해서 행복하다)"하는 말보다 더 아름다운 말은 없습니다. 이 말보다 더 감동적인 말은 없습니다. 사랑한다는 말 천 마디보다도 그 말 한 마디가 더 좋은 것입니다. "나는 너를 생각할 때마다 행복하고 하나님께서 내 가정에 너를 보내주신 것이 행복하고 너를 볼 때마다 행복하고 너를 위해 수고하는 것 자체가 행복이다. 나는 행복하다"하여보십시오. 생각해보십시오. 나 때문에 행복하다는 사람, 내가 만나기 좋은 것입니다. 나도 행복한 것입니다. 그러나 만날 때마다 "너는 왜 태어나가지고… 이 웬수야! 너 때문에 못살겠다"하는 어머니를 왜 만나겠습니까. 뭣때문에 이 어머니와 같이 살아야 됩니까, 나 때문에 죽을 지경이라는데. 이게 바로 우리네의 문제입니다. 딴에는 사랑한다고 말하지만 사랑이 아님을 알아야 합니다. 사랑이 중생하여야 됩니다. 보다 더 진실하여야 됩니다. 그건 자기사랑이지 자식사랑이 아닌 것입니다. 어느 어머니가 정말 실수를 해서 아이가 집을 나가버렸습니다. 한 달 동안을 찾을 수가 없었는데 마침 찾고보니 어느 집 계단 밑에 있는 지하실방 하나를 얻어 자취를 하고 살더랍니다. 물어물어 그 집에 들어가보았더니 마침 아들은 없는데 그 방안은 난장판이었습니다. 그리고 냉장고는 텅텅비었습니다. 그래서 어머니는 청소를 다 해놓고, 냉장고를 음식으로 가득 채워놓고 냉장고문에다 사진 한 장을 붙여놓았습니다. 그 아이 백일 때 찍은 사진입니다. 온가족이 그 아이 하나 때문에 활짝 웃고 기뻐하는 모습. 이윽고 아들이 돌아와 그 백일사진을 봅니다. '내가 세상에 태어난 것으로해서 온가족이 이렇게 좋아한 때가 있었구나. 어머니가 나로 인하여 이렇게 행복스러워한 때가 있었구나.' 그는 조용히 짐을 싸고, 다시 집으로 돌아왔습니다. 여러분, 사랑은 곧 행복입니다. 너로하여 나는 행복하다—바로 그것입니다. 「사랑의 기술」이라고 하는 유명한 책의 저자 에리히 프롬은 이렇게 말하고 있습니다. 당신이 필요해서 당신을 사랑합니다(I love you because I need you.) 하는 말은 잘못된 고백이고 당신을 사랑하기 때문에 당신이 필요합니다(I need you because I love you.) 하는 말이 바른 고백이라고요. 그가 너무나도 소중하기 때문에 그가 내게 필요한 것입니다. 분명히 알아야 합니다.

　제가 이번에 여행을 하면서 피터 드러커의 「The Essential Drucker on Individuals」라고 하는 책을 한 권 사가지고 가면서 읽었습니다. 거기에 드러커 자신에 대한 이야기가 나오는데, 아주 오래 전에 아버지와 아버지친구가 나누는 대화를 들었다고 합니다. 아버지의 그 친구는 조지프라고 하는 분인데, 피터가 보기에도 아버지보다 그 친구되는 분이 더 잘났더라고 합니다. 인물도 잘났고 머리도 좋고 훌륭해보였습니다. 아버지가 조지프에게 물어봅니다. "자네는 앞으로 어떤 사람이 되고 어떤 사람으로 기억되기를 바라는가?" 이에 조지프는 온유럽의 모든 처녀들이 흠모하는 사람, 유명한 승마가, 그리고 정치가, 저술가, 교수… 이런 사람이 되겠다고 말합니다. 아버지는 "그렇게 될 수 있을 걸세"하고 말하더랍니다. 이제 아버지의 그 친구가 65세 되었습니다. 이 무렵 아버지가 또다시 그 친구를 만나고 말하더랍니다. "자네는 어떤 사람으로 기억되기를 바라는가?" 그때는 아버지의 친구가 고개를 숙이고 겸손히 이렇게 말하더랍니다. "다른 소원은 없네. 다만 내 뜻을 알고 나로 인해서 변화된 사람 다섯 사람만 있었으면 하네. 그밖에 더는 바랄 것이 없네." 여러분, 나로 인해서 변화된 사람, 나로 인해서 바른 길을 찾은 사람, 내 마음을 이해한 사람 다섯 사람만 있으면 그건 성공입니다. 보십시오. 돈을 얻었는데 자식을 잃어버렸습니다. 출세는 했는데 아내를 잃어버렸습니다. 마음이 다 산산조각났습니다. 마음으로부터 사랑하고 마음으로부터 존경하는 그것이 없습니다. 그렇다면 실패입니다.

아무것도 얻은 것이 없습니다.

　오늘 성경은 말씀합니다. 아비의 마음을 자녀에게로, 자녀들의 마음을 그들의 아비에게로 돌이키게 하신다고. 그날이 구원의 날입니다. 그것이 은혜의 생활입니다. 마음과 마음의 진실한 만남, 거기에 천국이 있습니다. 거기에 성공이 있습니다. △

그가 너를 영화롭게 하리라

아들들아 아비의 훈계를 들으며 명철을 얻기에 주의하라 내가 선한 도리를 너희에게 전하노니 내 법을 떠나지 말라 나도 내 아버지에게 아들이었었으며 내 어머니 보기에 유약한 외아들이었었노라 아버지가 내게 가르쳐 이르기를 내 말을 네 마음에 두라 내 명령을 지키라 그리하면 살리라 지혜를 얻으며 명철을 얻으라 내 입의 말을 잊지 말며 어기지 말라 지혜를 버리지 말라 그가 너를 보호하리라 그를 사랑하라 그가 너를 지키리라 지혜가 제일이니 지혜를 얻으라 무릇 너의 얻은 것을 가져 명철을 얻을지니라 그를 높이라 그리하면 그가 너를 높이 들리라 만일 그를 품으면 그가 너를 영화롭게 하리라 그가 아름다운 관을 네 머리에 두겠고 영화로운 면류관을 네게 주리라 하였느니라

(잠언 4 : 1 - 9)

그가 너를 영화롭게 하리라

요 얼마전에 세상을 떠난 동화작가 정채봉씨는 아주 어린 나이에 어머니를 여의었습니다. 그리고 한평생을 어머니에 대한 그리움 가운데 살아가면서 어머니에 대한 글을 많이 썼습니다. 어머니에 대한 시도 많이 남겼습니다. 어머니를 두고 쓴 그의 시 한 편을 소개합니다. '엄마가 휴가를 온다면' 이라고 하는 제목입니다.

하늘나라에 가 계시는 엄마가
하루 휴가를 얻어 오신다면
아니, 아니, 아니, 아니,
단 5분, 그래, 5분만 오신대도
나는 원이 없겠다.
얼른 엄마품 속으로 들어가
엄마와 눈맞춤도 하고, 젖가슴도 만지고
그리고 한 번만이라도
엄마! 하고 소리내어 불러보고 싶다.
숨겨놓은 세상사를 딱 한 가지만
억울했던 그 일을 일러바치고 엉엉 울고 싶다.

마음의 고향을 둔 어머니를 그리워하는 시입니다. 독일의 사회학자 울리히 벡은 그의 저서 「사랑의 지독한, 그러나 너무 정상적인 혼란」에서, 근대와 현대를 구별하는 특징은 전통적 결속의 단절이라고 말하고 있습니다. 전통적 결속이란 곧 가정을 이룹니다. 할아버지 할머니 아버지 어머니 또, 손자 손녀… 이어가는 전통적 결속, 그것이 양심이요 그것이 진리요 그것이 힘이요 그것이 질서인데, 성경대로 말하면 그것이 지혜의 근본인데 이것이 파괴되어간다는 것입니다. 언젠가 어떤 논문을 읽어보니 앞으로 중국이 경제, 정치, 문화에서 세계를 지배하게 될 것이다, 하였습니다. 이렇게 전망하면서 그 좋은 점을, 그 이유를 심리학적으로 사회학적으로 정치학적으로 설명해나가는데 제게 강한 인상을 준 것이 strong family tie, 전통적 가정이라고 하는 그 강력한 결속력이 중국의 장래의 힘이 될 것이라고 전망하고 있다는 것입니다. 그렇습니다. 이제 울리히 벡은 다시 말합니다. 그런 전통적 결속이 단절되면서 모두가 개인화하고 개인주의에 빠져버렸습니다. 그래서 잃어버린 게 너무 많은데 그 첫째가 안정감입니다. security, 우리마음에 안정이 없습니다. 좋은 집에 살아도 돈이 많아도 지위가 있어도, 성공하면 불안하고 실패하면 불만이고, 안정이 없습니다. 그 이유는 바로 가정을 잃었기 때문입니다. 또하나는, 인간의 삶에 지향과 의미를 제공하는 이정표를 잃었기 때문입니다. 이정표를 잃어버렸습니다. 부모님들이 살아가는 것을 보면서 거기서 이정표를 찾고 그 길을 따라가면서 사는 것인데, 여기에 가치의 기준이 있었는데, 이게 무너지고나니 표류하는 것입니다. 가치관이 표류합니다. 이정표가 없습니다. 그리고 내적 고향을 상실하였습니다. 내적 고향, 마음의 고향이 없습니다. 안정도 이정표도 마음의 고향도 없는 이 세대가 어디로 가느냐, 하는 것입니다. 요새는 정치가나 학자, 이런 사람들이 세상을 지배한다고 보지 않습니다. 경제인이 그런다고 합니다. CEO가, chief executive officers가 모든 분야에서 이 세상을 지배하고 있다, 그런데 이 CEO들에 대하여 연구해보니 이분들은 대부분 좋은 가정을 가지고 있었습니다. 자라나온 환경에 대하여 좋은 추억을 가지고 있습니다. 특별히 아버지

어머니 할아버지 할머니에 대해서 좋은 기억을 가지고 있었습니다. 이 사람들이 성공하고, 이 사람들에게 창의가 있고 이 사람들에게 발명이 있다는 것입니다. 대단히 중요한 사회학적 결론입니다.

오늘본문은 지혜를 강조합니다. 지혜를 얻으라, 합니다. 잠언의 총주제가 지혜입니다. '소피아'입니다. 지식이 아니라 지혜를 말씀합니다. 옛어른들, 지식은 확실히 부족했으나 지혜는 있었습니다. 어떤 면에서 지혜는 공부와 상관이 없습니다. 옛어른들, 아주 깊은 곳에 지혜가 있었습니다. 바야흐로 우리는 정보홍수시대에 삽니다마는 정보관리능력이 없습니다. 선별할 줄을 모릅니다. 지식은 있으나 지식경영의 지혜가 없습니다. 기술은 있습니다. 그러나 목적과 의미와 보람을 상실하였습니다. 재주있어서 '벤처' 해가지고 불과 며칠 사이에 돈을 번 사람들이 술집에서 하룻밤에 몇천만 원씩 뿌렸다고 하는 이야기를 신문에서 보고 참 답답하고 괴로웠습니다. 이 똑똑한 사람들이 왜 이 모양으로 어리석었단말인가. 보도진이 카메라를 들이댈 때 부끄러워하면서 고개를 숙이고 쥐구멍을 찾는 꼴을 보면서 '에끼 이 바보들아, 어쩌다가 그 모양이 됐노?' 하였습니다. 모름지기 지혜입니다. 요새 밖에 나서면 좋은 오토바이에 애인 하나 뒤에 태우고 거리를 안하무인으로 질주하는 젊은이들을 봅니다. 헬멧도 쓰지 않았습니다. 그래서 저는 생각합니다. '어떻게 번 돈인지는 모르지만 저 사람들은 그저 '죽으면 죽으리라'하고 화끈하게 살다가 그냥 끝낼 작정이야, 아주.' 지혜가 없습니다. 어떻게 이것이 소원이더냐고요. 어떻게 이것이 행복이더냐고요.

본문은 지혜를 말씀합니다. 지혜는 부모공경으로부터 얻는다고 말씀합니다. 부모님이 우리에게 물려주는 것은 돈이 아니요 지혜입니다. 물려줄만한 것도 오직 지혜뿐입니다. 가장 중요한 것이 지혜라고 말씀합니다. 효(孝)를 통해서 얻어지는 것이 지혜라고 잠언에서는 누누이 강조하고 있습니다. 지혜가 제일이다, 지혜는 부모로부터 물려받는 것이다, 부모가 계속 깨우쳐줌으로써 지혜를 얻는 것이다, 라고 말씀합니다. 부모란 먼저, 우리에게 생명을 물려준 분입니다. 우리의 육체, 생명의 뿌리가 될 것입니다. 둘째는, 인생의 선배입니다. 그들이 먼저 살았고 어떤 의미에서 내 무의식적인 세계까지, 내 세계관, 가치관, 때로는 믿음까지도 사람됨의 표본을 그들이 만들어주었습니다. 그를 따라 우리가 살고 있습니다. 또하나, 그들은 경험과 지식, 그리고 정리된 인격을 지녔습니다. 그래서 중요한 삶의 패러다임을 만들어가고 있는 것입니다. 좀더 나아가 부모는 상당한 세월을 살아가면서 잘했든 못했든 이제 종말론적 의식을 가지고 있습니다. 인생이란 무엇일까, 어떻게 사는 것이 행복일까, 바로 사는 것일까—늦었지만 이제서 알 것같습니다. 그 소중한 것을 젊은이에게 물려주려 하는데, 이들은 듣지를 않습니다. 들을 생각을 하지 않습니다. 바로 여기에 답답한 단절이 있는 것입니다.

저는 목사이기에 임종을 많이 봅니다. 제가 우리소망교회에서는 심방을 그리 못합니다마는 이 소망교회를 설립하기 전에 인천에서 16년 동안 목회를 할 때, 그때는 심방 수도없이 하였습니다. 적어도 1년에 두 번은 교인 가정을 전부 방문하여야 됩니다. 수시로도 방문합니다. 좌우간 평균 하루에 27가정을 심방하는데, 제 기록으로 최고가 하루에 34가정 심방한 것입니다. 새벽기도 마치고 바로 나가서 밤늦게까지 계속 교인들의 가정을 심방하였습니다. 그리고 많은 임종환자들을 보았습니다. 임종할 때 하는 말들 보면 거기에는 미사여

구(美辭麗句)가 없습니다. 거기서 무슨 논리적, 철학적인 얘기 하는 것이 아닙니다. 숨넘어가는 그 시간에 딱 한 마디, 재미있는 말이 많습니다. 가만히 있다가 반짝 정신을 차리더니 "술먹지 마라"하고 숨 거두는 사람도 있습니다. 한평생 술먹다가 망한 사람이라 "술먹지 마라" 유언하고 죽었는데, 그 아들 둘이 그 자리에서는 "알았습니다" 하더니 한 녀석은 유언을 따라 사는가 싶고, 한 녀석은 그 며칠 뒤에 술 잔뜩 먹고 나를 만나더니 "부전자전입니다. 피는 못속입니다"하고 궁시렁거립디다. 저런, 저런 미련한 놈 봤나, 제 아비가 어떻게 해준 유언인데 그 유언을 저버리는 것입니까. 또 이런 사람도 볼까요. 초등학교도 못다녀본 할머니 한 분, 그분의 유언 참 기막힙디다. "이 세상에는 나쁜 사람보다 좋은 사람이 많다." 이 말 한 마디였습니다. 여러분은 어떻게 생각하십니까? 이 세상에 나쁜 사람이 많습니까, 좋은 사람이 많습니까? 좋은 사람이 더 많다―이 할머니가 일생에 걸쳐 터득한 진리입니다. 어떤 분은 성질이 불같아서 참 어려웠는데, 세상떠날 때 딱 한 마디 합디다. "화내지 말라." 화낸 것 때문에 너무너무 잘못 살았거든요. 또한 평범하지만 "남을 미워하지 말라"고 유언한 사람도 있습디다. 나는 억울한 일로 남 미워하느라 한평생을 허송했다, 그러니 너희는 남 미워하지 말라, 한 것입니다. 예수님처럼 '서로 사랑하라'고는 말 못하지만 "미워하지 말라" 하니 많이 깨달은 것입니다. 그렇습니다. 미워하면 죽습니다. 내가 먼저 죽습니다. 유언으로 보통 듣는 말이 "예수 잘믿어라" "교회 잘 나가라" 하는 것이겠지만 내가 듣고 많이 생각했던 이야기를 말씀드리겠습니다. 어쨌든 사람은 쉰 살 넘으면서부터는 다 철학자가 됩니다. 그 입에서 나오는 말이 다 유언과 같은 의미를 가졌습니다. 젊은

이들, 잘 들으세요. 소중한 것입니다. 뼈아픈 경험을 통해서 한마디씩 하는 것이니 깊이 받아들일 것입니다. 그러면 지혜로운 자가 될 것입니다. 나는 이렇게 살았다, 그러나 너는 이래다오, 합니다. 유달리 공부 많이 하라고 재촉하는 분들 보면 그 자신이 공부 하지 않은 사람입니다. 그게 한이 맺혀서 공부해서 뭘 한다는 것도 없이 좌우지간 공부해라, 합니다. 공부 많이 한 사람들은 자식들에게 그렇게 심히 요구하지 않습니다. 공부 잔뜩 해봐도 별거 없더라, 적당히 살아라, 하는 사람도 있습니다. 다 유언같은 말들입니다.

그리고, 부모는 자식을 사랑합니다. 저 깊은 데로부터 끝까지 사랑합니다. 우리할아버지가 제게 일러준 말씀 중에 아마도 백번도 더 들은 것같은 옛얘기, 또 듣고 또 듣고 한 얘기가 있습니다. '고려장'이라는 게 있지 않았습니까. 고려 때 그런 것이 있었다고 합니다. 나이많은 어른들이 귀찮으니까, 또 식량도 모자라니까 본인들도 그걸 자원했다고 합니다. 지금 북한에 그런 사정이 있습니다. 식량은 부족하지요, 그래서 '내가 더 살아서 뭘 하겠나?' 하고 일부러 식음을 끊고 굶어죽습니다. 그런 상황인데, 고려장이 있던 시절 옛어른들은 저 깊은 산에 지고 가 내버렸다고 합니다. 한 범부가 지게에다 어머니를 지고 산으로 들어갑니다. 돌아오지 못할 깊은 산으로 올라가는데, 지게에 실린 어머니가 계속 주위의 나뭇가지를 꺾어 땅에 버립니다. 그렇게 나뭇가지를 계속 꺾어 던지는 게 이상해서 "어머니, 왜 그러세요? 왜 자꾸 나뭇가지를 꺾으세요?" 하고 아들이 물었습니다. "산이 너무 깊으니 네가 길을 잃고 집에 못돌아갈까봐 그런다. 나는 여기서 죽겠지만 집으로 돌아가는 너는 길을 잃어 헤매지 않도록 내가 표시를 해두는 것이다." 아들은 지게를 내려놓습니다. "어머니,

잘못했습니다" 하고 어머니 앞에 엎드립니다. 그래 그 어머니를 다시 모시고 와서 그 평생을 잘 모셨다, 하는 얘기입니다. 그래서 고려장이 없어졌다고 하는 전설이 있습니다. 자신은 자식의 손에 버려져도 그 자식은 길잃지 않도록 하겠다는 그 마음, 그것이 어머니의 본심이다, 하는 교훈입니다. 그렇게 나를 사랑하시는 분인데 우리가 그의 말을 안들어서 되겠습니까. 지혜가 제일입니다.

 그런고로 오늘성경은 '너는 내 말을 들으라 내 말을 잊어버리지 마라 소중히 여기라 그리고 사랑하라' 하였습니다. 지혜를 사랑하라 하였습니다. '철학'이라는 말을 영어로 philosophy라 합니다. 헬라말로는 '필로소피아'입니다. '필로'가 사랑한다는 말이고 '소피아'가 지혜라는 말입니다. 지혜를 사랑하면 철학자입니다. 학교다닌다고 철학자가 아닙니다. 공부 많이 했다고 철학자가 아닙니다. 지혜를 사랑하는, 그게 바로 철학입니다. 그리고 '지혜를 품으라' 하였습니다. 이것은 아주 귀중한 말씀입니다. 품는다―이것은 사랑한다는 것입니다. 기뻐한다는 것입니다. 지혜를 소중히 여길 뿐더러 지혜를 기뻐하는 것입니다. 부모님의 교훈을 소중히 여기고 부모님의 교훈을 기뻐하는 것입니다. 그리할 때 지혜가 너를 지키리라, 그가 너를 높이리라, 너를 영화롭게 하리라, 하였습니다. 여러분, 할아버지 할머니의 사랑을 받은 사람은 절대로 자살하는 법이 없다고 합니다. 문제아가 되는 법이 없다고 합니다. 이는 통계학적 진리입니다.

 메리 파이퍼(Merry Pipher)라고 하는 분이 「The Shelter of Each Other」라고 하는 유명한 책을 썼습니다. 「서로의 은신처」―서로서로 피난처가 된다는 것입니다. 거기에 명언이 있습니다. 노인에 대한 사랑은 곧 자기의 미래에 대한 사랑이다, 하였습니다. 자기사랑입니다. 노인을 사랑하는 것은 내가 노인되었을 때를 생각해서입니다. 효자가 효자를 낳습니다. 노인을 사랑하는 것은 바로 장차의 내 미래를 사랑하는 것이 된다는 말입니다. 그는 이렇게 비결을 가르쳐 줍니다. 언제나 노인에 대해서는, 부모님들에 대해서는 '그 속마음을 헤아려라'합니다. 잔소리를 하든 꾸중을 하든 그 속에 지금 무엇이 있나— 그 속에 깊은 사랑이 있습니다. 또 늙음이란 결코 약함을 의미하지 않는다, 하였습니다. 몸이 약하다고해서 마음이 약한 게 아닙니다. 지혜에 있어서는 가장 강자라는 걸 잊지 말아야 합니다. 영적으로는 가장 강한 자가 노인입니다. 그런고로 육체가 약하다고 다 약한 것으로 여겨서는 안되는 것입니다. 그에게 내적인 강함이 있다는 것을 알아야 합니다. 또 부모님의 말씀은 부모님의 입장에서 이해하라, 하였습니다. 그들이 과거에 어떻게 살아왔는지, 그 입장을 생각하면 충분히 이해할 수가 있습니다. 부모님들 앞에 솔직하라, 정직하라, 그리고 완벽한 부모도 없고, 완벽한 자녀도 없다, 하였습니다. 우리는 불완전한 가운데 그 깊은 세계에서 부모님을 사랑하고 공경해야 된다는 말입니다. 효를 통해서 지혜를 얻습니다. 전통적 권위에 순종하면서 지혜자가 됩니다. 잘났다는 젊은이들, 망조가 들었습니다. 똑똑하다고 그렇게 날뛰어보아야 결국은 어리석은 자가 됩니다. 참지혜란 부모님을 공경하고 효도를 다하는 데 있습니다. 하나님께서 그에게 지혜와 장수와 능력을 약속해주셨습니다. "주 안에서 부모에게 순종하라 이것이 옳으니라 네 부모를 공경하라 이것이 약속있는 첫 계명이니 이는 네가 잘 되고 땅에서 장수하리라" 말씀합니다. 여러분, 보약을 잡수려 하지 말고 효도를 하십시오. 굉장한 일을 하려 하지 말고, 부모님의 말씀에 귀를 기울이십시오.

그리고 그를 기쁘게 하십시오. 그를 기쁘게 하고 그를 높이십시오. 그러면 행복과 지혜의 길이 열리는 것입니다. △

십자가에 못박힌 사람

만일 우리가 그리스도 안에서 의롭게 되려 하다가 죄인으로 나타나면 그리스도께서 죄를 짓게 하는 자냐 결코 그럴 수 없느니라 만일 내가 헐었던 것을 다시 세우면 내가 나를 범법한 자로 만드는 것이라 내가 율법으로 말미암아 율법을 향하여 죽었나니 이는 하나님을 향하여 살려 함이니라 내가 그리스도와 함께 십자가에 못박혔나니 그런즉 이제는 내가 산 것이 아니요 오직 내 안에 그리스도께서 사신 것이라 이제 내가 육체 가운데 사는 것은 나를 사랑하사 나를 위하여 자기 몸을 버리신 하나님의 아들을 믿는 믿음 안에서 사는 것이라 내가 하나님의 은혜를 폐하지 아니하노니 만일 의롭게 되는 것이 율법으로 말미암으면 그리스도께서 헛되이 죽으셨느니라

(갈라디아서 2 : 17 - 21)

십자가에 못박힌 사람

　오늘 저는 성도 여러분에게 부끄러운 비밀을 하나 털어놓겠습니다. 지난 3월 미국 뉴욕 어느 교회 부흥회를 인도하러 갔었습니다. 집회를 마치고나서 하루 말미를 내어 차를 하나 빌려가지고 드라이브를 좀 했는데 도박으로 유명한 도시인 애틀랜타 시티에 갔다가 그곳 도박장으로 들어갔습니다. 거기서 슬롯머신을 당겼습니다. 130불을 땄습니다. 따서는 바로 일어섰습니다. 그것 가지고 모든 비용을 다 치르고, 아주 푸짐한 기분으로 돌아왔습니다. 여러분, 도박에서 돈 따는 비결이 어디 있는지 아십니까? 땄을 때 일어서야 합니다. 한번 당겼더니 쿼터가 500개나 쏟아져나옵니다. 통에 하나가득입니다. 그것 보고 벌떡 일어서고 말았습니다. 이것이 어렵습니다. 꼭 더 나올 것같거든요. '좀더 따볼까?' 이러다가는 다 집어넣고 맙니다. 그게 망조입니다. 그러니 욕심을 부리지 말아야 합니다. 땄을 때 벌떡 일어서는 것, 그거 보통 위대한 용기가 아닙니다. 땄을 때만이 아니라 잃었을 때도 그렇습니다. 얼마를 잃었습니까? 잃었으면 그 잃은 것으로 끝나야 됩니다. 잃어버린 것을 만회하려고들면 결국 패가망신으로 갑니다. 얼마를 잃었든 잃었으면 잃은 것으로 끝난 것입니다. 잃어버린 것을 되찾으려고 하다가 '자기생명' 다 바치게 됩니다. 사람이란 누구에게나 얼룩진 과거, 잘못된 일, 후회스러운 것이 많습니다. 명예에 있어서, 경제에 있어서, 인권에 있어서 입은 손해가 많습니다. 분하고 억울하다―이래서 봉창을 내겠다고 덤비는 날에는 끝없는 수렁으로 빠져들어갑니다. 지나간 것은 지나간 것입니다. 잘못된 것은 잘못된 것입니다. 손해본 것은 손해본 것입니다. 그것으로 끝을 내어야 됩니다. 바로 여기에 자기자신을 다스려야 하는 것입니다. 자기와의 싸움이 여기에 있습니다.

　유명한 기독교윤리학자 리차드 니버는 하나님을 깊이 신앙하는 사람들의 윤리생활을 말하면서 하나님 안에 존재하는 인간실존의 세 가지 유형을 말합니다. 첫째는 Man the maker입니다. 자기중심적으로 살며 스스로 행동합니다. 스스로 무엇인가를 만들어간다고 생각하는 것입니다. 내가 무엇을 만들어갑니다. 그러한 의식의 존재가 있습니다. 둘째는 Man the citizen입니다. 자신을 시민전체 속의 일원으로 생각하고 '이 시민들과 나와의 관계에 있어서, 그 윤리성에 있어서 의무와 율법을 잘 지켜가겠다, 그 누구에게도 손해를 끼치지 않고 바른 시민의식으로 살아갈 것이다' 합니다. 거기에 모든 힘을 기울이며 사는 사람이 있다는 것입니다. 세 번째 사람은 Man the responser입니다. 항상 응답하는 자로 삽니다. '나는 너무 사랑을 많이 받았다. 나는 분에 넘치는 신세를 졌다, 사람에게도 하나님께도. 나는 늘 부족하고 이렇게 형편없는데 받은 사랑 받은 은혜가 너무나 크다. 이것은 내 한평생 갚아도 갚을 수 없는 것이다.' 이런 생각에서 그는 responser로, 오직 응답적 존재로 자기를 의식하며 살아갑니다. 여러분은 이 세 가지 중의 어느 편입니까? 이 모든 문제를 제가 더 분석해서 설명하지는 않겠습니다. '예수를 믿는다'란 무엇입니까? 예수님을 배우는 것입니까? 예수님을 따르는 것입니까? 예수님을 본받겠다는 것입니까? 예수님같이 살아보겠다는 것입니까? 아니면 예수님을 사랑하고 존경한다는 것입니까? 다 귀중한 일입니다. 그러나 여기까지로는 예수믿는 사람이라 할 수 없습니다. 예수님의 제자들, 엄격히 말하면 저 오순절 성령받을 때까지는 예수님의 제자가 아니었습니다. 그저 예수님 따라다니는 사람들이었을 뿐입니다. 이것을 알아야 합니다. 예수님의 제자다, 라고는 말할 수 있을지 몰라도 그리스도인이라고까지는 할 수 없었습니다. 그리스도인이란 거기에 머무르지 않습니다. 신비로운 체험이 있습니다. 아주 신비로운 체험과 함께 그리스도인으로 태어나고 그리스도인으로 살아가는 것입니다. 십자가를 어떻게 이해하는가, 거기에 문제가 있습니다. 내가 그리스도와 함께 십자가에 못박히는 것입니다. 내가 그리스도와 함께 죽었습니다. 거기서부터 출발하는 것이 그리스도인입니다.

그렇습니다. '예수를 믿는다'란 곧 십자가 이해에 있습니다. 십자가를 쳐다볼 때 저 십자가는 나를 위한 것이다, 주께서 나 대신 죽으셨다, 이것을 생각합니다. 내가 죽어야 할 존재인데 그가 대신 죽으셨습니다. 아직 나는 살아 있으나 의미상으로나 법적으로나 영적으로는 나는 이미 죽었습니다. 나 대신 그리스도께서 죽으셨습니다. 그런고로 나는 이미 죽은 것입니다. 여기서부터 시작합니다. 이 체험이 확실하여야 그리스도인입니다.

또한 십자가는 바로 하나님의 사랑의 결정적 계시입니다. 우리가 '사랑'이라고 하는 것에는 좀 문제가 있습니다. 크는 아이들을 보아도 그렇습니다. 속이 상하거나 하면 아버지 어머니가 나를 사랑하지 않는다고 생각합니다. 그 사랑을 의심합니다. 그러나 부모님으로서는 이것 참 깜짝놀랄 일입니다. '사랑하지 않는다니 무슨 소리야?' 합니다. 당연히 사랑하는데, 내 목숨보다도 더 사랑하는데 이 사랑의 커뮤니케이션이 안되는 것입니다. 왜요? 사랑의 방법이 다르기 때문입니다. 우리가 하나님 앞에서 그렇습니다. '아, 하나님께서 나를 사랑하신다면 내가 건강해야 할 것 아닌가. 하나님께서 나를 사랑하신다면 내 사업도 잘돼야 할 것 아닌가. 세상에서도 명예 얻고 잘살아야 할 것 아닌가. 하나님께서 나를 사랑하신다는데 왜 나는 이 모양이냐, 한평생.' 아무리 생각해도 하나님께서 날 사랑하신다는 거, 하나님께서 세상을 이처럼 사랑하사 독생자를… 그저 마음에 안드는 것입니다. 그런데 이게 마음에 들어야 되는 것입니다. 독생자를 주셨다―그것으로 충분하여야 됩니다. 십자가를 쳐다볼 때 더 바랄 것이 없습니다. 그 속에 엄청난 사랑의 계시가 있으니까요. 그것을 내가 이해하고 받아들일 때, 그 사랑에 감격합니다. 이제 더 바랄 것이 없습니다. 바로 이것이 예수를 믿는다는 것입니다.

또, 십자가를 볼 때 부활을 봅니다. 십자가를 통해서 약속하신 영원한 생명을 바라봅니다. 세상은 어둡지만 십자가를 쳐다보면 십자가 뒤의 부활과 영생의 길이 환하게 관조됩니다. 이것을 바라보고 기뻐하는 것이 바로 예수를 믿는다는 것입니다. 그래서 사도 바울은 아주 신비로운 신학적 정리를 해줍니다. 내가 십자가에 못박혔다― 'I have been crucified with Christ. 내가 십자가에 죽었다'―놀라운 얘기입니다. 저는 칼 바르트의 'double image of the Cross' 이론을 좋아합니다. 십자가를 쳐다볼 때마다 내가 저만큼 죄인이구나, 합니다. 십자가에 죽지 않고는 살아서 안되는 죄인입니다. 십자가를 쳐다보는 사람은 절대로 교만하지 않습니다. 단 한마디도 자기의견을 고집할 수 없습니다. 왜? 십자가에 죽어야 할 죄인이기 때문입니다. 내 죄가 그만큼 크다는 것입니다. 무슨 할말이 있습니까. 어떠한 고난과 어려움을 당해도 그저 할말 없습니다. 내가 십자가에 죽어야 할 죄인이다―하는 것입니다. 두 번째는 '내가 십자가의 대가를 지불해서 구원할만한 가치가 있는 존재냐'입니다. 그만큼 소중한 존재입니다. 나의 존재는 나의 인물도 아니요 나의 능력도 나의 지능도 아닙니다. 십자가 속에 나라고 하는 존재의 가치가 계시되어 있습니다. 이것이 예수를 믿는다는 것입니다. 십자가를 쳐다볼 때마다 생각합니다. '나는 벌써 죽었다.' 사도 바울은 daily die를 말씀합니다. "나는 날마다 죽노라(I die daily)" 하였습니다(고전 15:31). 십자가를 쳐다볼 때마다 새롭게 죽음을 확인합니다. 마르틴 루터는 이것을 받아서 좀더 깊게 daily baptism이라고 말합니다. 매일세례. 예수와 함께 죽고 예수와 함께 살고, 율법으로 죽고 그리스도로 살고, 매일같이, 날마다 새롭게 세례를 받는다―그렇게 말합니다. 여러분, 내가 나를 이겨보려고 했습니까? "마음을 비우세요"하고 비운다는 말을 쓰기도 하고 "자기와의 싸움이다"하고 자기와의 싸움에서 이겨야 한다는 말도 합니다. 그러나 자기와의 싸움에서 이긴 사람을 본 일이 없습니다. 마음을 비웠다고 큰소리치지마는 남보고 비우라고 하는 것이지 자기는 안비웁디다. 나를 비우고 나를 이기는 일이 나로 가능합니까. 불가능함을 알아야 합니다. 불가능함을 인정하여야 됩니다. 그런고로 우리는 십자가를 쳐다봅니다. 나는 이미 죽었습니다. 그리스도와 함께 내가 십자가에 못박힌 것을 내가 확인하는 것입니다.

며칠전 평양에 갔다가 고향을 방문하게 되었습니다. 차를 타고 사리원, 재령을 거쳐서 신천을 지나갈 때 저 김익두 목사님 생각을 하였습니다. 그옛날 제가 김익두 목사님을 만나러 신천에 갔었습니다. 그래서 김익두 목사님의 설교하시는 것, 연로하신 분이 설교하시는 것, 성경공부 시키시는 것을 들었습니다. 젊은 제게는 참으로 값진 경험이었습니다, 그분은 설교하실 때나 성경공부 시키실 때 자신이 경험한 바를 많이 이야기하십니다. 그게 살아 있는 생생한 증거이기 때문입니다. 그가 예수믿기 전에는 신천장터의 유명한 깡패였습니다. 그런데 예수믿고 전도사 되고, 아직 목사가 되기 전에 하도 불같은 열심이 끓어올라서 매일같이 동네를 돌면서 예수믿으라고 전도를 합니다. 사람들이 "아니, 저 사람 얼마전까지 깡패였잖은가" 하면 "그 김익두는 죽었습니다. 예수를 믿으세요" 하고 다닌 것입니다. 부엌에서 설겆이하던 어느집 괄괄한 아주머니가 '김익두 죽었나 살았나 한번 시험을 해보자' 작정하고 기다렸습니다. "예수믿으세요." 김익두가 문앞에 와서 이렇게 소리치자 이 아주머니, 개숫물 한 바가지 떠다가 그 얼굴에 확 뒤집어씌웠습니다. "어디, 김익두 죽었나 살았나 보자!" 그랬더니 김익두 전도사, 빙그레 웃으면서 "내가 죽었으니 아주머니가 거기 살아 있지요" 하고 대꾸하는 것이었습니다. 내가 아직 죽지 않았다면 오늘이 아주머니 장례식날이지요, 그 말입니다. 나는 이미 죽었습니다. 누가 뭐라고 하든 상관이 없습니다. 나는 이미 예수와 함께 십자가에 못박혔습니다.

특별히 오늘본문은 이렇게 강조합니다. "율법을 향하여 죽었나니…" 신학적으로 매우 중요한 의미가 여기 있습니다. 율법 앞에 자유할 수 있는 길이 어디 있습니까. 꼭 두 가지밖에 없습니다. 하나는 율법을 지키는 것입니다. 완전히 지킬 때 자유할 수 있습니다. 율법을 통해서 하나님의 사랑으로 살 것입니다마는 그것은 이론일 뿐 불가능한 일입니다. 율법 앞에 의인이 어디 있습니까. 작으나크나 죄인은 다 죄인입니다. 의인은 없나니 하나도 없습니다. 율법을 지켜 자유할 수 있는 심령은 없습니다. 그렇다면 두 번째 길이 있습니다. 그것은 죽는 것입니다. 벌을 다 받아야 되는 것입니다. 내가 받든 대신 받든 벌을 받아야 됩니다. 그리고 율법 앞에 내가 죽어야 됩니다. 아무리 큰 죄인이라도 감옥 안에서 죽으면 그 시체는 감옥 밖으로 나가게 됩니다. 율법은 살아 있는 자를 정죄합니다. 죽은 자를 심판하지는 않습니다. 율법 앞에서 완전히 죽어질 때 내 영혼이 자유해지는 것입니다. 십자가를 쳐다봅니다. 십자가가 나 자신을 죽여버립니다. 쳐다볼 때 나는 죽었습니다. 이미 죽은 것을 발견하게 됩니다. 그럴 때 그리스도 안에서 많은 자유, 그 신비로운 행복을 체험하게 됩니다. 그것이 바로 그리스도인입니다. A. W. 토저라고 하는 분이 십자가에 못박힌다는 것이 무엇을 의미하는지 세 가지로 설명합니다. 첫째는 한 방향만 보는 것입니다. 십자가에 못박힌 사람은 십자가만 봅니다. 십자가 외의 다른 것은 보지 않습니다. 둘째는 뒤로 후퇴할 수 없는 것입니다. 십자가에 못박힌 사람은 과거가 없습니다. 과거는 다 십자가에 묻어버렸습니다. 생각할 것도 없고 피할 것도 없고 자랑할 것도 없습니다. 십자가에 못박힌 사람에게 과거는 없습니다. 자랑할 것 아무것도 없습니다. 또한 십자가에 못박힌 사람은 더이상 앞으로 나가지 않습니다. 오직 십자가만을 중심해서 생각합니다. 십자가 이상 앞으로 나가지를 않습니다. 그런고로 우리에게는 아무 공로가 없습니다. 한평생 선한 일을 한다고해도 그것은 십자가의 은혜일 뿐이지 내가 하는 일은 아닙니다. 십자가의 사람에게는 아무 의도 공로도 없습니다. 캐나다의 마크 피셔라고 하는 분이 「골퍼와 백만장자」라고 하는 재미있는 책을 썼는데, 그 책에도 재미있는, 중요한 말이 있습니다. 운동으로나 사업으로나 혹은 공부로나 성공하는 사람에게는 두 가지의 특징이 있습니다. 확실한 두 가지의 특징이 있습니다. 하나는 열정입니다. 정열적으로 삽니다. 열심히 삽니다. 그게 아주 필요합니다. 두 번째는 집중입니다. concentration입니다. 요새 보니 골퍼 박세리도 그럽디다. 성공의 비결은 concentration이라고. 그 젊은 나이에 애인을 만나고도 싶고 춤도 추고 싶고 또 현장에 서서도 남이 잘하나 못하나, 남들이 뭐라고 하나, 신경을 많이 씁니다. 그러나 이것을 다 잊어버리고 오로지 concentration입니다. 심지어는 내가 지금 몇점을 얻고 있는지, 몇점을 지고 있는지도 잊어버려야 됩니다. concentration입니다. 십자가에 집중적으로 주의를 집중할 때 이제 그 안에서 모든 해답이 나옵니다. 갈라디아서 5장 24절에 보면 사도 바울도 이렇게 말씀합니다. "정과 욕심을 십자가에 못박았느니라." 정과 욕심까지도 십자가에 못박아버렸습니다. 나는 욕심이 없습니다. 나는 정도 없습니다. 바로 그 마음, 그 인격입니다. 그리스도인이란 십자가 안에서 자기존재를 발견합니다. 자기의미를 발견합니다. 자기운명을 결정합니다. 이것이 그리스도인입니다.

한국전쟁 때입니다. 한 군인이 지뢰가 터지는 바람에 몸이 공중으로 떠올랐다가 떨어졌습니다. 아무 데도 다친 데는 없는데 두 눈알이 빠져나갔습니다. 의사가 그 눈을 수술하게 되었습니다. "봉합수술은 하지만 장님이 될 수밖에 없겠네." 의사가 말하자 청년은 고래고래 소리를 지릅니다. 장님으로 사느니 죽는 게 낫다, 나를 수술하지 말아달라, 몸부림쳤습니다. 그러나 의사는 말합니다. "생명은 소중한 것이야." 강제로 붙들고 마취를 해서 수술을 받았습니다. 붕대를 감아놓았는데 며칠후 붕대를 풀게 되자 의사는 이 청년에게 말했습니다. "자네는 분명히 장님이 될 수밖에 없었는데 자네를 위해서 안구를, 자기눈을 제공해준 분이 계셔서 눈 한쪽을 볼 수 있게 됐네." 그랬더니 "애꾸눈이로 살아서 뭘해요?" 하고 불평합니다. 의사가 붕대를 풀어주었습니다. 이 청년, 뿌옇게 앞이 보이기 시작합니다. 좀더 환하게 보이기 시작할 때 자기 앞에 서 있는 어머니를 보았습니다. 그런데 어머니의 눈 한쪽이 없습니다. 그는 그 앞에 꿇어엎디었습니다. "어머니, 잘못했습니다. 저는 온세상 그 누구보다도 가장 행복하게, 가장 행복한 사람으로 살 것입니다." 어머니의 눈 하나가 없는 것을 보고야 이 청년이 자기삶의 가치를 재발견한 것입니다. 내가 그리스도와 함께 십자가에 못박혔다—그 속에 내가 있습니다. 그런고로 골로새서 3장 1절로 말씀합니다. "그리스도와 함께 다시 살리심을 받았으면 위엣것을 찾으라… 위엣것을 생각하고 땅엣것을 생각지 말라." 위를 보라, 오직 위를 보라, 거기는 그리스도께서 하나님 우편에 계시느니라, 그 속에 내 생명이 감추어져 있느니라, 하였습니다. 여러분, 십자가에 못박힌 바로 그 사랑으로 살아갈 때 무한한 자유를, 용기와 능력이 충만함을 체험하게 될 것입니다. △

홍해의 광야길

　바로가 백성을 보낸 후에 블레셋 사람의 땅의 길은 가까울지라도 하나님이 그들을 그 길로 인도하지 아니하셨으니 이는 하나님이 말씀하시기를 이 백성이 전쟁을 보면 뉘우쳐 애굽으로 돌아갈까 하셨음이라 그러므로 하나님이 홍해의 광야 길로 돌려 백성을 인도하시매 이스라엘 자손이 애굽 땅에서 항오를 지어 나올 때에 모세가 요셉의 해골을 취하였으니 이는 요셉이 이스라엘 자손으로 단단히 맹세케 하여 이르기를 하나님이 필연 너희를 권고하시리니 너희는 나의 해골을 여기서 가지고 나가라 하였음이었더라 그들이 숙곳에서 발행하여 광야 끝 에담에 장막을 치니 여호와께서 그들 앞에 행하사 낮에는 구름 기둥으로 그들의 길을 인도하시고 밤에는 불기둥으로 그들에게 비취사 주야로 진행하게 하시니 낮에는 구름 기둥, 밤에는 불 기둥이 백성 앞에서 떠나지 아니하니라

(출애굽기 13 : 17 - 22)

홍해의 광야길

「일사유사(逸士遺事)」라고 하는 우리나라 고전을 읽어보면 다음과 같은 감동적인 이야기가 실려 있습니다. 한양에 김학성이라고 하는 유명한 분이 살았습니다. 그의 어머니는 일찍이 남편을 여의고 삯바느질로 두 아들을 서당에 보내고 있었습니다. 어느날도 여느날같이 삯바느질을 하고 있는데 밖에는 비가 내립니다. 그런데 처마에서 떨어지는 낙수물소리가 여느날과 달랐습니다. 낙수물이 떨어질 때마다 무슨 울림 같은 여운을 남깁니다. 이상하다 싶어 처마 아래 땅밑을 파보았더니 커다란 가마솥이 나타납니다. 그 솥 뚜껑을 열어보니 놀랍게도 번쩍거리는 은자(銀子)가 가득 들어 있습니다. 누군가가 난리통에 피란을 가느라 이렇게 묻어놓았다가 못돌아오고만 모양입니다. 이 가난한 어머니는 재빨리 그 뚜껑을 덮고 되묻어버렸습니다. 그 집을 팔고 조그마한 오막살이로 옮겨갔습니다. 여전히 삯바느질을 해서 두 아들을 힘써 공부시키고, 마침내는 훌륭한 사람들로 키워냈습니다. 세월이 지나 이 어머니가 임종을 앞두었을 때 두 아들을 불러놓고 그 옛날 그 일을 이야기해주었습니다. 그리고 교훈하였습니다. "땀흘리지 않고 얻은 재물, 갑작스럽게 얻은 재물은 재앙을 부르는 법이다." 재(財)는 재(災)다, 하는 가르침입니다. 여러분, 저는 이 이야기를 읽고 생각하였습니다. 오늘같은 날 이런 일이 있었으면 축하파티를 벌일 것입니다. 신문에 났을 것입니다. 재수좋은 사람이라고, lucky하다고, 팔자고쳤다고, 이제는 삯바느질할 필요 없다고, 너희들 공부 걱정할 것 없다고, 우리 운세가 이렇게 열렸구나, 복을 받았구나, 하고 희희낙락할 것입니다. 사람이란 모름지기 공짜, 횡재, 불로소득, 이것을 무서워할 줄 알아야 합니다. 성공을 두려워할 줄 알아야 합니다. 성공은 마냥 기뻐만 할 일은 아닙니다. 성공 다음에 오는 무서운 시련이 있기 때문입니다.

미국의 대표적인 영화사에 'PARAMOUNT PICTURES'가 있습니다. 이 회사의 회장은 셰리 랜싱(Sherry Lansing)이라고 하는 여자입니다. 아주 밑바닥에서부터 많은 수고를 하여 그 자리에까지 오른 입지전적인 인물입니다. 이 랜싱 회장의 좌우명이 있습니다. 직원들을 이끄는 교훈이 있습니다. '과정을 즐겨라. 그리고 성공을 염려하지 말라.' 성공할까 실패할까, 이거 두려워하고 걱정하지 말아라, 과정 자체를 즐겨라, 이 말입니다. 과정 자체 속에 의미가 있고 행복이 있어야 됩니다. 결과는 하나님께 있는 것입니다. 성공하든 실패하든 그것은 중요한 게 아니다, 더 빠른 것이 항상 현명한 것은 아니다, 라고 훈계한다고 합니다. 여러분 우리는 깊이 생각하여야 합니다. 우리의 문제가 여기 있기 때문입니다.

오늘본문을 보면 4백여 년 노예생활 하던 이스라엘이 하나님의 특별한 은혜를 입어서 출애굽을 합니다. 큰 권능에 힘입어 광야로 나옵니다. 이게 얼마나 놀라운 기적인지를 우리는 잘 알고 있습니다. 그런데 하나님께서 이들을 저 가나안땅으로 인도하실 때를 보면 이상하게도 하나님께서 정하신 그 노정이 우리 인간들의 상식으로는 이해가 안되는 코스입니다. 인간들의 상식으로는 그대로 북쪽으로 올라가 동쪽으로 가야 됩니다. 그러면 육로로 갈 수 있습니다. 북쪽으로 올라가서 동쪽으로—이럴 수밖에 없습니다. 이게 정코스입니다. 그러나 하나님께서는 이상하게도 이같은 상식과는 달리 저들을 수심 340m나 되는 홍해, 히브리말로 '얌 쑤프(갈대바다)'라고 하는 이 바다로 인도하시는 것입니다. 막다른 길로 인도하십니다. 하나님께서 인도하시는대로 동으로 동으로 와보니 앞에는 홍해가 펼쳐져 있습니다. 뒤에는 분노한 애굽군대가 원수를 갚겠다고 따라옵니다. 상상을 해보십시오. 하나님께서 인도하신 길이요 하나님께서 가라고 하신 길이요 모세가 인도한 길입니다. 그런데 앞에는 홍해가 있고 뒤에는 애굽군대가 추격해오고 있습니다. 어디로 가야 합니까. 그야말로 '독 안에 든 쥐' 형국입니다. 그래서 저들은 원망을 합니다. "애굽에 매장지가 없으므로 당신이 우리를 이끌어내어 이 광야에서 죽게 하느뇨(출 14:11)." 정말 원망할만합니다. 애굽에 매장지가 없느냐, 왜 우리를 여기까지 데려다가 죽이려 하느냐? ─ 합리적인 이야기입니다. 인간의 생각으로는 불합리한 노정을 하나님께서 택해주셨습니다. 여러분, 그때 그 장면을 생각해보십시오. 여기에 또다른 하나님의 섭리와 지혜와 경륜이 있었습니다. 이것을 잊지 말아야 합니다. 인간의 생각으로는 무언가 많이 잘못되었는데 하나님께는 깊은 뜻이 있었습니다.

첫째, 하나님께서 저들과 함께하시고 저들을 보우하고 계시다는 사실을 다시한번 확증해주고자 하심입니다. 이스라엘이 여기서 떠나 저 가나안땅까지 가는 노정에는 어려움이 많습니다. 그런고로 이 시간에 '내가 너희와 함께한다. 내가 너희를 보우하고 있다' 하는 것을 보다 더 확실하게 증명해주고자 하셨습니다. 그렇게 깊은 인상을 가지고, 깊은 믿음을 가지고 출발하기를 원하심으로해서 이런 드라마틱한 사건이 앞에 나타나는 것입니다. 그리고 오늘의 말씀대로 구름기둥으로, 불기둥으로 인도하십니다. 밤에는 불기둥으로, 낮에는 구름기둥으로 이스라엘을 인도하심으로 이스라엘은 주야로 항오를 지어 길을 가게 되었습니다. 하나님께서는 분명히 저들에게 '내가 너와 함께한다'하는 것을 깊이깊이 인상지우고, 저들이 깊이 감동하고 감격한 가운데 확신을 가지고 광야길 가기를 원하셨던 것입니다.

둘째, 사랑의 계시를 확증하고자 하십니다. '내가 너희를 사랑한다.' 사랑이 뭡니까? 상대방의 처지를 알고 저를 사랑하는 것입니다. 상대방이 어느 수준에 있는지를 알고, 그의 약점, 미숙한 점, 이걸 다 이해하면서 사랑하는 것, 그게 사랑이 아니겠습니까. 그런데 하나님께서 저들을 북으로 난 직행길로 인도하지 아니하신 것은 "이 백성이 전쟁을 보면 뉘우쳐 애굽으로 돌아갈까" 해서라고 말씀합니다(17절). 이 사람들이 애굽에서 나오기는 했지만 아직도 확실한 신앙의 사람들이 못됩니다. 가나안으로 가는 길을 북쪽으로 직행하다가 만일에 블레셋사람들을 만나 전쟁을 하게되면 '아이구, 어쩌자고 우리가 여길 왔는가? 애굽으로 돌아가자'할 것이라 하십니다. 그만큼 저들은 약하고 미숙합니다. 하나님께서 그것을 아십니다. 그렇기 때문에 오늘같은 큰 사건을 통해서 저들에게 믿음을 주실 뿐 아니라 놀라운 것은 귀로도 차단해버리셨다는 것입니다. 다시 돌아갈 수 없게 하신 것입니다. 홍해를 열었다가 닫아버리십니다. 이것을 보는 순간 '이제는 못돌아간다' 하게될 것입니다. 그렇게 확인시키기 위해서 이 시간이 있다는 것입니다. 귀로를 차단하시다, 다시 옛 노예생활로 돌아가지 못하도록 하시다, 돌아갈 수 있는 성향을 가진 사람들이지만 다시는 못돌아가게 길을 막아버리시다—이 얼마나 놀라우신 배려입니까. 우리가 신앙생활 하는 중에도 종종 이런 경우가 있습니다. 신앙생활을 시작했다가 조금이라도 어려운 일 당하면 옛 날로 돌아가기 쉽습니다. 옛 생활스타일로 돌아가고자 하는 나약함이 있는 것입니다. 그래서 오늘 하나님께서는 No return, 다시 애굽으로 돌아가지 못하게 홍해를 가로막으십니다. 이것이 하나님의 사랑입니다.

뿐만아니라 하나님께서는 소중한 것을 저들에게 일깨우고자 하십니다. 내가 말한 것은 내가 책임진다, 그것입니다. 하나님께서 말씀하신 것에 대해서는 하나님께서 책임을 지십니다. 가라시면 갈 것이요, 오라시면 올 것입니다. 하나님의 말씀대로 한 일에 대해서는 하나님께서 책임을 지십니다. 여러분은 아십니까? 진정한 순종은 나를 순종케 하는 자에게 내 책임을 전가하는 것입니다. 그러므로 나는 언제나 자유합니다. 순종하는 사람은 자유합니다. 순종하는 사람은 마음이 늘 자유롭습니다. 그런데 순종하지 않는 사람, 거역하는 사람은 그렇지 못합니다. 남편의 뜻을 거역하고, 부모의 뜻도 거역하고… 남의 말 거역하면 거역하는 그 순간 전개되는 사건에 대해서는 내가 책임을 져야 됩니다. 이 책임이 누적됨으로 소위 스트레스라는 게 생깁니다. 스트레스는 거역하는 체질, 반발형의 사람에게 생기는 것입니다. 온유 겸손해서 부모님이 말씀하면 부모님께, 선생님이 말씀하면 선생님께, 잘 순종해서 사는 사람은 마음이 자유롭습니다. 그는 스트레스를 받을 이유가 없습니다. 스트레스 많이 받는 사람은 고집이 많은 사람입니다. 제멋대로 사는 사람들입니다. 이것을 알아야 합니다. 오늘 하나님께서 말씀하십니다. '홍해의 광야길로 가라.' 그대로 이스라엘백성이 갑니다. 홍해가 떡 가로막혀 있습니다. '아이고, 이제는 죽었다'하는데 '걱정하지 마라. 내가 가라고 한 것이니 내가 책임진다' 하시는 것 아닙니까? 간단한 이치입니다. 내가 하라고 한 것에 대해서는 내가 책임진다, 내가 명령한 것에 순종한 것은 내가 책임진다, 그 말씀입니다. 그리고 저 가나안땅을 계속해서 약속해주십니다. 저 땅에 가는 것은 내가 허락한 것이니라, 내가 약속한 것이니라, 하고 말씀하십니다. 결국 큰 믿음을 주시고자 하심입니다. 하나님의 경륜, 하나님의 사랑에 대한 확실한 믿음을 가지고 출발하도록 하기 위해서 출애굽벽두에 이같은 큰 사건이 있게 됩니다.

저러한 큰 권능과 능력으로 출애굽, 그리고 가나안으로 가는 노정에 이스라엘백성은 계속 하나님을 원망했습니다. 원망하다가 광야에 엎드러져 죽기도 하고, 많은 징계를 받았습니다. 왜 원망합니까. 원망의 이유는 두 가지입니다. 하나는 건망증이 심해서입니다. 지난날에 받은 은혜가 큰데 그 큰 은혜를 오늘도 기억하고 있으면이어니와 그렇지를 않고 자꾸만 잊어버립니다. 그때는 감사 감격으로 심지어는 '이대로 죽어도 좋다' 할 만큼 충만한 때가 있었지만 곧 잊어버리는 것입니다. 이게 문제입니다. 이제 홍해가 열립니다. 홍해를 건넙니다. 그래 이스라엘백성이 얼마나 하나님께 감사찬송을 했는지, 그 정도를 우리는 가히 짐작할 수 있습니다. 그런데 이러고나서 얼마나 갔습니까. 성경학자들의 연구로는 꼭 열나흘 갔습니다. 열나흘 갔다가 조금 어려운 일이 있다고 또 원망을 하는 것입니다. 전날에 보우하신 하나님, 여기까지 인도하신 하나님, 앞으로도 인도하실 것 아니겠습니까. 전날에 큰 능력으로 나와 함께하셨으면 또 앞으로 오늘과 내일도 함께하실 것 아니겠습니까. 그런데 어째서 그 믿음이 없는 것입니까. 예수님께서, 적게 믿는 자여 어찌하여 의심하느냐, 하십니다. 여러분, 이걸 알아야 합니다. 그들은 지난날에 받은 은혜를 너무나도 쉽게 잊어버리는 건망증환자들이었습니다. 그래서 오늘의 문제를 바로 타개할 수가 없었습니다.

또하나는 조급함 때문입니다. 하나님께서 하시는 역사 앞에 너무 조급히 생각하면 안됩니다. 「한국인의 의식구조」라고 하는 책을 쓴 이규태 교수의 칼럼이 매일같이 나오고 있지 않습니까. 그의 글에 보면 한국사람의 성품, 의식구조, 체질 중 고쳐야 할 것 하나는 '쿼터리즘(quarterism)'이라 하였습니다. '15분주의'라는 말입니다. 너무 초조해하는 나머지 과정에 성실하지 못하고 결과에만 집착합니다. 뭐든지 꼭 15분밖에 못합니다. 아침신문 보는 것도 그렇습니다. 사설도 자세히 읽고 칼럼도 꼼꼼히 읽고… 해야 하는데 큰 글자만 대충대충 보아넘깁니다, 15분. 뭐든지 15분쯤으로 훌쩍 넘겨버립니다. 냉정히 침착하게 오래오래 생각을 할 줄 모릅니다. 그분이 지적한대로 유원지에서 노는 아이들을 가만히 보아도 어떤 놀이기구에 5분밖에 앉아 있지 못합니다. 5분 넘기지 못하고 짜증을 냅니다. 어른들은 15분, 아이들은 5분… 초조함 때문입니다. 「느리게 사는 비결」이라고 하는 책도 나왔습디다마는 생각도 행동도 좀 느리다 싶게, 느긋하게 했으면 좋겠습니다. 속전속결, 바로 거기서 우리의 인간성이 파괴되고 있는 것입니다. 예삿일이 아닌 것입니다. 제가 말레이지아의 쿠알라룸푸르에 갔을 때, 어느 중국집에 가서 대접을 받아 저녁식사를 하는데, 제가 아는대로는 중국집에서 하는 식사라는 것이 뭐가 한 접시 나오면 다 먹고난 다음에 음식접시가 또 나오고 또 나오고 해서 으레 두 시간 반은 걸려야 식사가 끝나게 됩니다. 그것이 중국음식을 먹는 하나의 에티켓입니다. 그런데 제 앞에는 한꺼번에 세 접시씩이나 나오는 것이 아닙니까. 왜 이러느냐, 물었더니 한국사람들은 '빨리빨리'이기 때문에 아예 한국사람이 오면 다 알고 세 접시씩 한꺼번에 내온다는 것입니다. 뿐만아니라 빨리 먹고 가기 때문에 부탁을 안해도 음식값을 할인해준다는 것입니다. 소문났습니다. 아주 세계적으로 소문났습니다. 급하게, 빨리빨리… 그러니 빨리 망하지. 건축공사고 뭐고, 뭘 하나 제대로 하는 게 없습니다. 좀 느긋하게 하지를 못합니다. 급하게 해놓고 축하파티 하고 무너지지 않습니까. 왜 이 모양입니까. 걸려야 할 시간 만큼은 걸려야 되는 것입니다. 과정을 무시하고 결과만 가지고 따지는 것입니다. 망조입니다. 정치, 경제, 문화, 교육… 어느 분야 하나 성한 데가 있습니까. 무엇 때문입니까. 쿼터리즘입니다. 조급합니다. 여간 큰 문제가 아닙니다. 이스라엘백성, 하나님께서 인도하시는 길을 따라가는데 왜 이렇게 조급합니까. 조금 일이 잘된다 싶으면 감사하고, 찬송하고, 조금만 어렵다 싶으면 원망하고 불평하고… 심사가 종잇장 뒤집히듯 합니다. 조급한 마음, 그것이 원망으로 치닫는 원인입니다.

　무엇보다 중요한 것은 그들에게 믿음이 없었다는 것입니다. 믿음이 없었습니다. 많은 사건을 통해서 은총을 경험하고 있는데도 그 심성깊이깊이에 신앙이 없었습니다. 14장 13절에 보면 모세는 말씀합니다. "너희는 두려워 말고 가만히 서서 여호와께서 오늘날 너희를 위하여 행하시는 구원을 보라." 구원을 보라. "Be still, know that I am God." 하나님께서 말씀하십니다. 마음을 가라앉히고 조용히 내가 하나님됨을 알라―믿음을 요구하십니다. 죽음을 앞에 둔 사람을 돌보는 사람들을 호스피스라 합니다. 요새는 이것이 대단히 중요한 직업입니다. 그들이 임종 가까운 사람들을 돌보면서 듣고 경험한 일을 집약해놓은 이야기가 있습니다. 여기에는 백만장자도 있고 가난한 사람도 있고, 학자도 있고, 그리고 무식한 사람도 있습니다. 천태

만상의 사람이 자기들 앞에 와서 임종을 맞습니다. 그 지식과 재산, 명예, 아무 소용 없다고 합니다. 그들 앞에서는 하나같이 어린아이가 되는데, 임종할 때 공통적으로 후회하는 것이 세 가지더라고 합니다. 첫째, 참지 못한 것에 대한 후회입니다. 그때 좀더 참고 인내할 것을… 둘째는 베풀지 못한 데 대한 후회입니다. 그때 좀더 베풀 것을… 얼마든지 선한 일 할 기회가 있었는데 그때 왜 인색했던가… 세 번째는 좀더 재미있게 살지 않은 후회입니다. 불만도 많았지만 그만하면 충분히 행복할 수 있었는데…

여러분, 이스라엘백성, 그렇게 원망 불평 하다가 하나님께서 큰 역사를 이루실 때, 홍해가 갈라지는 기적을 볼 때 얼마나 부끄러웠겠습니까. 이럴 줄 알았더면 원망하지 말 것을… 아니그렇습니까. 왜 하나님께서는 우리를 더딘 길로 인도하십니까. 왜 지름길 두고 험로로 가라 하십니까. 왜 홍해의 광야길로 인도하시는 것입니까. 왜 인간으로서는 불가능한 길로, 가까운 길 놔두고 먼 길로 가라 하시는 것입니까. 실패와 위기, 우리가 당하는 사건, 그 속에 말씀이 있습니다. 그 속에 하나님의 지혜가 있습니다. 우리를 향하신 특별한 배려가 있습니다. 우리의 약점을 아시고 우리로하여금 옛생활로 돌아가지 못하게 하시고자, 우리로하여금 더는 도망하지 못하게 하시고자, 우리로하여금 더는 자만하지 못하게 하시고자, 더는 거짓되지 않도록 하시고자 하나님께서는 우리를 '홍해의 광야길'로 인도하십니다. 개인적으로나 민족적으로나 이제 아무 불만 없이 조용히 하나님 몸소 책임지시는 이 길로, 그 사랑의 은총으로 주신 이 길로, 묵묵히 감사하며 행하여야 할 것입니다. 그리고 하나님의 구원의 역사를 볼 수 있어야 할 것입니다. △

빈 집의 위험

더러운 귀신이 사람에게서 나갔을 때에 물없는 곳으로 다니며 쉬기를 구하되 얻지 못하고 이에 가로되 내가 나온 내 집으로 돌아가리라 하고 와 보니 그 집이 비고 소제되고 수리되었거늘 이에 가서 저보다 더 악한 귀신 일곱을 데리고 들어가서 거하니 그 사람의 나중 형편이 전보다 더욱 심하게 되느니라 이 악한 세대가 또한 이렇게 되리라

(마태복음 13 : 43 - 45)

빈 집의 위험

어떤 여학교에서 선생님이 학생들에게 나르시시즘(narcissism)이라고 하는 단어의 뜻과 그 유래를 설명하고 있었습니다. 본래 이것은 그리스신화에서 나온 말입니다. 나르시스(Narcisse)라고 하는 미소년이 숲속의 고요한 은빛 맑은 샘에 비친 제 모습이 너무나도 사랑스러워서 거기다 대고 사랑을 고백했지만 물론 상대방이 반응을 보이지 않기 때문에 그만 거기 빠져서 죽고 수선화가 되었다, 그래서 자기자신을 지나치게 사랑하는 병, 자애병, 이것을 나르시시즘이라고 한다, 라고 선생님은 설명해주었습니다. 한 여학생이 일어나더니 "선생님, 아무리 생각해도 제가 그 병에 걸렸나봐요. 저는 거울을 볼 때마다 내가 너무 예뻐서 거울을 떠날 수가 없고, 때로는 내 얼굴을 내가 들여다보면서 아주 미치게 될 때가 많습니다"하고 말했습니다. 선생님이 말합니다. "그것은 자애병이 아니라 착각증이란다."

여러분, 내가 나 자신을 안다는 것, 이것은 참으로 중요한 일입니다. 때로는 내가 나에게 속고 있습니다. 비참한 일입니다. 아무리 바빠도 우리는 순간순간 내가 누구인지를 살펴야 하겠습니다. 내 운명이 어느 시점에 왔는지, 나는 도대체 무엇 때문에 살아야 하는지, 그걸 생각하여야 하겠습니다. 나 자신을 모르는 데서부터 모든 문제가 파생합니다. 의사이자 심리학자인 빅터 프랭클이 「The Will to Meaning」이라고 하는 책을 썼는데 거기 보면 '공허감과 무의미'를 지적하고 있습니다. 공허감과 무의미에 시달리는 인간상태를 그는 철학적으로 '존재적 진공상태(existential vacuum)'라 불렀습니다. 아주 의미있는 말입니다. 이것이 문제입니다. 사람은 멀쩡한 것같은데

속이 텅비었습니다. 진공상태입니다. 여기에 문제가 있는 것입니다. 그럼 왜 여기에 빠지는가? 뭔가에 착각이 와서 그렇습니다. 인간은 동물과 달라서 어떤 충동이나 본능이 나에게 무엇을 해야 할지 알려주지 못한다는 것을 모르고 있습니다. 다시말해서 아무래도 본능적 충동, 그것을 따라가서는 인간은 만족할 수가 없습니다. 동물은 배만 부르면 됩니다. 동물적 충동만 충족되면 그것으로 행복하고 만족합니다. 인간은 그것이 아닙니다. 배고픈 것과 배부른 것, 내가 가지고 싶은 것 되고 싶은 것, 그런 인간적인 본능, 이것을 충족한다고해서 내 내적 존재가 채워지는 것이 아니더라는 것입니다. 그걸 모르기 때문에 문제입니다. 또한, 전통이나 관습 그리고 문화적 요구, 여기에 따라간다고해서 그것이 내게 존재의미를 말해주지 않는다는 것입니다. 여러분, 남들이 가진대로 가지고, 남들이 먹는다고 먹고, 남들이 뭐라고 해서 내가 따라하고, 문화, 풍속, 전통을 충실하게 따라가보십시오. 그런다고해서 인간이 거기서 존재의 의미를 찾을 수 있더냐, 하는 것입니다. 될 것같은데 안되는 것이 이것입니다. 한평생 따라왔는데 nothing — 이것을 미처 몰랐다는 것입니다. 오로지 나 자신만의, 나 자신만이 해결해야 될 문제입니다. 존재적 진공상태에 있는 인간은 두 가지의 경우로 빠집니다. 하나는 동조주의입니다. 무조건 남이 하는대로 따라가는 것입니다, 아무 생각 없이 멍청하게. 이건 남의 충동에 사는 사람입니다. 나는 어디 가고 없습니다. 또하나는 전체주의입니다. 다른 누군가가 나에게 무엇인가 해주기를, 강제적으로 해주기를 바랍니다. 나는 그저 따라가고만 싶은 것입니다. 그래서 독재자, 전체주의라는 것이 이 세상에 존재하게 되는 것입니다. 깊이 생각할 문제가 아니겠습니까.

오늘본문말씀에는 현대인에게 주시는 대단히 심오한 교훈이 있다고 생각합니다. 여기에 빈 집이 있습니다. 깨끗이 수리된 집이 있습니다. 아무도 살지 않습니다. 그랬더니 마귀가 들어와서 제집을 만들었다… 이런 말씀입니다. 빈 집이 문제인 것입니다. 좀 죄송스럽습니다마는 제가 어렸을 때 자랐던 집은 얼마전에도 가보았습니다마는, 언덕 위에, 언덕을 깎아서 기초공사같은 것 튼튼하게 못한 채 지어놓은 집입니다. 그런 집이라서 세월이 가면서 자꾸 그 메운 터가 내려앉아가지고 삐딱했습니다. 누우면 머리맡은 베개 안베어도 높고 아랫목은 낮고… 이런 집이었습니다. 어느 정도냐 하면 (어른들이나 이해할 것입니다) 등잔을 바람벽에다 걸어놓으면 등경걸이가 벽에 닿지를 않습니다. 그 정도로 삐딱한 집입니다. 가끔 걱정이 되어 아버지께 "집이 자꾸 이렇게 기우는데 이거 무너지지 않을까요?" 하면 아버지는 말씀하시기를 "걱정마라. 사람 사는 집은 무너지는 법이 없다" 하시는 것입니다. 그리고 이어서 하시는 말씀이 "아무리 좋은 집이라도 사람이 살지 않는 집은 무너지느니라" 하십니다. 이것을 잊지 말아야 합니다. 사람이 출입하는 집, 사람이 사는 집은 안무너집니다.

그런데 오늘말씀에는 잘 수리되고 깨끗하게 청소된 집이 있더라고요. 그런데 사람이 살지 않습니다. 그래 엉뚱하게도 일곱 마귀가 들어가서 자기네집으로 만들었다, 하는 것입니다. 그옛날 바리새인들, 아주 소극적으로 의를 지켜가려고 했습니다. 마음을 비우고 생각을 비우고, 밤낮 씻어 손을 깨끗이하고… 그런 의를 생각했습니다. 그래서 심지어는 이런 일도 다 있습니다. 며칠전 텔레비전 프로그램에 보니 한국의 개그맨이 예루살렘을 갔습디다. 카메라가 뒤따르는 가운데 거리를 왕래하는데, 점잖은 사람이 하나 다가오더니 "우리집에 잠깐 들어오십시오"하고 '초대'를 합니다. 이 개그맨이 멋도모르고 따라들어갔더니 그 사람이 전기스위치를 가리키고 "이 스위치 좀 내려주세요"하는 것입니다. "왜 나더러요?" 물으니 "오늘이 안식일이라서 내가 일을 할 수가 없기 때문입니다. 당신이 좀 대신 해주십시오." 어허, 이런 위선자, 성경에나 있는 줄 알았더니 2천 년 뒤인 오늘도 있더라니까요. 아니, 안식일 범하는 게 죄라면 내가 범하고 남을 안식일 지키도록 해줄 일이지 제가 안식일 지키기 위해서 남보고 죄지으라니, 이런 얌체가 어디 있습니까, 도대체. 그게 바리새인입니다. 그래서 옛날 바리새인 가운데는 늘 이마에 피가 흐르는 자가 있었다고 합니다. '그저 보는 게 문제다. 물건을 보니 가지고 싶고, 여자를 보니 음욕이 생기고… 그저 보는 게 탈이니 아예 눈을 감고 다니자' 하다가 기둥이고 벽이고 막 들이받는 것입니다. 그러니 이마에 피가 마를 날 없습니다. 나을만하면 또 터집니다. 더욱이 이마에 피가 흘러야 그 사람을 두고 '아, 경건한 사람이다' 하였다고 합니다. 딴에 되게 깨끗하게 의롭게 살아보겠다 한 것이 여기까지 간 것입니다. 그러나 예수님말씀을 보십시오. 여리고로 가는 길에 불한당맞은 사람이 드러누워서 지금 죽음 직전에 있습니다. 제사장이 그것을 보고도 지나쳐가고, 레위인도 그냥 지나갑니다. 평계인즉 '나는 아무것도 한 것이 없노라. 내가 누굴 죽인 것도 아니고 누굴 미워한 것도 아니다. 나는 죄가 없노라" 하는 것이겠지요. 그러나 예수님께서는 말씀하십니다. 죽어가는 사람을 보고 도와주지 아니한 것은 죄다, 하십니다. 너희는 죄인이다—이렇게 높은 차원에서 죄의 개념을 정리하십니다. 히틀러의 나치정권이 폴란드를 침공하고 있을 때입니다. 젊은이들이 나라를 되찾기 위하여, 정의를 위하여 지하에서 조직적으로 레지스탕스운동을 하다가 많이들 잡혀서 죽었습니다. 그런 청년들이 체포당해서 트럭에 실려 사형장으로 끌려가고 있을 때 레지스탕스 아닌 장사치 하나가 얼결에 거기 섞여들었습니다. "나는 죄지은 게 없습니다. 나는 레지스탕스가 아닙니다. 나는 그저 여기저기 다니면서 장사만 했을 뿐 아무것도 한 일이 없습니다" 하고 그는 통사정을 합니다. 한 레지스탕스청년이 그를 보고 말했습니다. "맞는 말이오. 당신은 아무 일도 하지 않았소. 그래서 죽어 마땅하오." 여러분, 아무 일도 하지 않았다는 것이 죽어 마땅한 죄가 된다는 것을 알아야 합니다. 죄가 무엇입니까? 미워하지 않았으면 죄가 아닙니까? 사랑하지 않은 것이 죄입니다. 그래, 내가 용서했다고 죄가 아닙니까? 봉사하지 않은 것이 죄입니다. 오래오래 꾸역꾸역 참았다고 죄가 아닙니까? 사랑하지 않은 것이 죄입니다. 그를 위하여 희생하지 않은 것이 죄입니다. 여러분, 이것 알아야 합니다. 텅빈 마음이 사단의 무대가 됩니다. 서양사람들의 격언입니다. 여러분 잘 아시는 달란트비유에도 나오지 않습니까. 각각 한 달란트, 두 달란트, 다섯 달란트 받았는데 두 달란트, 다섯 달란트 받았던 사람들은 일을 많이 해서 배를 남겨서 가지고 왔는데 한 달란트 받았던 사람, 그대로 가지고 왔습니다. 이제 주인은 그를 책망합니다. "악하고 게으른 종아…" 게으르다는 것은 이해가 되지만 악하다는 것은 좀 지나친 것같습니까? 지나치지 않습니다. 왜 악하냐? 아무 일도 안했으니까 악한 것입니다. 아무 일도 안한다는 것, 그것이 죄라는 것을 명심하여야 합니다.

　한국을 방문하는 외국사람들이 많은데 그들이 한국사람들을 어떻게 보는지, 지난 100년 동안에 얼마나 변화하였는지를 종합적으로 연구해서 한국 심리학학회지에 실은 논문이 있습니다. 외국사람들이 보는 한국사람, 이렇습니다. "신념과 태도에 있어서는 90%가 변화를 일으켰지만 행동은 30%밖에 없다." 결정적인 것입니다. 아는 것도 많고, 생각도 많고, 외침도 많습니다. 그러나 행동이 없습니다. 이것이 우리의 결정적인 약점입니다. 외국사람에게 비치는 한국사람입니다. 한국사람은 높은 지성을 가졌습니다. 그러나 의존도가 높습니다. 친화에 대해서 관심이 많습니다. 후한 인심도 있습니다. 그러나 비합리적 사고에 매여 있더라는 것입니다. 교육열은 높습니다. 그러나 행동이 없습니다. 이것이 외국사람들의 눈에 비친 한국사람들 모습입니다. 아는 것은 많은데 그에 따르는 행동이 없습니다. 의식은 바꿔진 것같은데 실천이 없습니다. 보아하면 뭐 인권문제를 말하고 무슨 경제문제를 말하고 사회문제를 말하고… 그렇게 떠드는 사람들 보면 생활은 엉망입니다. 바로 여기에 문제가 있는 것입니다. 루이스 쉐릴이라고 하는 분이 「The Gift of Power」라고 하는 책에서 이렇게 지적합니다. 사람을 실존상태와 가능적 상태로 분류하고 있습니다. 실존상태—하나님을 떠난 인간은 어디 살든지 불안합니다. 그리고 상황적 불안이 있습니다. 헤어날 수 없는 고통이 있습니다. 이것이 실존상태입니다. 가능적 상태—이제 만남의 관계가 있습니다. 우리 영원히 하나님을 만납니다. 말씀 안에서, 성령 안에서 하나님을 만나는 그 관계 속에서 비로소 새로운 가능의 길이 열려가는 것입니다. 이 믿음이 없이는 절대로 불가능하기 때문입니다. 나의 변화는 나 자신에게 있는 것이 아니라 하나님께서 주시는 가능적 상태에서만 새로운 역사를 볼 수가 있다, 하는 말씀입니다. 우리 가운데 지금 '다이어트' 라고 하는 열풍이 있습니다. 북한사람들은 다이어트를 '살깎기' 라고 합니다. 살빼기도 아닌 살깎기, 좀 강한 표현입니다. 그 방면으로 요새 화재가 된 사람들이 있습니다. 남자 텔런트 P씨는 무려 25킬로그램이나 체중을 뺐다하고, 그래서 대단한 청년이다, 하고 개그우먼 L씨는 6개월 동안에 30킬로그램이나 살을 뺐다고 합니다. 그래놓고 요새 연애한다고 합디다. 이거 다 우리가 높이 칭찬해야 됩니다. 쉬운 일이 아니기 때문입니다. 지방질을 근육질로 바꿔야 되는 것이기 때문입니다. 굶어가지고 빼면 죽어요. 지방질을, 기름덩어리를 근육질로 변화시키는 데는 피나는 노력이 필요합니다. 죄송하지만 먹기는 하고 운동은 안했다면 그게 기름덩어리로 남습니다. 운동을 해서, 일을 해서 다 태워버려야 되는데 이러지 못했기 때문에 생긴 현상입니다.

　　여러분, 공허와 진공과 허탈, 그 다음에는 절망입니다. 빈 집은 위험합니다. 아무것도 아니하고 소극적으로 일을 처리해서는 안됩니다. 시골에서는 늘 말합니다. '소가 없으면 외양간은 깨끗하다. 그러나 소가 없으면 아무 일도 할 수가 없다.' 중요한 일을 하려면 비난도 받습니다. 욕도 먹고 어려움도 당합니다. 그러나 밀고나감으로 일이 되는 거지 요리 피하고 조리 피하고 하는 기회주의는 결국 자기자신의 존재적 진공을 초래합니다. 깊이 생각하여야 합니다. 건강의 비결, 별다른 것 있겠습니까. 운동을 하고 일 열심히 하고, 더욱이 사랑하는 마음으로 일하고, 자원하는 마음으로 열심히 일할 것입니다. 보십시오. 발을 안쓰면 발이 약해집니다. 허리를 안쓰면 허리가 약해집니다. 눈을 안쓰면 눈이 침침해집니다. 어떤 분은 머리를 안쓰면 머리가 멍청해진다고 합니다. 그래서 산 이름 강 이름을 외운다고 합니다. 백두산, 무슨 산, 무슨 산… 두만강, 압록강… 하루종일 그 이름들을 외운다고 합니다. 뇌를 안쓰면 치매 걸립니다. 뭐든지 사용을 하여야 됩니다. 건강해서 일하는 것이라기보다 일함으로 건강하다는 것을 잊지 말아야 합니다. 열심히, 기쁜 마음으로, 사랑으로, 충성된 마음으로 일할 것입니다. 그것이 삶의 길이요, 존재의 의미를 창출하는 길입니다. 긍정적으로, 적극적으로, 창조적으로 힘써 일함으로 보람을 찾고 내 존재의 가치가 확충됩니다. 존재를 채울 것입니다. 말씀과 성령으로 채울 것입니다. 그리고 일하면서, 충성되게 일하면서 주님의 역사를 이룰 때 아주 충만한 생을 살아갈 수 있게 되는 것입니다. △

성령 충만한 자의 담력

저희가 베드로와 요한이 기탄없이 말함을 보고 그 본래 학문 없는 범인으로 알았다가 이상히 여기며 또 그 전에 예수와 함께 있던 줄도 알고 또 병 나은 사람이 그들과 함께 섰는 것을 보고 힐난할 말이 없는지라 명하여 공회에서 나가라 하고 서로 의논하여 가로되 이 사람들을 어떻게 할꼬 저희로 인하여 유명한 표적 나타난 것이 예루살렘에 사는 모든 사람에게 알려졌으니 우리도 부인할 수 없는지라 이것이 민간에 더 퍼지지 못하게 저희를 위협하여 이 후에는 이 이름으로 아무 사람에게도 말하지 말게 하자 하고 그들을 불러 경계하여 도무지 예수의 이름으로 말하지도 말고 가르치지도 말라 하니 베드로와 요한이 대답하여 가로되 하나님 앞에서 너희 말 듣는 것이 하나님 말씀 듣는 것보다 옳은가 판단하라 우리는 보고 들은 것을 말하지 아니할 수 없다 하니 관원들이 백성을 인하여 저희를 어떻게 벌할 도리를 찾지 못하고 다시 위협하여 놓아 주었으니 이는 모든 사람이 그 된 일을 보고 하나님께 영광을 돌림이러라 이 표적으로 병 나은 사람은 사십여 세나 되었더라

(사도행전 4 : 13 - 22)

성령 충만한 자의 담력

　어느 교회의 한 신실한 여자집사님이 교회 나오지 않는 남편을 위해서 늘 기도하고 꾸준히 권면하고 교회에 함께 나가기를 독려했습니다마는 남편은 쉽게 따라주지를 않았습니다. 그런데 어느 주일 날 아침, 남편이 느닷없이 "나 오늘 당신과 함께 교회에 가려는데…" 합니다. 깜짝놀랐습니다. 이제 하나님께서 내 기도를 들어주시는가보다, 하고 서둘러서 남편과 함께 교회로 갑니다. 가면서 걱정거리가 생겼습니다. "오늘 어느 목사님이 설교하시나? 모처럼 가는데 좋은 목사님이 설교하셔야겠는데… 무슨 제목으로 말씀하실까? 어떤 본문을 보실까? 첫날이고하니 바로 은혜를 받아야 하겠는데…" 그렇게 마음을 쓰면서 교회에 들어서서 주보를 받아보니 본문이 뭐냐하면 창세기 5장이더라고요. 창세기 5장에는 사람의 이름들만 나옵니다. 계보라고 하는 족보가 죽 나열됩니다. '오늘의 본문이 하필이면 이거라니.' 큰일났다 싶었습니다. 아담은 930세를 살고 죽고, 셋은 912세, 에노스는 905세, 게난은 910세, 마할랄렐은 895세, 야렛은 962세, 그리고 므두셀라는 969세를 살고 죽었더라… 그런 얘기가 나열된 장입니다. 이거 어떡하나, 남편이 난생처음 교회에 나왔는데… 좀 낙심되지마는 집사님은 여호수아 1장 6절을 생각했다고 합니다. "마음을 강하게 하라 담대히 하라." 스스로 이렇게 위로하면서 조심스럽게 기도하는 마음으로 예배를 드렸습니다. 그런데 마치고 나올 때 남편이 "여보, 나 등록합시다" 하고 말합니다. 등록용지를 찾아 써내고 다음주일부터 교회에 나오기로 작정했습니다. 이것은 참 놀라운 기적입니다. 그래, 집에 돌아가 음식을 잘 차려서 남편을 대접하고 조용히 물었습니다. "내가 생각하기에는 오늘 특별한 말씀을 들은 것같지는 않은데 어떻게 그런 결심을 하게 되었나요?" 남편은 차분하게 대답했습니다. "오늘 성경에 보니 아무개도 죽었더라, 아무개도 죽었더라, 아무개도 죽었더라 하데. 대체로 많이 살기는 했더구만. 그러나 죽었더라 하는 말씀을 듣는 순간 '너도 죽어' 하는 소리가 들리는 게야. 그런데 나는 죽을 준비가 되어 있지 않거든. 그러니 내게는 구세주가 필요하지. 그래서 믿기로 했소."

참용기의 근본이 어디에 있습니까. 심리학자들이 심층분석 하고 연구한 바로는 사람에게는 두 가지의 걱정밖에는 없다고 합니다. 하나는 죽을까 하는 걱정입니다. 죽음이라고 하는 엄연한 사실이 내게 다가오고 있습니다. 또하나는 죄 걱정입니다. 죄에 대한 가책입니다. 사업이 안돼서 고민하는 게 아닙니다. 죄가 생각나서 고민합니다. 자녀가 공부를 못한다고 나무랄 때도 자녀를 나무라는 게 아닙니다. 내 죄 때문에 이 아이가 이렇게 됐다고 생각하기 때문에 고민입니다. 감기만 걸려도 벌벌떠는 것이 다 죄 때문이라고 생각되기 때문입니다. 비가 안오는 것도 뭐 여러 가지로 얘기하지마는 이것도 다 우리의 죄 때문입니다. 우리의 죄 때문에 하늘이 문을 닫지 않았나, 그래 고민입니다. 죄 문제, 죽음과 죄 문제, 이것이 근본입니다. 그리스도인이 누구입니까. 먼저, 그리스도인이란 예수를 배우는 사람입니다. 예수로부터 진리를 배우고 가치관을 배우고 세계관을 배우고 많은 귀한 교훈을 예수로부터 배우겠다, 하고 예수를 공부하는 사람입니다. 두 번째는 예수를 따르는 사람입니다. 그래서 예수로부터 복도 받고, 출세도 하고, 성공도 얻고, 예수로부터 권력도 얻고, 예수로 인해서 무언가 내 소원을 이루어보려고 하는 그런 사람들입니다. 예수를 따릅니다. 그러나 이 두 사람은 예수믿는 사람이 아닙니다. 몇십 년을 교회에 나왔어도 예수믿는 사람이 아닙니다. 예수 믿는 사람은 중생한 사람입니다. 성령으로 말미암아 중생한 사람입니다. 성령으로 말미암아 중생한 사람의 특징은 '믿음'입니다. 하나님께서 주신 믿음을 가지게 되고, 특별히 중요한 것은 이제 성령이 우리와 함께할 때 하나님의 말씀이 믿어지면서 하나님의 음성이 들려옵니다. 단적으로 말해서 성령을 믿을 때 하나님의 말씀이 들려옵니다. 설교말씀을 들을 때 내게 주시는 하나님의 말씀을 듣게 됩니다. 이 사람이 예수믿는 사람입니다. 중생하여 순간순간 주님의 음성을 들으며, 그리고 말씀을 따라 살아갑니다. 한 단 더 나아가서 충만한 사람입니다. 성령 충만하게 될 때 이제 그리스도를 주로 고백하는 것만이 아니라, 좀더 나아가서는 그리스도의 영에 이끌리어 살아가게 되는 것입니다. 도스토예프스키는 이런 말을 합니다. '인생 존재의 참비밀은 살아 있다는 사실이 아니라 무엇을 위하여 살아야 할지를 아는 데 있는 것이다.' 성령이 나와 함께 있을 때 이제 내가 그리스도 안에 있음을 알게 됩니다. 내가 그리스도를 따라가는 게 아니라 그리스도께서 내 안에 계시고 내가 그리스도 안에 있다는 것을 알기 시작합니다. 이것이 바로 그리스도인입니다.

오늘본문에 나타난 말씀은 예수님의 제자의 속성을 아주 단적으로 확실하게 말해주는 그런 내용입니다. 베드로와 요한이라고 하는 예수님의 제자, 대표적인 그리스도인이 지금 산헤드린공회 앞에 섰습니다. 산헤드린공회라고 하는 것은 당시 유대나라의 종교·정치를 통할하는 일종의 국회와 같은 공회입니다. 여기서 사람의 생사를 결정합니다. 사람을 죽이고 살리는 것까지 여기서 재판을 해버립니다.

예수님께서도 사실은 여기서 사형선고를 받았으며 그들이 빌라도의 손을 빌려서 사형집행을 한 것입니다. 사형판결은 여기서 하는 것입니다. 바로 이 자리입니다. 예수님께서 재판받으실 때, 베드로가 저 뒷전에서 벌벌떨고 있다가 필경은 예수를 세 번이나 모른다고 부인했던 바로 그 자리입니다. 그 현장에 지금 베드로와 요한이 섰습니다. 오늘 그들의 특징은 담대함입니다. 용기가 있습니다. 현대인의 결정적인 약점이 용기가 없는 것입니다. 돈은 있으나 용기가 없습니다. 지식은 있으나 용기가 없습니다. 여건도 그만하면 괜찮은데 용기가 없습니다. 왜 이렇게 쫄아들고 있느냐? 왜 이렇게 비겁해졌느냐? 한번 생각해보십시오. 오늘본문에 나타난대로 보면 베드로와 요한은 성령 충만하였습니다. 성령 충만한 자의 의식은 이렇습니다. 하나님 앞에 있다는 것입니다. 베드로와 요한은 대답합니다. "하나님 앞에서…" 눈앞에는 지금 공회의 회원들 71명이 즐비하게 앉아서 아주 무서운 눈초리로 내려다보고 있습니다. 저 사람들을 아예 다 말살해버리려고 하는 그런, 예수를 십자가에 못박은 사람들이 예수의 제자들을 또 죽이려고 하는 바로 그 자리입니다. 그러나 베드로와 요한은 말씀합니다. "하나님 앞에서"라고. 그들은 하나님을 뵌 것입니다. 하나님 앞에 있다고 하는 의식을 가진 것입니다. 사람 앞에 있는 게 아니라 하나님 앞에 있다는 존재의식을 가졌습니다. 이것이 바로 성령받은 사람입니다. 어떤 사건, 어떤 말, 어떤 일을 보더라도 하나님을 생각합니다. 하나님 앞에서—그 의식이 더 충만합니다. 사람들은 눈에 보이지를 않습니다. 그옛날 마르틴 루터가 종교개혁을 할 때 보름스의회에 서서 재판을 받습니다. 역시 생살여탈권을 가지고 있는 곳입니다. 그 현장에 섰습니다. 스투트가르트에 가보면 그 흔적을 볼 수 있습니다. 알맞은 크기의 표지가 있습니다. 그는 하늘을 쳐다보며 말했습니다. 'Oh, God. Here I stand.' 유명한 말입니다. '하나님이여, 나 여기 섰습니다.' 딱 한마디입니다. 사람 앞에 있는 게 아니라 하나님 앞에 내가 섰습니다—바로 이 의식, 그 정체의식, 그것이 성령받은 사람의 의식입니다. 스데반이 순교할 때만해도 헬라파유대인들, 왕년의 동료들입니다. 이 사람들이 이를 갈며 돌을 던집니다. 그러나 그는 하늘을 바라봅니다. 거기 보좌에 그리스도께서 계신 것을 우러러보았습니다. 하늘을 우러러보았다는 것, 그리고 그리스도 앞에 내가 있다, 이것을 깨닫는 순간에 저 사람들이 돌을 던지든말든 그건 중요하지 않아집니다. 바로 이것이 성령받은 사람입니다. 항상 초점을 하늘에 두고 삽니다. 하나님 앞에 있습니다—그 의식, 그 충만함입니다. 독일의 신학자 몰트만은 「생명의 샘」이라고 하는 그의 책에서 이렇게 말합니다. '생명의 영에 사로잡히게되면 개인의 모든 삶은 카리스마적 체험이 된다.' 성령에 사는 사람의 경험, 지식, 모든 사건은 전부 카리스마적 의미를 가지게 됩니다. 모든것이 하나님과 나와의 관계의 문제가 됩니다. 카리스마적 체험으로 의미가 바뀌어지는 것입니다. 이것이 성령받은 사람입니다. 모든 일이 하나님과 나와의 은사적 관계, 카리스마적 관계가 되더라는 것입니다.

또한 저들은 부활하신 그리스도의 생명력을 그대로 체험하고 있습니다. 역사적인 예수, 세상에 오셨다가 십자가에 돌아가시고 부활하시고 승천하시고… 멀리 가버리신 분이 아닙니다. 이제 영으로 우리 가운데 계십니다. exalted Christ, 영광받으신 그리스도께서 living Christ로, 살아계신 그리스도로 지금 나와 함께 계시다는 것입니다.

그것을 의식했습니다. 그런고로 표적이 나타나는 것입니다. 나면서 부터 앉은뱅이된 사람, 성전 미문에 앉아 있는 그 사람, 하루이틀 본 것이 아닙니다. 그러나 오늘따라 그 성전에 올라가면서 딱 만나는 순간, 그리스도의 영이 그를 감동해서 '넌 왜 보고 그냥 지나가느냐?' 이것입니다. 그래서 감히 상상도 못할 일이 일어납니다. 나면서부터 앉은뱅이된 40대의 이 사람을 향해서 "나사렛 예수 그리스도의 이름으로 걸으라" 했더니 그가 벌떡 일어났습니다. 모든 사람은 베드로와 요한을 우러러보며 추앙하고 있지마는 그들은 그리스도의 영이 나와 함께 있다고 하는 증거로 그리스도께서 우리를 통하여 역사하신 것일 따름이다, 합니다. 어찌하여 우리를 쳐다보느냐, 우리는 아무것도 아니다, 그리스도, 살아계신 그리스도께서 이 자리에 나타나셨느니라―이렇게 증거합니다. 이것이 충만함입니다. 내 손으로 하는 일은 아무것도 없습니다. 다 주님께서 친히 나를 통하여 역사하심일 뿐입니다. 그리스도께서 지금 살아 역사하고 계시다―그것을 의식하고 그렇게 순종하는 것입니다.

좀더 나아가서는 이제 나를 지명하셨다는 데 대한 감격으로 삽니다. 하필이면 왜 나입니까? 많은 사람들이 있는데 어째서 나같은 사람입니까?―개인적으로 생각합니다. 어찌하여 나를 고용하시고 나를 사용하시고 나와 함께 역사하시는 것입니까! 여러분 어떻게 생각하십니까? 하필이면 허물많은 나같은 사람, 나약한 나같은 사람입니까. 어지러운 과거를 가지고 사는, 왜 나같은 사람입니까. 사도 바울은 생각합니다. 나는 예수를 핍박했고 교회를 핍박했던 사람이다, 죄인의 괴수다, 그러나 내가 직분을 받은 것은 하나님께서 나를 충성되이 여기셨기 때문이다, 나를 사로잡으시고 나를 포로하시어 나를 통해 역사하신다―너무나도 감격스러운 것입니다. 어찌하여 주께서는 나를 사용하시는 것입니까? 그런고로 이런 사람에게는 원수가 없습니다. 주님께서 나를 용서하셨는데 누구를 용서 못합니까. 주님께서 나를 사랑하셨는데, 바울의 고백대로 보면 내가 하나님과 원수되었을 때 그가 나를 위하여 죽으셨는데, 내가 하나님과 원수되었을 때 그는 나를 사랑하셨는데 이제 내가 누구를 미워할 수 있다는 말입니까. 이 사람이 성령 충만한 사람입니다.

저는 좀더 중요한 문제가 있다고 생각합니다. 그것은 자신들을 완전히 부정하게 되고 자신들의 어두운 과거로부터 완전히 출애굽하였다는 것입니다. 나는 목사이기 때문에 아마 이 문제에 더 신경을 쓰는지도 모르겠습니다. 베드로와 요한의 용기가 가상합니다. 왜냐하면―보십시오. 베드로의 과거를 모두들 다 알지 않습니까. 오래 전 일도 아닌, 불과 며칠전의 일입니다. 예수님께서 십자가에 돌아가실 때 도망갔던 사람 아닙니까. 세 번이나 주님을 부인했던 사람 아닙니까. 다 알고 있습니다. 모두가 알고 있습니다. "저 사람이 명색 수제자라고 하면서 도망갔었다며?" 다 아는 그 사람들 앞에서 베드로가 지금 담대하게 설교를 하고 있는 것입니다. 나는 그것이 알고 싶습니다. 보통문제가 아니거든요. 어떻게 그게 가능합니까. 그의 어두운 과거를 다 알고 있는 바로 그 사람들, 그의 불학무식 한 것까지 알고 있고 그가 갈릴리 물고기 잡던 어부라는 것까지 다 알고 있는 그 사람들, 저저 형편없는 인간이다, 하는 사람들, 그런 사람들 앞에서 그럼에도 불구하고 베드로는 담대하게 나의 모든 부끄러운 과거로부터 완전히 출애굽을 한 것입니다. 여기에 새로운 용기가 있는 것입니다. 과거가 아무리 그의 발목을 잡아도 상관없습니다. 지난날에 내가 누구였대도 상관없습니다. 기억이 없습니다. 깨끗이 지워버리고 오직 주의 사람으로, 주님께서 나를 쓰신다, 주님께서 나와 함께하신다, 그것만 가지고 역사합니다. 이 얼마나 굉장한 일입니까. 사람이 자기를 부정한다는 것이 얼마나 힘듭니까. 자기과거로부터 완전히 자유할 수 있다는 것, 이게 가능한 일입니까. 더구나 인간관계에 있어서. 그러나 성령 충만한 사람들은 이것이 가능했습니다.

찬송가 20장 '다 감사드리세'는 우리가 주일아침이면 곧잘 부르는 찬송입니다. 이 찬송가의 내력이 참으로 아름답습니다. 작사자 마르틴 린카르트라고 하는 분은 독일의 목사님입니다. 17세기, 독일과 유럽 일대에 흑사병이 돌았습니다. 엄청나게 많은 사람이 죽었습니다. 이 목사님에게도 하루에 수십 명씩 죽어왔고 날마다 오십 번씩은 장례식을 치렀다고 합니다. 그의 아들도 흑사병으로 죽었습니다. 기록대로 보면 수도원에 있는 수도사들이 흑사병걸린 사람들을 돕는다고, 그리스도의 사랑 안에서 돕는다고 하다가 다 전염되어가지고 수도원에 거미줄을 치게 되었습니다. 그렇게 흑사병으로 마구 죽어갈 때입니다. 자신의 아들도 죽어간 이런 때에 이 목사님은 '다 감사드리세' 하고 찬송을 부른 것입니다. 다 감사드리세, 온몸과 정성 다하여 다 감사드리세… 독일의 신학자 본훼퍼는 말합니다. '기독교인과 비기독교인은 간단하게 구별이 된다. 기독교인은 범사에 감사하는 것이다. 원망하고 불평하는 것은 세상사람이요, 오로지 감사하는 것은 바로 그리스도인의 표지다.' 그도그럴것은 죽음을 넘어서는 아름다운 세계를 전망하기 때문입니다. 예수께서 부활하심을 저들이 믿고 있습니다. 그것은 부활의 첫열매입니다. 예수부활, 머지않아 곧 나 자신이 부활하리라고 믿고 있습니다. 그리고 천국을 지향하고 있습니다. 그렇기 때문에 저들은 만족한 감사를 할 수 있었습니다. 죽음을 초월했습니다. 그러니까 예수믿는 사람은 어떤 일에도 두 가지 걱정을 하면 안됩니다. 하나는 죽을까 하는 걱정이요 또하나는 벌받을까 하는 걱정입니다. 예수믿는 사람에게 이 두 가지의 걱정은 없습니다.

그리고 충만합니다. 충만한 체험, 그리고 성경적으로, 이성적으로 사건을 완전히 이해합니다. 충만한 감성, 충만한 의지에다 모든 것을 합리적으로 이해합니다. 그런고로 만족합니다. 여기에 충만함이 있고 능력이 있는 것입니다. 저들은 여기에 새로운 용기가 있었습니다. 그들은 불학무식 했다고 합니다. 아그람마타, 낫놓고 기역자도 모르는 사람들이라는 것입니다. 그러나 여러분 아시는대로 용기는 지식으로 비롯되는 게 아닙니다. 기탄없이 말하더라, 합니다. 용기는 환경에 무관합니다. 충만한 가운데, 오직 충만함이 사랑으로 향하였습니다. 모든 사람을 사랑하게 되었습니다. 여러분, 로마를 가면 한 번씩은 다 보게되는 원형극장이, 원형경기장이 있지요. 그 옛날 우리 기독교인들이 거기서 수십만 죽어갔습니다. 그 순교자들에 관한 기록에 한 성도의 이러한 유작이 있습니다. '나를 저주하시오. 당신들이 나를 저주하면 할수록 나는 더 사랑하게 될 것입니다. 내게 침을 뱉으시오. 나는 사랑의 숨결을 뿜어낼 것입니다. 나를 찌르시오. 나는 사랑한다고 절규할 것입니다. 나를 짐승의 먹이로 던져버리시오. 나는 사랑의 제물이 될 것입니다. 나를 불태워주시오. 나는 사랑의 열기로 당신의 증오로 가득한 마음을 녹일 것입니다.' 이렇게 그들은 웃으면서 죽어갈 수가 있었습니다. 이것이 바로 충만함입니다. 근심, 걱정, 모호함과 두려움, 다 사라집니다. 깨끗한 영혼, 밝은 미래, 오직 사랑. 그래서 여유가 있었습니다. 여기에 담력이 있습니다. 여기에 진실한 용기가 있습니다. 성령충만으로 인한 이 위대한 용기와 담력이 오늘 우리 가운데 또한 충만하게 되기를 바랍니다. △

주여 뉘시오니이까

사울이 주의 제자들을 대하여 여전히 위협과 살기가 등등하여 대제사장에게 가서 다메섹 여러 회당에 갈 공문을 청하니 이는 만일 그 도를 좇는 사람을 만나면 무론 남녀하고 결박하여 예루살렘으로 잡아오려 함이라 사울이 행하여 다메섹에 가까이 가더니 홀연히 하늘로서 빛이 저를 둘러 비추는지라 땅에 엎드러져 들으매 소리 있어 가라사대 사울아 사울아 네가 어찌하여 나를 핍박하느냐 하시거늘 대답하되 주여 뉘시오니이까 가라사대 나는 네가 핍박하는 예수라 네가 일어나 성으로 들어가라 행할 것을 네게 이를 자가 있느니라 하시니 같이 가던 사람들은 소리만 듣고 아무도 보지 못하여 말을 못하고 섰더라 사울이 땅에서 일어나 눈은 떴으나 아무것도 보지 못하고 사람의 손에 끌려 다메섹으로 들어가서 사흘 동안을 보지 못하고 식음을 전폐하니라

(사도행전 9 : 1 - 9)

주여 뉘시오니이까

　이 아침에는 먼저 군생활의 한 단면을 소개할까 합니다. 전쟁상황에서 전쟁터에 나가 있는 군인들은 언제나 민감합니다. 실전상황에서 보초를 서고 있다고 하는 것, 대단히 불안합니다. 하룻밤이 천년인 양 길게 느껴집니다. 밤중에 보초를 서고 있으면 어둠 속에 부시럭소리만 나도 온정신이 그리로 쏠립니다. 그리고 사람이 나타나면 "누구야?" 소리지르고 총을 들이댑니다. 자연스런 반사작용입니다. "누구냐?" 다시말하면 자기정체를 밝히라는 것입니다. 그러기 위해서 다음으로 하는 말이 있습니다. "암호!" 상대방에서 그날밤에 정해진 아군의 암호를 정확히 대지 못하면 가차없이 쏴버립니다. 상대가 누구냐, 하는 것은 상관없습니다. 문제는 누구냐를 밝혀야 한다는 것입니다. 내가 누구인지, 그리고 암호를 통해서 내가 무엇 때문에 여기 있는지를 밝혀야 됩니다. 그렇지 않고는 사살당합니다. 이것이 전쟁상황에서 아주 쉽게 있어지는 현실이요, 또한 그대로가 사실이었습니다. 오늘도 마찬가지입니다. 정체의식과 사명의식이 분명치 않다면 전쟁상황에서는 살아남을 수가 없는 것입니다. 살아 있어야 할 가치가 없습니다. '내가 누구냐?' '나는 무엇을 위하여 여기 존재하느냐?' 그것을 확실하게 알고 또 밝혀야 합니다. 입을 다물면 그대로 죽고맙니다. 사람 하나가 변화하는 것, 참 힘듭니다. 여러분, 많은 세월을 살아가면서 자기자신도 그렇거니와 다른 사람들을 한번 보십시오. 사람 하나 달라진다는 것, 얼마나 어렵습니까. 공부를 많이 하면 달라질까? 천만에요. 공부하는 것과 사람 달라지는 것은 상관이 없습니다. 많은 경험을 쌓으면 달라질까? 실패도 하고 성공도

하고 병도 걸리고… 그러면 사람이 달라지겠는가? 그것도 아니더라고요. 보아하니 그 많은 세월을 실패하고 반복하면서도 사람 달라지지 않읍니다. 많은 깨달음이 있으면 좋을까? 아니면 굳게 결심하면 될까? 어떤 사람은 다시는 도박을 안하겠다고 손가락을 자르고도 또 합니다. 무릇 사람의 결심이라는 게 작심사흘입니다. 별것이 아니더라고요. 나 스스로 뭘 결심해보지만 그대로 됩니까? 며칠이나 결심대로 살아갈 수 있습디까? 사람 달라지는 것 — 어렵습니다. 역사에 보면 바울이라는 사람 하나가 백팔십 도 확 돌아갔습니다. 이 한 사람이 거짓말같이 변했습니다. 그 한 사람의 변화로 인하여 세상이 변했습니다. 역사가 바뀌었습니다.

심리학자 조지 허버트 미드(George H. Mead)는 인간이 자아를 형성해나아감에 있어서 가장 중요한 것은 'significant others'다, 라고 말합니다. significant others — '의미있는 타인'이라는 말입니다. 어린시절부터 우리는 나 아닌 다른 사람과의 관계와 상호작용 속에서, 그 만남이라고 하는 관계 속에서 자아를 형성해간다는 것입니다. 그런고로 일생을 통하여 누구를 만나느냐, 하는 것이 내 운명을 좌우합니다. 보십시오. 부모를 잘 만나야 합니다. 좋은 부모를 만났다는 것, 얼마나 중요합니까. 또 선생님을 잘 만나야 합니다. 우리교인들로 말하면 목사님을 잘 만나야 합니다. 친구를 잘 만나야 합니다. 배우자를 잘 만나야 합니다. 동업자를 잘 만나야 합니다. 만남이라고 하는 관계, 이것을 우리는 흔히 인연이라고 합니다만 이 속에 하나님의 은총이 있음을 우리는 생각하지 않을 수 없습니다. 리처드 라이더(Richard Leider)라고 하는 분은 「Repacking Your Bags(가방을 다시 싸라)」라고 하는 그의 책에서 이런 말을 합니다. '내가 처한 현

시점에서 지난날을 돌아보아 '의미없는 생을 살았다'라고 생각되면, 그렇게 확인되면 이보다 더 비참한 일은 없다. 현대인들은 그것을 가장 두려워한다.' 여러분, 여러분의 만남의 관계를 생각해보십시오. 다른 사람들을 많이 만나고 살았습니다. 참으로 잘 만난 것입니까, 아니면 악연입니까? '왜 하필이면 이 사람이야? 왜 이런 사람을 나는 만났을까? 이 만남 때문에 나의 인생은 망가졌다.' 그렇게 생각됩니까? 아니면 '바로 이분 만난 것 때문에 오늘의 내가 있다. 이 만남은 하늘이 내게 주신 축복이다'라고 생각됩니까? 가장 행복한 사람이 누구인지 아십니까. 내 아내 보고 "내가 당신을 만나고 당신이 나를 만난 것은 하늘이 준 가장 큰 복입니다"라고 말하고 그렇게 느낄 수 있는 사람이랍니다. 그러면 가장 불행한 사람은 누구입니까. 평생을 같이 살 반려자를 두고 "이 웬수야!" 하는 사람입니다. '하필이면 왜 내가 너를 만났단말이냐, 그 시간에. 왜 그 장소에서 내가 너를 만나가지고 이렇게 망가졌단말이냐.' 이런 마음으로 사는 사람이 제일 불행한 사람입니다. 여러분, 너무 직선적으로 말씀드립니다마는 하도 귀한 얘기이기에 꼭 말씀하고 싶습니다. 우리교회 정문술 집사님, 전 미래산업 회장님입니다. 이분이 근자에 3백억 원 재산을 한국과학기술원(KAIST)에 연구비로 기증하였습니다. 이래서 장안의 화제가 되기도 하였습니다. '도대체 무슨 사연일까?' 간단했습니다. 사업이 부진하고 연구발전이 되지 않아 고민하고 있을 때, 회사가 몹시 어려울 때, 부탁도 하지 않았는데, 찾아가서 얘기한 것도 아닌데, 그분이 직접 찾아와 첨단기술을 전수해줌으로써 회사가 살아났다는 것입니다. "그 고마움, 나는 평생토록 잊을 수가 없습니다." 그래 그 은혜를 갚고 싶었다, 그래서 3백억을 바쳤다, 하는 얘기입니다. '그분'이란 이광형이라고 하는 카이스트의 교수입니다. 그런데 이 교수에게 "당신은 어째서 스스로 그 회사에 찾아가 훌륭한 기술을 전수해주었습니까?" 묻자 그분은 대답합니다. "국가가 저를 선진국유학까지 시켜줌으로해서 나로 과학기술인이 되게 하였습니다. 그래, 어떻게 해서든지 보답, 봉사하고 싶었습니다." 정문술 회장과 이광형 교수의 이같은 만남—이야말로 가장 아름다운 만남입니다. 은혜를 은혜로 아는 그런 사람들의 만남인 것입니다. 그런 만남이 그들의 운명을 바꾸어놓았습니다. 여러분, 내가 찾아가서 만나는 것을 탐구적 만남이라고 하겠지만 타인이 나를 찾아와서 만나줄 때, 이것은 은총적인 만남입니다. 인연이 아니라 이것은 은총입니다. 잘 새겨들으시기 바랍니다.

오늘본문에 사도 바울의 회심에 대한 이야기가 있습니다. 바울이 예수 그리스도를 만나서 새사람이 되는 장면입니다. 이 이야기는 사도행전에만도 같은 이야기가 세 번이나 기록되었습니다. 본문과 22장 6절 이하, 26장 12절 이하의 말씀들입니다. 모름지기 바울은 한평생 전도하고 다닐 때 어디 가서든지 그가 예수를 만난 이야기는 거듭거듭 말씀했을 것으로 생각됩니다. 너무나도 중요한 문제이기 때문입니다. 그러나 오늘본문에 나타난 이야기를 자세히 종합해보면 그리스도의 역사로 나타납니다. 바울이 그리스도를 발견한 것이 아니고 그리스도께서 바울을 찾으셨다는 것입니다. 창조적이고 강권적이고 일방적입니다. 그리스도께서 바울을 찾아 바울을 만나주십니다. 특별히 그의 가는 길을 막고 만나주십니다. 바울은 나름대로 철학도 있고 생각도 있고 사명감도 있고 그나름의 소신이 있는 사람이었습니다. 어떻게 해야 될 것인지, 어떤 길이 옳은 길인지 그 나름의 소신을 가지고 다메섹을 향하고 있습니다. 스데반을 죽이는 일에 가담하였고, 그리고 예수님 추종하는 사람들을 몽땅 잡아다가 없애야겠다고 생각을 하고 예루살렘에서 그 먼길 다메섹까지 가는 것입니다. 공문을, 체포령을 받아 가지고 가는 길입니다. 어떤 의미에서 이것은 위험한 일입니다. 왜냐하면 '너 죽고 나 살자'도 아니요 '너 죽고 나 죽자'이기 때문입니다. 이런 사람들은 절대 용납해서는 안된다고 생각했습니다. 그것도 이스라엘을 위하여, 유대교를 위하여, 하나님을 위하여, 율법을 위하여입니다. 이는 자신의 사리사욕이 아닙니다. 율법을 고수하기 위해서 이런 사람들은 용납해서 안된다고 생각하고 사명을 가지고 가는 길입니다. 그러나 예수님께서 길을 딱 막으셨습니다. 큰 빛으로 막으시고, 가는 길을 정지시키시고, 그리고 사울을 만나주신 것입니다. 개인적으로, 개별적으로 부르십니다. "사울아." 이름을 부르십니다. 언제 아시는 사람이라고 사울의 이름을 개별적으로 부르시는 것입니까. 그때입니다. 저는 이 점을 놀랍게 생각합니다. 바울이 깜짝놀라면서 '주여, 뉘십니까?'하고 정체확인을 하는 것이 아닙니까. '당신 누구요?' 이런 바울입니다. 대단한 사람입니다. 키가 작으면 그렇게 당찬지… 어이 그렇게 나올 수가 있는 것입니까. 그 밝은 빛 앞에서 감히 어찌 그럴 수가 있습니까. '뉘십니까?' 다시 말하거니와 이 시간이 정오입니다. 무슨 계시를 받고, 꿈을 꾸고, 환상을 보고… 그러다가 '오! 주여' 한다는 얘기하고는 다릅니다, 이것은. 대낮에, 정오에, 노상에서 주님을 맞닥뜨린 것입니다. 그리고 '뉘시오?' 확인을 하는 것입니다. 저는 이 장면을 볼 때마다 마르틴 루터를 연상하곤 합니다. 루터는 키도 좀 크고 눈도 큰 장골이었습니다. 그런 사람이 겁은 좀 있었던 모양입니다. 그가 법과대학 학생 때입니다. 여름방학에 시골로 돌아가는 길입니다. 한 친구와 같이 길을 걷는데 비가 내리기 시작하더니 번개가 번쩍합니다. 순간 옆을 가던 친구가 벼락을 맞고 새까맣게 타죽습니다. 그 무서운 장면에서 그는 불식간에 꿇어엎디고 헛소리같은 기도를 합니다. '성 안나여, 나를 살려주십시오. 그러면 내가 수도사가 되겠나이다.' 뒤에 그는 깨닫고 얘기합니다. '성 안나여'라고 한 것도 무슨 소리인지 모르겠고 '수도사가 되겠나이다' 한 것도 제정신으로 한 게 아니라는 것입니다. 이에 비하면 오늘본문에 보는 바울은 얼마나 굉장한 분입니까. 눈도 못뜰 밝은 빛 속에서 "사울아" 부르시는 주님, '뉘시오?' 맞받아 묻는 바울—예수님께서 당신의 정체를 밝히십니다. "나는 네가 핍박하는 예수라." 예수님께서 죽으신 줄로만 알았고, 예수같은 분은 죽여야 한다고 생각했었습니다. 예수를 따르는 사람들도 죽여야 한다고 생각했었습니다. 그 예수가 살아 있을 뿐만 아니라 오늘 내 앞에 나타난 것입니다. '네가 내 제자를 핍박하고 내 교회를 핍박하는 것은 곧 나를 핍박하는 것이다. 네가 예수믿는 사람을 핍박하는 것은 곧 나를 핍박하는 것이다. 너는 나를 핍박하고 있다.' 그 예수가 말합니다. 여기서 예수님께서는 당신자신을 밝히실 뿐만 아니라 바울이 누구인지, 바울이 지금 무슨 짓을 하고 있는지, 다 드러내십니다. 그런 순간입니다. '네가 나를 핍박하고 있다.' 부활하신 예수님 만나면서 그는 참으로 깜짝놀랍니다. 여기서 그는 할 말이 없습니다. 그대로 쓰러질 수밖에, 그대로 죽을 수밖에 없는 시간입니다. 이제 무슨 할말이 있겠습니까. 이 죽은 자와 같은 바울을 향해서 예수님 말씀하십니다. 일어나 성으로 들어가라, 네가 무슨 일을 하여야 할 것인지를 일러줄 사람이 있느니라—또다른 만남이 이어질 것이다, 들어가라, 하심입니다. 그리고 아나니아를 보내서 그로 하여금 그가 무엇을 하여야 할 것인지를, 이제부터 어떻게 살아야 할 것인지를 일방적으로 일러주시게 됩니다. 그리고 15절에 가서 보면 바울을 가리켜 아주 중요한 말씀을 하십니다. '내가 이방사람을 위하여 택한 나의 그릇'이라고. 그를 이방인의 사도로 내가 쓰고자 한다, 이것을 밝혀주십니다.

심리학자 데이비드 시맨즈는 사단이 인간을 유혹할 때 쓰는 치명적 유혹의 방법은 지극히 심리학적이라고 말합니다. 물질적인 게 아니고 환경적인 게 아니라 지극히 심리학적인 것이라고 합니다. 첫째, 나는 아무 재능도 없다, 내게서는 아무 재능도 발견할 수 없다, 나는 무능하다, 하는 그 마음이 문제라는 것입니다. 이렇게 자존심을 낮추어버리는 것, 자존심을 깔아뭉개버리는 것, low self-esteem, 이게 바로 사단의 방법입니다. 둘째, 내게는 꿈도 없고 미래도 없다, 하는 마음이 되게 합니다. 셋째는, 대인관계에 있어서 나는 도무지 자신이 없다, 하는 마음을 일으킵니다. 특별히 '하나님 앞에서 너는 아무짝에도 쓸모없다, 네 죄가 얼마나 많으냐, 네가 얼마나 미련한 놈이냐, 네가 얼마나 게으른 놈이냐, 하는 마음을 불러일으킵니다. 그것이 마귀가 주는 마음입니다. 사도 바울이 누구입니까. 예수믿는 사람들을 핍박했습니다. 예수믿는 사람들 죽이는 일에 가담했습니다. 또 원정까지 가서 잡아다죽이려고 한 사람입니다. 다메섹까지 악착스레 쫓아간 사람입니다. 하나님께서 이 사람도 필요로 하셨습니다. 꽉 붙드시고 이제 너는 이방인의 사도가 되어 나를 위해 수고해야겠다, 그를 사용하시게 됩니다. 그를 고용하십니다. 사도 바울은 말씀합니다. "오직 내가 그리스도 예수께 잡힌 바 된 그것을 잡으려고 좇아가노라(빌 3:12)." 나는 그리스도께 포로가 되었다, 내가 가고자 하던 방향은 이것이 아니다, 내가 사랑했던 것도 이것이 아니다, 내가 목적으로 삼았던 것도 이것이 아니다, 그런데 나같은 죄인을, 교회를 핍박한 나를 붙드시어, 포로하시어 주의 사람 만드셨기에 나를 사로잡은, 그리스도께 잡힌 바 된 그것을 잡으려고 좇아간다고 말씀합니다. 모세가 하나님을 만나던 때가 80세 때입니다. 바로의 궁전에서 40년, 미디안광야에서 처갓집 양을 치면서 이리저리 배회하는 지가 40년입니다. 인생으로 말하면 세상 다 살았습니다. 보잘것없습니다. 이렇게 초라하게 일생이 지나갈 수밖에 없었습니다. 그러나 그는 호렙 산에서 주님을 만나게 됩니다. 주님을 만나는 순간 역사의 의미가 바뀝니다. 과거의 80년이 하나하나 새로운 의미를 가집니다. 오늘이 있기 위해 있었던 일들이었습니다. 그 많은 실수도 이 시간에는 새로운 의미를 가집니다. 그리고 하나님께서는 그 모세를 통하여 이스라엘을 구원하십니다. 모세가 하나님을 만났다는 것, 그 만남이라고 하는 것이 이렇듯 엄청나게 의미를 바꾸어놓았던 것입니다. 사도 바울은 예수를 만났습니다. 그래서 자기자신을 알게 되었고, 내가 무엇을 하고 있는지를, 내가 누구인지를 알게 됩니다. 바울은 예수를 만남으로 자기정체를 알고 자기사명을 알고 자기의 남은 운명도 알게 되었습니다. 그러나 다시한번 생각하여야 합니다. 바울이 예수를 찾아 만난 것이 아니라 예수께서 바울을 만나주신 것입니다. 바울의 발길을 막고 만나주십니다. '네가 나를 핍박하는구나' 말씀하시고 다시 말씀하십니다. '네가 나를 위해서 수고하여야겠다.' 이것이 중요한 만남입니다.

주여 뉘십니까? — 오늘도 우리는 질문하여야 하겠습니다. 주님께서 말씀하십니다. 주님과 나와의 바른 만남, 바른 정체의식, 그 속에 내 새로운 생의 출발이 있는 것입니다. △

행복을 잃어버린 부자

　무리 중에 한 사람이 이르되 선생님 내 형을 명하여 유업을 나와 나누게 하소서 하니 이르시되 이 사람아 누가 나를 너희의 재판장이나 물건 나누는 자로 세웠느냐 하시고 저희에게 이르시되 삼가 모든 탐심을 물리치라 사람의 생명이 그 소유의 넉넉한 데 있지 아니하니라 하시고 또 비유로 저희에게 일러 가라사대 한 부자가 그 밭에 소출이 풍성하매 심중에 생각하여 가로되 내가 곡식 쌓아 둘 곳이 없으니 어찌할꼬 하고 또 가로되 내가 이렇게 하리라 내 곡간을 헐고 더 크게 짓고 내 모든 곡식과 물건을 거기 쌓아 두리라 또 내가 내 영혼에게 이르되 영혼아 여러 해 쓸 물건을 많이 쌓아 두었으니 평안히 쉬고 먹고 마시고 즐거워하자 하리라 하되 하나님은 이르시되 어리석은 자여 오늘 밤에 네 영혼을 도로 찾으리니 그러면 네 예비한 것이 뉘 것이 되겠느냐 하셨으니 자기를 위하여 재물을 쌓아두고 하나님께 대하여 부요치 못한 자가 이와 같으니라
　　　　　(누가복음 12 : 13 - 21)

행복을 잃어버린 부자

　프랑스사람들이 존경하는 인물로 8년 동안 일곱 번이나 1위로 꼽은 삐에르 신부님은 빈민구호공동체인 엠마우스(EMMAUS)를 창설한 분입니다. 2001년 현재의 나이 89세입니다. 이 신부님의 저서에 「단순한 기쁨」이라고 하는 비망록이 있습니다. 그 중에 나오는 그의 경험담입니다. 한 청년이 자살 직전에 신부님을 찾아와 자문을 구합니다. 그는 자살할 이유를 들었습니다. 가정적인 문제로, 경제의 파탄으로, 사회적인 지위 관계로… 이런저런 상황으로해서 나는 지금 죽을 수밖에 없습니다, 합니다. 신부님은 그의 이야기를 귀담아듣고나서 깊이 동정어린 말로 위로합니다. "충분히 자살할 이유가 있구먼요. 일이 그렇게 되었으면 살 수가 없겠습니다. 자살하여야 되겠습니다." 이어서 신부님은 "그러나 죽기 전에 나를 조금 도와주실 수 없겠습니까? 그러고나서 죽으시면 안되겠습니까?" 하고 물었습니다. 청년은 대답합니다. "뭐, 어차피 죽을 몸이니 죽기 전에 신부님께서 필요로 하신다면 제가 신부님을 좀 도와드리도록 하지요." 그리고 집 없는 사람, 불쌍한 사람들을 위해서 집을 짓는 신부님을 곁에서 돕기 시작합니다. 얼마뒤 청년은 마침내 이런 고백을 합니다. "신부님께서 제게 돈을 주었든지, 내가 살 수 있는 집을 지어주었든지, 이렇게 베푸셨더라면 저는 다시 자살을 시도했을 것입니다. 그러나 신부님께서는 제게 아무것도 주시지 않았습니다. 오히려 도움을 요청하셨습니다. 그래서 같이 일을 하고 섬기고 하는 사이에 나는 살아야 할 이유를 충분히 찾았으며, 이제 저는 어떻게 하는 것이 행복인지를 알게 되었습니다." 철학자 쇼펜하우어는 그가 쓴 「행복론」에서 사람이란 기본적으로 다음의 네 가지를 갖추어야 행복하다고 말합니다. 아주 상식적이지만 기본적인 것입니다. 첫째는 명랑한 정서가 있어야 한다는 것입니다. 매사를 긍정적으로 밝게 볼 줄 알고 생각할 줄 아는 정서가 먼저 필요하다, 이런 정서가 없다면 결코 행복할 수 없다, 만사를 밝게, 긍정적으로 볼 줄 알아야 한다, 어둡게 보고 비참하게 보고 부정적으로 보는 사람은 행복과 거리가 멀다, 어떤 여건을 갖다놓아도 그는 구제불능이다, 행복의 기본이 명랑한 정서, 긍정적 판단이다, 하는 것입니다. 당연히 그럴 것입니다. 여러분 보십시오. 부(富)라고 하는 것, 물질의 부라고 하는 것에는 절대적인 부가 있고 상대적인 부가 있습니다. 문제는 상대적인 부입니다. 내가 꼭 가난해서가 아니라 다른 사람이 부하기 때문에 내가 기분이 나빠서 못사는 것입니다. 6·25전쟁때 모두들 가진 거라곤 숟가락뿐이랄 정도로 어렵게 지내던 때, 저도 그 가운데 끼여 살아보았었습니다. 그런데 그 피란생활에도 낭만이 있더라고요. 그 총중에 연애도 합디다. 피란기념으로 결혼한 사람들 많습니다. 다같이 못사니까 못사는 것도 괜찮더라고요. 지금 우리가 이렇게 불편한 것이 꼭 못살아서가 아니고 상대방이 잘살기 때문에 내 마음이 불편한 것입니다. 이것이 부의 상대성입니다. 더욱 중요한 것은 스스로 느끼는 부입니다. 이것은 자기가치관에서 나오는 것입니다. 내가 느끼는 것입니다. 나 스스로 느끼는 것입니다. 스스로 만족하고 스스로 행복할 줄 아는 지혜입니다. 얼마를 가졌든지 나는 나대로 스스로 행복할 줄 아는 그 지혜입니다. 이 명랑한 지혜가 있어야만, 또 이 명랑한 정서를 가졌을 때, 비로소 사람은 행복할 수가 있는 것입니다.

두 번째로 쇼펜하우어는 건강한 몸이 있어야 한다, 라고 말합니다. 두말할 것도 없이 건강은 중요합니다. 사실 건강하고보면, 건강 하나만 있어도 건강한 사람은 절대로 불평할 권리가 없습니다. 또, 불행할 권리가 없습니다. 건강하고 불행을 논한다면 하나님께서 주신 건강에 대한 모독입니다. 왜요? 건강을 잃어버리고 덜컥 병원에 입원해보십시오. 이제 그는 딱 한마디로 말할 것입니다. "다 없어도 건강 하나만 있다면 나는 만족하겠노라." 이것은 실질적 진리임에도 불구하고 사람들은 건강하면서도 왜 그렇게 불평이 많습니까. 사치스러운 불평입니다. 사치스러운 불행입니다. 참으로 건강은 소중합니다.

  셋째로는 정신적 평온이 있어야 한다고 말합니다. 만족을 아는 정신적 자세를 이릅니다. 만족을 알아야 합니다. 사람은 부득불 '이만하면 충분하다' 하는 자기나름의 한계를 정하여야 됩니다. 한끼의 소찬을 대하고도 '이만하면 행복하다. 이만하면 넉넉하다' 하는 그 마음이 행복인데, 바로 '이만하면'이라는 그 한계를 내가 정할 줄 모릅니다. 가지면 더 가지고, 더 가지면 더욱더 가지고, 높아지면 더 높아지고… 끝도 없습니다. 이 사람은 영영 불행할 수밖에 없습니다. 스스로 한계를 정할 줄 아는, 만족할 줄 아는 지혜가 필요합니다. 아프리카 나이지리아에 가서 의료선교를 하고 있던 어느 의사선생님이 아침에 하도 바깥이 시끄러워서 창문을 열고 내다보다가 많은 생각을 하게 되었다고 합니다. 아프리카의 가난한 어린이들이 그 선교사님 집 마당에 와서 노는데 얼마나 재미있고 얼마나 행복하게 노는지, 아이들이 이렇듯 천진난만하게, 행복하게 노는 것을 우리 미국에서는 본 일이 없다, 하였습니다. 자세히 보았더니 그 아이들은 선교사네가 내버린 깡통류를 쓰레기통에서 주워가지고 그걸 엮어 장난감을 만들어 노는 것이었습니다. 그걸 그렇게 행복해하더라는 것입니다. 우리 미국의 아이들은 좋은 장난감 가지고도 저런 행복 누리는 것을 못보았다고 말합니다. 무엇을 말하는 것입니까. 만족할 줄 아는 정신적 자세가 중요하다는 것을 말합니다.

넷째는 약간의 외부자산이 필요하다, 라고 말합니다. 그런데 이 자산이라고 하는 것에 세 가지가 있다고 하였습니다. 먼저는 당연히 필요한 재산입니다. 이것은 일용할 양식입니다. 꼭 필요한 재산입니다. 두 번째는 여유재산입니다. 그래서 남에게 베푸는 것입니다. 주고 싶을 때 주고 쓰고 싶을 때 쓸 수 있는 그런 여유, 이것은 꼭 필요합니다. 에베소서에도 말씀합니다. "구제할 것이 있기 위하여 제 손으로 수고하여 선한 일을 하라(엡 4:28)." 내가 먹고 살기 위해서 일하는 것이 아니라 구제하기 위해서 일하는, 이런 여유가 필요합니다. 세 번째가 중요합니다. 불필요한 재산이 있다고 하였습니다. 불필요한 재산, 이 재산 때문에 근심도 많고, 걱정도 많고, 건강도 잃어버리고, 가정도 잃어버리고, 자기명예도 다 잃어버리는 사람이 있습니다.

오늘본문에 나타난 이야기는 바로 불필요한 재산을 가진 사람 이야기입니다. 여기 어리석은 부자가 있습니다. 그는 결코 행복하지 못했습니다. 저는 이렇게 생각해봅니다. 이 사람이 가난했더면 어땠을까? 가난하고 병들었다면 예수님께 나와서 구원받았을는지도 모릅니다. 이 사람은 부자이기 때문에 나올 필요성을 못느꼈고, 부자이기 때문에 어리석어졌고, 부자이기 때문에 불행해진 사람입니다. 불필요한 재산이 많았습니다. 그 인격이 이것을 감당하지 못했습니다. 관리능력의 한계를 넘어선 지나친 부, 참으로 문제입니다. 제가 읽은 책에 「Millionaire Gospel」이라는 책이 있습니다. 백만장자 복음. 거기서 강조하는 게 그것입니다. 재산은 축복입니다. 그러나 그것은 내 인격이 감당할 수 있어야 합니다. 내 정서가 감당할 수 있어야 됩니다. 내 가치관이 그것을 충분히 주장할 수 있어야 됩니다. 관리능력이 없는 재산, 이것이 문제인 것입니다. 우리나라에도 복권이라는 게 있지요. 복권이라면 애시당초 국가시책이 잘못된 것이라고 생각합니다. 복권이란 허락하는 게 아닙니다. 그래서 복권적인 일이 너무 많아졌습니다. 복권에 당첨된 사람들을 추적해서 연구해보니 95%가 다 망조들었더라 합니다. 없던 돈 생기니까 부부 사이도 금이 가고, 부자간에도 문제가 일고, 사회적 지위에도 문제가 생기고… 갈데없이 망조들었더라는 것입니다. 이 불필요한 재산, 내게 있어서는 안될 재산이 있어서 부자지간도 원수되고, 부부간도 원수되고, 돈 때문에 이혼하고… 왜 이래지는 것입니까. 돈 때문에 인격도 파탄나버린 것입니다. 차라리 가난했더면 참 좋을 사람인데 돈 몇푼 손에 쥐면서 아주 망가지고 말았습니다. 이거, 남 얘기가 아닙니다. 여러분, 깊이 생각해보십시오. 불필요한 재산은 문제거리일 수밖에 없습니다. 오늘본문에 등장하는 사람이 바로 이런 사람이었습니다. 가끔 택시를 타보면 택시기사님들이 참 아는 것도 많고 철학자다, 싶습니다. 정치문제 얘기하기 시작했다하면 그저 청산유수로 비평하고… 가끔 참 보기흉한 손님이 탈 때가 있다고 합니다. 돈이 얼마 있는지는 모르지만 보자하니 돈푼깨나 가진 것은 같은데 뒷자리에 떡 기대앉아서는 앞의 기사 보고 이리 가라, 저리 가라, 무슨 기사놈이 이러냐 저러냐, 하고 제 머슴 부리듯 까불어대는 것 보면 정말 아니꼽고 더럽고 메스껍고 치사해서 못견디겠다는 것입니다.

'어쩌다 저따위 인종이 돈을 벌어가지고…' 인격에 문제가 있는 것입니다. 돈이 발광을 하는 것입니다. 사람 통째로 망가집니다, 돈 때문에.

　오늘본문의 이 부자 보십시오. 이 사람은 근본적으로 문제를 잘못 파악하고 있습니다. 철학자 에리히 프롬의 저서에 「To Have or To Be(소유와 존재)」라고 하는 책이 있습니다. 이 책에 유명한 말이 있습니다. '인간타락은 바벨탑 비전에서 비롯된다' 하였습니다. 인간이 바벨탑을 만들 때의 일을 생각해봅시다. 시날광야로 가서 바벨탑을 하늘까지 높이 쌓아서 우리가 흩어짐을 면하자, 안정과 번영을 누리자, 하였습니다. 이 교만이 오늘도 세계를 망치고 있다는 것입니다. 소유한 만큼 존재의 가치가 있다고 하는 그릇된 철학과 오해가 인간을 비참하게 만든다는 것입니다. 소유와 인격은 별개입니다. 소유와 행복도 별개입니다. 오늘 예수님 분명히 말씀하십니다. "사람의 생명이 그 소유의 넉넉한 데 있지 아니하니라." 더욱 놀라운 것은 여러분, 건강과 소유도 별개입디다. 위생 많이 지키며 깨끗하게 정결하게 살아보려고 몸부림쳐도 위생의 '위'자도 모르고 사는 사람보다 일찍 죽읍디다. 왜요? 바로 이것이 문제입니다. 소유와 생명은 무관합니다. 행복도 소유와 무관합니다. 이것을 일찍이 알았어야 하는 것입니다. 그런데 사람마다 소유 만큼이 가치다, 라고 착각을 하는 것입니다. 어느 아버지가 불의한 수법으로 돈을 많이 벌었습니다. 때문에 정치적 파동에 얽혀 감옥에 들락날락하는데 그 아들이 이 아버지 보고 뭐라고 했는지 아십니까. "나는 당신의 아들이 되었다는 것 때문에 세상을 살아갈 수가 없습니다." 부끄러워서 장가도 못가겠다고 하였습니다. "당신의 아들이기 때문에"라고 하였습니다.

아버지는 기가막혀서 "돈벌어서 너희들 잘살게 하려고 좀 그렇게 한 거다"하고 구차한 소리를 하는데 아들은 딱잘라 대꾸합니다. "차라리 거지가 되더라도 정직하고 떳떳한 아버지가 되어줘야 우리가 살 거 아닙니까. 이게 뭡니까. 나는 이제 망가졌습니다." 그 아버지, 넋을 놓고 울었습니다. 그릇된 가치관, 돈만 있으면 모든 문제가 해결될 거라고, 돈만 많이 물려주면 행복해질 거라고 하는 이 엄청난 오해가, 이 자본주의가, 이 mammonism이 세상을 이렇듯 어지럽히고 인격들을 엉망으로 만드는 것입니다. 오늘본문에서 봅니다. 소유와 생명은 별개입니다. 예수님께서는 생명문제를 말씀하십니다. 하나님께서 생명을 주시고 하나님께서 재산을 주십니다. 하나님께서 모든 것을 주십니다.

뿐만아니라 하나님께서 심판을 하십니다. 주셨으니만큼 누구의 뜻대로 그것을 사용해야 합니까. 하나님의 뜻대로 쓰지 못할 때 하나님께서 심판해버리십니다. 이것을 알아야 합니다. 또한 재산에 목적이 있습니다. 보존하는 것도 중요하고, 버는 재미도 있지마는 문제는 어떻게 쓰느냐입니다. 그게 중요합니다. 제가 농반진반으로 말합니다마는 솔직히 말해서 먹은 것만 내것입니다. 많이 잡수세요. 먹은 것은 틀림없이 내것이 아닙니까. 밥상에 놓인 것도 아직 내것이 아닙니다. 왜요? 먹을지 말지 두고봐야 아니까요. 다시말하면 사용한 것만 내것입니다. 돈은 가지고 있다고 내것이 아닙니다. 사용한 것만 내것입니다. 그것도 내가 주고 싶은대로 주고 쓰고 싶은대로 쓴 것만 내것입니다. 억지로 주는 것이면 자식에게 준 것도 강도 만난 것입니다. 빼앗긴 것입니다. 빼앗긴 것은 내것이 아닙니다. 내가 기쁜 마음으로 준 것, 그것만 내것입니다. 소망교회 목사로서 저는 가끔 이상한 질문을 받습니다. 예배당을 짓노라고 작은 교회, 시골교회에서들 얼마나 애를 씁니까. 이럴 때 저를 만나가지고는 "서울 1번지 압구정동 여기에 사는 사람들은 돈이 많다는데, 목사님은 교인도 많고 돈도 많을 텐데 저 좀 도와주세요" 하는 사람들이 있습니다. 많습니다. 그때 제가 대답하는 말이 있습니다. 해볼까요? "교인주머니에 있는 돈은 돈이 아닙니다. 헌금한 것만 돈이지. 교인주머니에 돈이 얼마가 있건 그게 나와 무슨 상관입니까." 그게 하나님의 나라와 무슨 상관이냐, 합니다. 하나님 앞에 바친 돈만 돈입니다. 이걸 잊지 마십시오. 보십시오. 사용해야 되는 것입니다. 어떻게 쓰느냐, 이것이 문제인 것입니다. 오늘본문의 이 부자는 행복을 몰랐습니다. 행복은 영혼문제와 관계되어 있습니다. 기본적으로 영혼문제가 관계되고 영생이 문제가 되는 것입니다. 이 기본적인 것이 확보되기 전에는 오늘의 물질이란 아무 의미도 없는 것인데 이 사람은 영생의 문제와 오늘 있는 자기의 재산을 맞바꾸려고들었습니다. 심히 어리석지요. 「탈무드」에 재미있는 말이 있습니다. '사람이란 세상에 태어날 때는 주먹을 부르쥐고 있지만 죽을 때는 손을 편다. 왜 그런가. 태어날 때는 세상의 모든것을 붙잡으려 하고 죽을 때는 모든것을 뒤에 남기고 아무것도 안가졌기 때문이다.' 빈손으로 가는 것입니다. '수의에는 주머니가 없다' 하는 유명한 격언도 있습니다. 수의(壽衣)에는 주머니가 없습니다.

  오늘본문의 부자는 중얼거립니다. "평안히 쉬고 먹고 마시고 즐거워하자." 즐길 수 있느냐, 이것입니다. 그 재산이 그로하여금 즐길 수 있게 할 수 있었더냐고요. 잘 읽어보면 "나"라고 하는 일인칭이 오늘본문에 여섯 번이나 나옵니다. 내가, 내 곡간을, 내 모든, 내가,

내 영혼에게—그러나 아무리 "나"라고 소리질러봐도 내것 아닙니다. 하나님께서 말씀하십니다. 비웃으십니다. "오늘밤에 네 영혼을 도로 찾으리니 그러면 네 예비한 것이 뉘것이 되겠느냐?" 여러분, 죽기 전에 다 쓰십시오. 못내 아깝거든 유서라도 써두십시오. 나 죽은 다음에는 이렇게 하라… 이것도 안해놓고 죽으면 그 쓰지 않은 재물이 하나님 앞에 갔을 때 걸림돌이 됩니다. 잊지 말 것입니다. 다 쓰고 가십시오. 깨끗하게 통장 비워놓고 가야 됩니다. 하나님께서 주시고, 하나님께서 소유하게 하시고, 하나님께서 누리게 하십니다. 행복도 하나님께서 주시는 것입니다. 그래서 "보물을 하늘에 쌓아두라" 하십니다(마 6:20). 그리고 오늘본문에서 말씀하십니다. "자기를 위하여 재물을 쌓아두고 하나님께 대하여 부요치 못한 자가 이와 같으니라." 이게 결론입니다. 세상에는 두 가지의 부자가 있습니다. 하늘나라를 위해서 재물을 하늘에 쌓아둔, 하늘에 많이 쌓아둔 그런 부자가 있는가하면 땅에다 쌓아두고, 쌓아둘 수 있는 줄 알고 그것이 걸림돌이 되어 아주 망가져버리는 부자가 있습니다. 비참한 인간, 돈의 노예가 된 인간, 거기다가 목숨을 건 인간, 어리석은 인간입니다. 여러분, 내게 불필요한 것이 없는지, 한번 살펴봅시다. 아무쪼록 어리석은 부자가 되지 맙시다. 지혜로운 부자, 하늘나라에 대하여 부요한 그런 부자, 금생과 내세를 통해서 하나님의 축복을 누리는 그런 부자로 살아갈 수 있게 되기를 바랍니다. △

전쟁의 경륜적 속성

블레셋 사람이 점점 행하여 다윗에게로 나아오는데 방패 든 자가 앞섰더라 그 블레셋 사람이 둘러보다가 다윗을 보고 업신여기니 이는 그가 젊고 붉고 용모가 아름다움이라 블레셋 사람이 다윗에게 이르되 네가 나를 개로 여기고 막대기를 가지고 내게 나아왔느냐 하고 그 신들의 이름으로 다윗을 저주하고 또 이르되 내게로 오라 내가 네 고기를 공중의 새들과 들짐승들에게 주리라 다윗이 블레셋 사람에게 이르되 너는 칼과 창과 단창으로 내게 오거니와 나는 만군의 여호와의 이름 곧 네가 모욕하는 이스라엘군대의 하나님의 이름으로 네게 가노라 오늘 여호와께서 너를 내 손에 붙이시리니 내가 너를 쳐서 네 머리를 베고 블레셋군대의 시체로 오늘날 공중의 새와 땅의 들짐승에게 주어 온 땅으로 이스라엘에 하나님이 계신 줄 알게 하겠고 또 여호와의 구원하심이 칼과 창에 있지 아니함을 이 무리로 알게 하리라 전쟁은 여호와께 속한 것인즉 그가 너희를 우리 손에 붙이시리라 블레셋 사람이 일어나 다윗에게로 마주 가까이 올 때에 다윗이 블레셋 사람에게로 마주 그 항오를 향하여 빨리 달리며 손을 주머니에 넣어 돌을 취하여 물매로 던져 블레셋 사람의 이마를 치매 돌이 그 이마에 박히니 땅에 엎드러지니라

(사무엘상 17 : 41 - 49)

전쟁의 경륜적 속성

성도 여러분, 무서운 전쟁은 왜 있어야 하는 것입니까? 왜 이 세상에는 고통의 날이 끝나지 않는 것입니까? 왜 질병이 있고 실패가 있어야 하는 것입니까? 민족적으로나 국가적으로나, 하나의 문제가 해결되는가하면 또 두 문제가 생기고 세상은 갈수록갈수록 난감하고 어둡기만 하고, 벼랑에 선 것만 같은 위기를 체험하며 살아가야 하는 것입니다. 왜 그러해야 하는 것입니까? 그런데 사람마다 혹은 그 어느 누구도 원인을 모를 일이 아닙니다. 알면서 부인하려고 합니다. 인정을 하려고 하지를 않습니다. 사실을 사실대로 인정하는 것을 기피하려고 합니다. 계속 '이것이 아니다'라고 부인하려고 하는 일 때문에 세상은 더더욱 어지러워지는 것입니다.

1968년 윌 아리엘 듀란트(Will Ariel Durant)박사가 역사를 깊이 연구하는 중에 '이 지구촌에 전쟁이 얼마나 있었을까?' 자세하게 면밀하게 계산을 해보았습니다. 했더니 지난 3421년, 이제부터 거슬러 올라가서 3421년 동안에 전쟁을 치르지 않은 기간은 불과 286년에 불과했습니다. 이 사실은 이 지구촌 역사의 91.6%의 날이 전쟁으로 점철되었다는 것을 말합니다. 전쟁 없는 날이 없었다는 얘기입니다. 지난 100년, 20세기에만도 전쟁과 혁명으로 인해서 약 9억이라고 하는 인구가 죽었습니다. 예일대학에서 역사와 문명을 가르치는 도널드 케이건(Donald Kagan) 교수가 깊은 역사연구 끝에 쓴 「On the Origin of War(전쟁의 기원에 대하여)」라고 하는 책에 보면 전쟁의 동기, 전쟁이 왜 있어졌느냐에 대하여 세 가지로 총괄하고 있습니다. 그 하나가 '두려움'이라고 하는 것입니다. 상대가 두렵기 때문에, 너무 두렵기 때문에 그 부작용으로 발작을 해서 전쟁을 일으킨다는 것입니다. 오히려 힘이 넉넉하여 여유가 있으면, 요샛말로 초강대적 여유가 있으면 전쟁은 없다는 것입니다. 오히려 큰 힘이 평화의 기초가 된다는 것입니다. 이런 것을 심리적 전쟁동기론이라고 합니다. 두 번째는 이익추구입니다. 경제적으로, 정치적으로 자기 혹은 자국의 이익을 추구함으로해서 전쟁을 이르킨다는 것입니다. 이것을 실리적 전쟁동기론이라고 합니다. 세 번째는 명예추구입니다. 명분적 전쟁 동기론입니다. 지난 역사를 한번 생각해보십시오. 제2차세계대전 때, 독일사람들은 게르만민족의 우월성을 들고나왔습니다. 그래서 이스라엘을 죽입니다. 일본사람들은 아시아에서 일본사람이 최고라 하였습니다. 영국사람들은 앵글로색슨족이 제일이라고 하였습니다. 이러한 승리자의 명예, 승리자의 영광, 개인으로나 민족적으로나 이런 것을 자랑하면서 소위 명분적 전쟁동기를 만들어가고 있었다는 것입니다.

한국역사연구회에서 내놓은 「한국역사 속의 전쟁」이라고 하는 책에 보면 이런 것을 읽을 수 있습니다. 6·25전쟁 때 남북한을 합쳐서 대략 250만 명이 죽거나 실종되었습니다. 부상자까지 합치면 500만 명에 이릅니다. 그만한 인구가 죽거나 부상당한 것입니다. 그밖에 간접적으로 피해를 본 것까지 가위 온민족적입니다. 죽거나 부상당한 것 500만 명이라는 것은 당시 인구로 보면 1/6입니다. 여섯 사람 중에 한 사람이 죽거나 부상당한 것입니다. 이런 엄청난 일을 우리는 지난날에 겪어야 했습니다. 이것이 우리가 겪은 역사입니다. 아놀드 토인비는 그의 열두 권이나 되는 방대한 저서 「A Study of History(역사의 연구)」에서 인류역사를 자세, 면밀하게 연구한 결론을 이렇게 내립니다. '도전과 응전'—인류는 계속해서 문제의 도전을 받고 있으며 이에 대하여 어떻게 응전하느냐에 따라 승패가 갈린다, 하였습니다.

 오늘본문말씀은 몇절밖에 안되는 짧은 내용이요 드라마틱한 역사이야기입니다마는 이 속에 엄청난 역사해석의 키 워드가 있습니다. '전쟁은 여호와께 속한 것이다'—천진 그대로의 믿음, 깨끗한 믿음을 가진 다윗소년의 고백입니다. 전쟁은 여호와께 속한 것이다—전쟁이 사람의 일로 보이지만 사람의 일이 아닙니다. 그 어느 누구의 일로 보이고, 누구 때문이라고 보여지는데, 그 깊은 곳에는 하나님께서 베푸시는 경륜이 있는 것입니다. 하나님께서 전쟁을 통하여 당신의 뜻을 이루어가고 계시다는 것을 겸손하게 믿음으로 수용하고 이해하여야 하겠다는 것입니다. 하나님께서는 창조주가 되십니다. 섭리자가 되십니다. 경륜자가 되십니다. 그리고 말씀하십니다. 하나님의 말씀, 우리가 흔히 계시라고 이릅니다. 신학적으로는 '자연계시' '특별계시'라는 말을 합니다. '자연계시'라 함은 자연의 질서 속에 있는 계시입니다. 인간의 마음, 심성 속에 있는 계시입니다. 그리고 가장 중요한 것은 역사, 인류역사 속에서 하나님께서 말씀하고 계시다는 사실입니다. 역사는 살아 있습니다. 그 속에 하나님의 깊은, 확실한 말씀이 있습니다. 선지자를 통하여 말씀하십니다. 성경을 통하여 말씀하십니다. 그리고 특별계시—그리스도를 통하여 말씀하시고 성령으로 말씀하십니다. 전도자로 말씀하십니다. 그러나 사람이 끝끝내 듣지 않을 때, 교만할 때, 빗나갈 때 마침내 극단적 형태, 비상조치를 취하십니다. 사건으로 말씀하십니다. 이것이 전쟁입니다. 그리하여 새로운 역사를 창조하십니다. 역사 속에서 말씀하시고, 역사 속에서 당신의 백성을 개인으로나 민족적으로나 바른 길로 인도하십니다.

여러분, 오늘도 이 엄청난 전쟁이라고 하는 역사 속에 말씀하시는 주의 음성을 들어야 합니다. 이제는 우리가 전쟁을 치른 지 오래 되었습니다. 그러나 이 지구촌 여기저기서 지금도 끊임없이 전쟁은 터지고 있습니다. 그러한 전쟁을 우리가 강 건너 불로 생각하면 안 됩니다. 죽음이 있는 곳에 독수리가 모인다고 하였습니다. 전쟁의 이유 있는 곳에 언제나 전쟁은 있어지는 것입니다. 우리는 이 깊은 사실을 받아들여야 합니다. 하나님께서 전쟁을 통하여 심판하십니다. 감추어진 비리와 악을 들추어내십니다. 인간들의 변명, 인간들의 정당화, 인간들의 악한 행동, 은폐해놓은 사건들을 백일하에 확실하게 드러내십니다. 죄로 인해서 망합니다. 무기로가 아닙니다. 죄 때문에 망합니다. 나라도 개인도 죄 때문에 망합니다. 의인은 나라를 영화롭게 한다고 하였습니다. 죄는 나라를 망하게 합니다. 요새와서 구소련이 만들어놓은 무기, 핵무기는 물론이고 화학무기까지, 이것들을 지금 어떻게 처분하느냐로 세계가 골머리를 앓고 있습니다. 이건 땅에 묻어놔도 문제요 바다에 던져넣어도 문제요, 자칫 잘못되어 터지는 날이면 온세계가 큰일납니다. 그래서 온세계의 걱정거리가 되었습니다. 그런 것들을 분별없이 만들어놓고 구소련은 무너졌습니다. 보십시오. 무기가 없어서 망했습니까. 과학기술이 모자라서 망했습니까. 죄로 인하여 무너진 것입니다. 하나님께서 심판하신 것입니다. 이 사실을 잊지 말아야 합니다. 사무엘하 7장 14절에 보면 하나님께서 "내가 사람막대기와 인생채찍으로 징계하려니와" 하고 말씀하십니다. 이스라엘의 역사를 두고 아주 먹줄치듯 확실하게 말씀하십니다. 이스라엘이, 유대나라가 망할 때마다 혹은 앗수르가 쳐들어와서 망하고 혹은 바벨론이 쳐들어와서 망합니다마는 성경은 강하게, 강하게 증거합니다. 그것은 바벨론 때문도 아니고, 앗수르 때문도 아닙니다. 이스라엘에 전쟁이 있어진 것은 죄악 때문이었습니다. 그들의 죄가 전쟁을 불러들인 것입니다. 그들의 악이 앗수르를, 바벨론을 불러들인 것입니다. 이것이 성경에서 말씀하는 핵심적 진리입니다. 무기의 문제가 아닙니다. 오로지 의의 문제입니다. 하나님께서 심판하십니다. 하나님만이 심판하십니다. 이 방법이 아니고는 하나님의 의가 땅에 묻히기 때문입니다. 하나님께서 심판하시고, 그리고 당신의 백성을 구원하십니다. 놀랍게도 초점은 하나님의 백성, 하나님의 자녀에게 있습니다. 그 놀라운 섭리, 놀라운 은총을 우리는 똑똑히 알아야 합니다. 당신의 백성을 구원하시기 위하여, 하나님의 사람을 보호하시기 위해서 전쟁은 있어집니다.

1945년 8월 6일, 일본 히로시마에 원자폭탄이 떨어졌습니다. 지금도 여러분이 히로시마에 가시거든 원폭투하 되었던 바로 그 자리에 지어진 박물관을 일부러라도 한번 가보십시오. 저는 두 번 가보았는데 큰 감동이 있습니다. 원자폭탄 하나가 꽝 터지는 순간 50만의 생명이 순식간에 사라집니다. 쇠붙이라곤 다 녹아 없어지고 심지어는 돌 위에 앉아 있던 사람이 그림자만 남기고 온데간데없어졌습니다. 모든 집, 건물이 고스란히 다 사라지고 말았습니다. 그런데 이상한 것이 있습니다. 요한성당에 있었던 종 하나, 노란 종 하나는 말짱하게 그대로 남은 것입니다. 요한 석상이 그대로 있습니다. 이것을 고대로 떠다가 박물관에 갖다놓고 그 옆에 이렇게 써놓았습니다. '불가사의한 일이다.' Unbelievable, 믿을 수 없는 일이다, 하는 것입니다. 어떻게 이 종이 원자탄의 그 불길 속에서도 상하지 않고 그대로 남아 있을 수 있었단말입니까. 저는 그 앞에 서서 30분 동안 조용히 명상하고 생각해보았습니다. 어떻게 보면 억울하기도 하고 어이없기도 하고, 있을 수 없는 사건입니다. 꽝 터지는 순간에 50만 생명이 날아가버리는데, 그래도 그 불꽃 속에, 하나님께서는 말씀하십니다. '내가 거기에 있었노라.' 그 증거인 것입니다. 사람들은 있을 수 없는 일이라고 말하나 여기에 현저히 있는 것입니다. 믿을 수 없는 일이 있습니다. 하나님께서 그 속에서 말씀하십니다. 이것은 인간의 일이 아니라고. 내가 거기 있었노라, 말씀하고 계십니다.

그리고 전쟁을 통해서 하나님께서는 그 백성을 바른 길로 인도하십니다. 더 넓은 세계로 인도하십니다. 궤도를 수정하게 하십니다. 역사가들이 어떻게 기록하고 이해할는지는 두고봐야 할 문제입니다마는 만일에 우리가 6·25전쟁이라는 사건을 겪지 않았다고 한다면 우리는 어떻게 되었을까―이렇게들 말합니다. 꼭 베트남 꼴이 되었을 것입니다. 남한은 공산화되었을 것입니다. 저 북쪽에서 너무 서두른 것입니다. 공산화란 그렇게 전쟁을 통하여 이루어지는 것이 아닌데, 서둘렀기 때문에 그만 공산주의라고 하는 악이 만천하에 노출되면서, 엄격히 말하면 온세계가 공산화되는 것을 막은 것입니다. '6·25'는 역사의 피안에서 대단히 중요한 사건을 이루었습니다. 하나님께서는 당신의 백성을 인도하십니다. 그리고 그 이름을 높이높이 드러내십니다. 오늘성경에 나타난 다윗의 이야기, 우리가 너무나도 익히 아는 동화같은 이야기 아닙니까. 소년 다윗의 힘으로 골리앗을 이긴 것입니까. 하나님의 힘으로 이긴 것입니다. 다윗의 지혜로가 아니고 하나님의 지혜로입니다. 그의 무력으로가 아니라 하나님께 대한 믿음으로 이긴 것입니다. 다윗이 골리앗을 죽인 것이 아닙니다. 하나님께서 골리앗 대장을 심판하신 것입니다. 다윗을 다만 집행자로 사용하셨을 뿐입니다. 이스라엘의 승리는 하나님께서 주시는 은총일 뿐입니다. 여기에 참구원과 참된 믿음의 승리가 있습니다. 그리고 하나님의 살아계심을 나타내고 하나님의 이름이 높임을 받는 그런 순간이었습니다.

여러분, 혹 영화를 보십니까? 전쟁영화를 보십니까? 전쟁영화는 보기에 다 끔찍하지요. 그러나 그 역사 속에 메시지가 있음을 알아야 합니다. 서부활극같은 것 보면 마차가 구르고 뒤집히고 총소리가 요란하고 사람이 마구 나자빠지고… 난리가 납니다. 모두가 손에 땀을 쥡니다마는 이런 전쟁영화를 보는 비결이 하나 있습니다. 주인공은 절대로 안죽는다—그걸 알고 보는 것입니다. 영화 끝날 때까지는 안죽습니다. 이게 시나리오입니다. 하나님의 엄청난 시나리오 속에 내가 있고 역사가 있는 것입니다. 주님의 음성을 들어봅시다. "두려워 말라 내가 너와 함께함이니라 놀라지 말라 나는 네 하나님이 됨이니라 내가 너를 굳세게 하리라 참으로 너를 도와주리라 참으로 나의 의로운 손으로 너를 붙들리라." 이사야 41장 10절의 말씀입니다. 원인이 있는 곳에 결과가 옵니다. 죄가 있는 곳에 전쟁이 있습니다. 불의와 부정이 전쟁을 불러일으키는 것입니다. 외세를 탓할 것도 없고 무기를 두려워할 것도 없습니다. 안에서 썩을 때 전쟁을 통해서 청소하십니다. 우리가 바로잡지 못하면 하나님께서 손을 대십니다. 우리가 회개하지 않으면 하나님께서 회개하도록 강권을 쓰십니다. 여러분, 시편 46편 10절 말씀에 귀를 기울입시다. "너희는 가만히 있어 내가 하나님됨을 알지어다." 조용하여 하나님의 역사 앞에, 하나님께서 하시는 일 앞에 마음의 귀를 기울이십시오. 그리고 하나님의 하시는 일 그대로, 그대로를 전적으로 수용하고, 믿음으로 받아들이고, 믿음으로 그 음성을 들어보십시오. "Be still, and know that I am God." 조용하여 내가 하나님됨을 알지니라, 내가 역사의 주인 됨을 알지니라, 내가 나의 백성 구원함을 알지니라, 내 이름을 내가 스스로 높이는 것을 너희가 알지니라―오늘도 우리에게 말씀하십니다. △

원초적 사랑의 속성

　사랑하는 자들아 우리가 서로 사랑하자 사랑은 하나님께 속한 것이니 사랑하는 자마다 하나님께로 나서 하나님을 알고 사랑하지 아니하는 자는 하나님을 알지 못하나니 이는 하나님은 사랑이심이니라 하나님의 사랑이 우리에게 이렇게 나타난 바 되었으니 하나님이 자기의 독생자를 세상에 보내심은 저로 말미암아 우리를 살리려 하심이니라 사랑은 여기 있으니 우리가 하나님을 사랑한 것이 아니요 오직 하나님이 우리를 사랑하사 우리 죄를 위하여 화목제로 그 아들을 보내셨음이니라 사랑하는 자들아 하나님이 이같이 우리를 사랑하셨은즉 우리도 서로 사랑하는 것이 마땅하도다

(요한일서 4 : 7 - 11)

원초적 사랑의 속성

　요사이 유행하는 말에 '대책 없는 자 시리즈'가 있습니다. 이러이러한 사람은 구제불능, 도대체 어찌할 대책이 없다는 것입니다. 어떠어떠한 사람인가 한번 봅시다. 몽고반점(蒙古斑點)을 중국음식점이라고 우기는 사람, 이걸 어떻게 가르쳐야 합니까. LA와 Los Angeles가 다르다는 사람, 으악새가 새의 이름이라고 우기는 사람. 제가 사전을 찾아보았더니 으악새라고 되어 있지 않고 억새라고 되어 있습니다. 으악새는 억새의 경기지방 방언이라고 합니다. 어쨌든 으악새는 풀 이름이지 새 이름이 아닙니다. 드물게 왜가리의 평안도 지방 방언이기도 하지만 이걸 굳이 새 이름이라고만 바득바득 우기는 사람, 이 사람하고 무슨 얘기를 하겠습니까. 컴퓨터 바이러스가 몸에도 전염된다고 생각하는 사람, 사랑받고 살면서 사랑을 모르고 사는 사람, 구제불능입니다. 그분이 나를 사랑할 리가 없다는 것입니다. 간혹 자기자신을 돌아보며 뉘우칠 때는 또 생각합니다. 나는 사랑받을 자격이 없다는 것입니다. 도대체 이 세상에 사랑은 없다는 것입니다. 어느 하늘 아래 사랑이 있느냐, 합니다. 사랑을 부정하고 사는 사람, 참으로 불쌍한 사람입니다. 이런 사람에게는 대책 없습니다. 「Cast Away」라고 하는 영화가 있습니다. 꽤나 명화입니다. 그 내용은 대강 이렇습니다. 두 남녀가 열렬히 사랑을 하고 약혼을 하고 결혼날짜까지 정해놓았습니다. 놀랜드라는 이 주인공 남자가 회사일로 잠시의 출장을 가게 되어 비행기를 탔는데 이 비행기가 추락하는 사고를 만납니다. 그 비행기에 탔던 다른 사람들은 다 죽고 놀랜드만 살아남아 표류하다가 남태평양의 어느 무인도에 이릅니다.

거기서 그는 살아남은 감격을 맛보지만 그러나 전혀 사람이 살지 않는 여기서 어떻게 살아가야 합니까. 아무도 다녀가지 않는 이 섬에서 남은 생을 어떻게 살아야 합니까. 물고기를 잡아먹고 과일을 따 먹고 바위틈에 잠자고… 이렇게 그는 4년을 버티었습니다. 그가 살아낼 수 있었던 것은 사랑하는 사람에 대한 그리움 때문이었습니다. 사랑하는 사람에 대한 뜨거운 사랑이 그로하여금 그 많은 고통을 이길 수 있게 하였습니다. 마침내 그는 뗏목을 엮어서 타고 띄워 나가다가 지나가는 상선에 발견되어 구출됩니다. 그러나 그렇게 그리워하던 고향으로 돌아와보니 애인은 다른 사람과 결혼을 해서 아이까지 낳아 살고 있는 것입니다. 이 나라의 법은 사람이 실종되고 1년이 지나면 사망한 것으로 처리합니다. 죽은 사람으로 간주하여 시신 없는 장례식도 치릅니다. 애인은 정당하게 결혼을 한 것입니다. 놀랜드 이 사람, 이제 어떻게 하여야 되겠습니까? 참으로 답답하고 괴로웠습니다. 그러나 사랑하는 사람, 모처럼 안정을 얻은 그 사람, 그 가정을 파괴할 수가 없었습니다. 그는 하릴없이 물러섭니다. 그리고, 넓은 광야를 앞에하고 갈 바를 잃습니다. 앞으로 가야 하나 뒤로 가야 하나 옆으로 가야 하나, 나는 어디로 가야 하나—광야를 바라보며 방황하는 그런 장면으로 이 영화는 끝납니다. 여러분, 무인도에서 4년을 고독하게 가난과 고통과 어려움과 싸워서 이길 수가 있었지만 이제 사랑을 잃어버린 허탈감에서 그는 살아야 할 이유가 없었습니다. 더는 살아갈 수가 없었습니다.

사랑은 곧 생명입니다. 오늘본문에 말씀합니다. "하나님은 사랑이심이라." "호 데오스 아가페 에스틴"—유명한 말씀입니다. 하나님은 사랑이시다—이렇게 딱 한 문장으로 기록된 곳은 성경에 여기

밖에 없습니다. 하나님은 사랑이시다, 그 사랑은 생명이다—이것이 본문의 주제입니다. 사랑 없이 생명 없습니다. 살 수 없습니다. 존재할 수가 없습니다. 생명을 유지할 수가 없습니다. 그러기에 하나님께서는 우리를 사랑하십니다. 그 사랑 안에 우리가 있습니다. 그리고 끊임없이 '나는 너를 사랑한다' 하고 사랑을 나타내십니다. 사랑의 그 계시 속에 우리가 살아갑니다. 이것을 '자연계시'라고 합니다. 다시 하나님께서는 우리에게 더 확실하게 '내가 너를 사랑한다' 하시는 증거를 보여주십니다. 요한복음 3장 16절입니다. 하나님께서 세상을 이처럼 사랑하사 독생자를 주셨다고요. 사랑하셨습니다. 이렇듯 구체적으로 사랑하셨습니다. 지금도 사랑하고 계십니다. 그 증거로 십자가를 제시하십니다. 하나님의 자기희생을 계시하십니다. 나는 내 독생자를 주었다, 내가 너를 이렇듯 사랑하였노라, 하십니다. 그 속에 하나님께서 당신자신을 희생하시면서 우리를 의롭다 하시는 사랑이 있습니다. 죄인을 사랑하시기 위해서는 그가 죄인을 사랑하시는 아픔을 감당하여야 했습니다. 그래서 희생을 통하여 의롭다 하심을 증거하고, 이제 우리에게 계속해서 말씀하십니다. 믿으라고. 내가 너를 사랑하는 것을 믿으라, 이 사랑을 받아들이라고. 그리고 이 사랑 안에서 행복하라고. 또 말씀하십니다. 이 사랑을 받고 이 사랑을 베풀라고, 사랑의 사람으로 살아가라고, 계속 말씀하십니다.

여러분, 동물과 인간의 차이가 어디 있습니까. 동물적 사랑과 인간적 사랑의 차이가 어디에 있는 것입니까. 동물은 본능적 욕구가 충족되면 그것으로 만족합니다. 더는 바랄 것이 없습니다. 이것은 동물적 충동, 행복입니다. 탄자니아나 케냐, 이런 데 가서 보면 넓은 벌판에 많은 짐승들이 사는 것을 봅니다. 지프차를 타고 여기저기다니면서 구경을 해보면 알 수 있습니다. 동물들은 정말 배만 부르면 만족합니다. 나는 그 들판을 지나가다가 사자들이 모인 곳, 잘 보기 힘든 곳이지만 사자가 한 30마리 있는 그런 소굴에 들어가보았습니다. 거기서 재미있게 본 것이 있습니다. 사자가 짐승을 잡아먹고 배가 부른 나머지 나무밑에 아주 벌렁 드러누워 이리저리 뒹굴면서 낮잠을 잡니다. 저 옆에는 커다란 수놈, 왕사자가 떡 버티고 앉았고 여러 마리의 암사자, 그리고 새끼들, 이렇게 가정을 이루고 있습니다. 그런데 꾸벅꾸벅 졸고 있는 그 숫사자를 자세히 보니 얼굴이 만신창이더라고요. 그 가정을 지키느라고 죽을고생을 한다는 설명을 들었습니다. 그 왕권을 2년밖에는 지키지 못한다고 합니다. 조금만 힘이 약해지면 다른 젊은 숫사자가 와서 점령을 해버린다는 것입니다. 사자도 편하지 않겠습디다. 아주 힘든 생을 사는 것입니다. '자네들도 별로 행복하지 못하겠네.' 저는 이렇게 말하고 지나와보았습니다. 아무튼 동물은 본능적 욕구를 충족할 때 편안합니다. 인간은 그것이 아닙니다. 인간의 행복이란 사랑을 깨닫는 데 있습니다. 사랑을 확인하는 데 있습니다. 어린아이들을 보면 어떻게든지 사랑을 확인하려고듭니다. 스킨십을 통해서 확인합니다. 손을 잡고, 비비고, 안기고, 무릎에 앉고 합니다. 잠깐이라도 이 사랑 옆에서 떠날 때, 가령 무릎에 앉으려고 하는 것을 밀치든가 해보십시오. 엥 울고 사흘 지나면 감기걸립니다. 아주 힘듭니다. 순간순간 자신만만하게 내 주변 모든 사람들이 다 나를 사랑한다, 라고 느낄 때만 행복합니다. 이것이 기본적이고 원초적입니다. 사람은 사랑받지 않고는 못살고, 사랑을 확인하지 않고는 못삽니다. 문제는 그 사랑을 확인하고 알고 깨닫고 느끼고 감사하는 바로 거기에 있습니다. 이것이 이루어지지 않으면 우리는 살아갈 수가 없습니다. 좀 어려운 고난을 치른다 하더라도 사랑만 확실하면 살 수 있습니다. 넉넉히 살 수 있습니다. 질병도 이길 수가 있습니다. 사랑이 무너질 때, 나는 더 살아야 할 이유를 찾지 못합니다.

예일대학교 심리학교수이자 지능연구의 대가인 로버트 스턴버그(Robert Sternburg)의 유명한 '사랑의 삼각 이론'이 있습니다. '참사랑은 마치 정삼각형과 같이 삼각균형이 잡힌 그 가운데 있다'하는 것입니다. 첫째요소는 intimacy, 친밀감입니다. 친밀감을 느껴야 사랑입니다. 가까이 있다, 저와 나는 가깝다, 저는 나를 이해한다, 저는 나의 사정을 잘 알아준다, 육체적으로 물질적으로 혹은 정신적으로—이렇게 친밀감을 느끼는 그런 정서가 이게 사랑입니다. 가까이 있다, 하는 것입니다. 비록 조금 떨어져 있다해도 '가까이 있다. 저가 나를 생각하고 있다' 하는 친밀감, 그것이 사랑입니다. 두 번째는 passion입니다. 이것은 정열입니다. 사랑이 정열로 작용해서 로맨틱하고, 어떤 때는 욕망으로 치닫습니다. 그래서 소유하려들고 꼭 자기의 사람으로 만들어보려 합니다. 그런 마음이 사실은 그 뿌리에 사랑이 있습니다. 세 번째 요소는 promise and responsibility입니다. 약속과 책임이 있는 것입니다. 책임을 지는 것입니다. 약속이 확실하고 약속에 대한 믿음이 있고 나아가 책임을 집니다. 믿어지지 않으면 그건 사랑이 아닙니다. 약속에 대한 믿음이 있고 저의 아픔이 바로 나의 아픔이요 저의 실수가 나의 실수입니다. 저는 나와 상관이 없다는 듯이 남을 비판하는 사람은 사랑하지 않는 것입니다. 어떤 실수를 보더라도 그건 바로 내 책임입니다. 자식의 실수는 내 탓이다, 아내의 잘못은 내 잘못이다, 남편의 잘못은 전적으로 나의 책임이다—이렇게 책임을 지는 마음이 그게 사랑입니다. 무책임하게 비판하면 그것은 사랑이 아닙니다. 책임은 바로 동체의식이요 일체의식입니다. 하나로 생각하게 될 때 책임을 집니다. 이게 사랑입니다. 그런데, 문제는 이 세 요소가 정삼각형처럼 꼭 균형을 잡아야 된다는 것입니다. 친밀감에 치우치면 감상주의자가 됩니다. 요새말로 '마마보이'라고 하는, 이런 것이 된다, 이것입니다. 또, 정열에 치우치게되면 욕망에 사로잡히게 됩니다. 정신을 못차립니다. 아마도 많은 사람을 괴롭히게 될 것입니다. 또한 약속과 책임, 이 의무에 지나치게 치우치면 아주 차갑고 메마르게 됩니다. 요새말로 정열이 없는 것입니다. 그런고로 이 세 요소가 어우러져 정삼각형의 세 변이 같은 길이로 균형있게 조화를 이루는 것같이 되어야 그게 참사랑이다, 하는 것입니다. 이제 이 사랑의 근본은 어디 있느냐하면 사랑을 받아들이는 데 있습니다. 사랑은 사랑한다는 순간부터 사랑의 성격을 떠납니다. 사랑은 받아들임에 있는 것입니다. 받는 존재의식이요 받는 감격이요 받는 깨달음인 것입니다.

    로마서 5장에 있는 말씀을 저는 개인적으로 많이 사랑합니다. 어쩌면 사도 바울도 혹이라도 자기가 어떤 존재인가를 생각함에 있어서 의심이 생길 때마다 그는 이렇게 생각했으리라고 믿어집니다. 내가 연약할 때 그리스도께서 나를 위해 죽으시고, 내가 죄인되었을 때 나를 위해 죽으심으로 자기사랑을 확증해주시고, 내가 하나님과 원수되었을 때 그가 나를 위해 죽으심으로 내가 하나님의 자녀임을 확증해주셨다고요. 그 때가 중요합니다. 연약할 때, 또 죄인되었을 때, 그리고 하나님과 원수되었을 때, 그때 벌써 나는 하나님의 사랑을 받고 있었습니다. 여러분, 내가 하나님 앞에 나왔다고해서 사랑받는다고 생각해서는 안됩니다. 내가 의롭게 살고, 선하게 살고, 봉사한다고 이제서야 사랑을 받을 거라고, 보상적으로 사랑을 받을 거라고 착각하지 마십시오. 참사랑은 그런 것이 아닙니다. 부모자식간의 사랑도 그렇지 않습니까. 내가 잘해서 부모의 사랑을 받는 것입니까. 그렇게 똑똑한 척하고 계산 많이 하는 자녀는 사랑받지 못합니다. 오히려 실수도 많고 부족하지만 우리 어머니는 나를 많이 사랑한다는, 우리 아버지는 틀림없이 나를 사랑한다는, 그 깨달음과 그 믿음, 그것이 진실한 사랑입니다. 나는 이렇게 사랑을 받고 있다는 것입니다. 여러분, 누가복음 15장의 '탕자비유'를 아시지요? 둘째아들이 집을 나가 허랑방탕했습니다. 그는 왜 안돌아왔을까? 충분히 짐작이 갑니다. 돈벌어가지고 가야지, 출세해서 가야지, 내가 이 모양으로 갈 수 없지 않나, 체면, 위신, 생각하는 중에 못돌아왔어요. 바르게 돌아와보려고 애썼겠지마는 점점 수렁으로 빠져서 마지막에 굶어죽게 되어서야 돌아옵니다. 돌아올 때 아버지는 그를 영접하고 소를 잡아라, 옷을 입혀라, 반지를 끼워라, 하고 환영잔치를 벌입니다. 이 아들은 너무 부끄러워서 '하늘과 아버지께 죄를 지었기에 저는 아들자격이 없습니다. 머슴의 하나로 여겨주시기 바랍니다' 하지만 아버지는 들은 척도 하지 않고 기뻐합니다. "이 내 아들은 죽었다가 다시 살아났으며 내가 잃었다가 다시 얻었노라." 이렇게 기뻐하고 영접합니다. 그때 이 탕자는 무슨 생각을 했을까? 저는 이렇게 생각해봅니다. '이럴 줄 알았더면 진작 돌아올 걸…' 내가 집을 나갔으니 아버지도 나를 버렸다고 생각했고, 내가 아버지를 잊었을 때 아버지도 나를 저주하고 호적에서 지워버린 줄 알았는데 그게 아닌 것입니다. 집을 나가 방황하고 있는 동안도 그 아버지는 나를 사랑하였습니다. 그는 내가 돌아왔기 때문에 용서한 게 아닙니다. 용서하고 기다린 것입니다. 이 사실을 깨닫고 탕자는 너무도 부끄러웠습니다. 여러분, 하나님의 사랑이 이렇게 나타난 것입니다. 오래전에 읽은 책에서 본 이야기를 저는 늘 잊지 않고 종종 생각합니다. 캐시라고 하는 발랄한 여성이 대학을 졸업하고 연애를 했는데 배신당합니다. 몹시도 마음이 아픈 나머지 그는 집을 나가버립니다. 어머니가 말렸지만 듣지 않고 험하고 넓은 세상에 나가서 마음대로 살아버립니다, 그 젊은 육체를 가지고. 창녀가 되고, 알콜중독자가 되고, 마지막에는 마약중독자까지 되었습니다. 10년이 넘어가고나니 몸은 시들고 병들고, 이제는 더이상 살 수가 없습니다. 아무도 거들떠보지 않습니다. 나는 죽을 때가 되었다, 하고 강가에 나가서 투신자살을 시도하다가 보니 강물에 떠오르는 얼굴이 있습니다. 사랑하는 어머니의 얼굴입니다. 그때 비로소 그는 생각했습니다. '10년 동안 어머니는 얼마나 늙으셨을까? 어떤 모습일까? 그렇다. 어머니얼굴 한번 보고, 그리고 돌아와서 죽으리라. 죽는 일은 바쁘지 않다.' 어머니 모습을 먼빛으로 한번 보리라, 하고 낮은 피하고 캄캄한 밤을 타서 집에 돌아와봤는데, 보니 집안은 말할것도 없고 밖의 외등까지 불이 환하게 켜 있습니다. '오늘 무슨 파티가 있었나? 왜 이렇게 불을 켜놓았을까?' 그런데 조용합니다. '이상하다. 파티가 끝났는가?' 고이 대문을 밀어보았더니 잠기지 않았습니다. '대문도 잠그지 않고 주무시는가?' 조금 더 미는데 삑 소리가 나자마자 안에서 어머니가 맨발로 뛰어나오옵니다. "캐시야!" 꼼짝못하고 붙들렸습니다. "어머니, 어째서 이렇게 불을 많이 켜놓았어요?" 어머니는 말합니다. "네가 집을 나가고부터 10년 동안 한 번도 불을 끈 적이 없고, 문을 잠근 적도 없다." 케시는 비로소 깨달았습니다. 내가 집을 나가 방황하고 있는 동안에도 어머니는 계속 나를 사랑하고 있었더라는 것입니다. 돌아왔기 때문에 사랑한 것이 아닙니다. 그 아픈 마음으로 그 딸을 사랑하고 있었던 것입니다. 이것을 모르고 방황한 것입니다.

그가 먼저 우리를 사랑하셨습니다. 내가 먼저 사랑한 것이 아닙니다. 그가 나를 먼저 사랑하시고, 그런고로 벌써 나는 사랑을 받았습니다. 내가 죄인입니까? 더 사랑을 많이 받았지요. 내가 병들었습니까? 사랑을 더 많이 받은 사람이지요. 내가 실패했습니까? 남보다 나는 더 많은 사랑을 받은 사람입니다. 받고 있는 것입니다. 사랑에 대한 진실한 응답은 믿음입니다. 사랑을 믿어야 합니다. 믿지 않는 한 이 사랑은 아무 의미가 없습니다. 사랑에 대한 진실한 자세는 소망입니다. 사랑하는 자는 절대로 절망하지 않습니다. 사랑 안에 영원한 세계가 보장되기 때문입니다. 사랑에는 낙심함이 없습니다. 사랑에 대한 보답은 바로 사랑입니다. 그래서 오늘성경은 이렇게 말씀합니다. "하나님이 이같이 우리를 사랑하셨은즉 우리도 서로 사랑하는 것이 마땅하도다" 마땅하다—이것이 기독교윤리의 핵심입니다. 예수님 말씀하십니다. "내가 너희를 사랑한 것 같이 너희도 서로 사랑하라." 하나님께서 나를 이렇게 사랑하십니다. 그런고로 내가 남을 사랑하고, 또 나 자신도 사랑하여야 됩니다. 그리스도 안의 그 엄청난 사랑 안에 있는 나, 사랑받는 나, 그 존재는 소중한 것입니다. 하나님께서 이같이 우리를 사랑하셨은즉 우리는 서로 사랑하는 것이 마땅하지 않습니까. △

게으른 자의 변명

　마음의 정결을 사모하는 자의 입술에는 덕이 있으므로 임금이 그의 친구가 되느니라 여호와께서는 지식 있는 자를 그 눈으로 지키시나 궤사한 자의 말은 패하게 하시느니라 게으른 자는 말하기를 사자가 밖에 있은즉 내가 나가면 거리에서 찢기겠다 하느니라 음녀의 입은 깊은 함정이라 여호와의 노를 당한 자는 거기 빠지리라 아이의 마음에는 미련한 것이 얽혔으나 징계하는 채찍이 이를 멀리 쫓아내리라 이를 얻으려고 가난한 자를 학대하는 자와 부자에게 주는 자는 가난하여질 뿐이니라
　　　　　　(잠언 22 : 11 - 16)

게으른 자의 변명

「논어」에 보면 성현 공자는 인생의 즐거움에 대하여 두 가지로 설명하고 있습니다. 유익한 즐거움이 있고 유익하지 못한, 해로운 즐거움이 있다, 하였습니다. 어찌생각하면 그 사람의 즐거움이 어떤 것이냐로 그 사람이 지금 어떤 정도의 사람인지를 평가할 수 있다고도 할 수 있습니다. 공자는 좋은 즐거움이란 '음악을 즐기는 것'이라 하였습니다. 공자 자신도 퍽 음악을 좋아했다고 전해집니다. 두 번째는 다른 사람의 장점을 말하는 즐거움이라고 하였습니다. 곧 칭찬하는 즐거움입니다. 남의 장점을 보고 남의 장점을 얘기하는 그 자체가 즐거움입니다. 그런데 여러분 아시는대로 남의 장점을 즐거워하지 못하는 사람이 있습니다. 남의 장점을 말하는 것도 싫고 듣는 것도 싫고… 이런 사람은 구제불능입니다. 세 번째는 '좋은 친구를 많이 사귀고 친구와 함께하는' 즐거움이라고 하였습니다. 친구가, 특별히 좋은 친구가 많다는 것은 그 자체가 자신에게도 복입니다. 그러한 즐거움을 즐길 줄 아는 그런 사람이 행복한 사람이다, 하는 말이 되겠습니다. 그리고 유익하지 못한, 해로운 즐거움이 있다, 하였는데 그 첫째는 '제멋대로 하는 것'이라 하였습니다. 제멋대로 하는 것, 그 순간적으로는 쾌감이 있을는지 몰라도 이것은 자기자신에게도 해롭고, 남들에게도 해를 끼치는 것입니다. 두 번째는 '게으름을 피우는 것'이라 하였습니다. 좀더 자고 싶을 때 자고, 좀더 눕고 싶은대로 누워보십시오, 어떻게 되나. 그것은 몸에도 나쁘고 정신에도 나쁘고 정서에도 나쁘고, 결국은 해로운 것입니다. 게으름을 피우는 것, 그것은 해로운 것이다, 그런 즐거움은 해로운 즐거움이다,

하였습니다. 세 번째로 '술과 여자를 좋아하는 것'이 해로운 즐거움이라 하였습니다. 그것은 여러 가지로 손해가 되고 유익하지 못하다는 것을 우리는 익히 알고 있습니다.

미국 시카고대학의 칙스젠미할리(M. Csikszenmihalyi) 교수는 우리나라에서도 번역된 책「몰입의 즐거움」을 쓴 분입니다. 그는 사람이 가장 불행한 때는 첫째, 만날 사람이 없을 때라고 하였습니다. 누구에게 전화를 걸고 싶어도 귀찮을까봐 전화할 수 없고, 누구를 찾아가고 싶어도 반가워할 것같지 않습니다. 그래서 만날 수가 없고, 누군가를 만나는 것이 겁이 납니다. 이렇게 만날 사람이 없을 때, 그리고 고독해질 때, 우울해질 때, 그때가 가장 비참하다, 하였습니다. 둘째는 할일이 없을 때라고 하였습니다. 할일은 내 삶의 가치를 평가하는 것입니다. 아무것도 할일이 없다는 것은 참으로 불행한 일입니다. 쓸모가 없다는 말은 살 이유도 없다는 말이 됩니다. 예로부터 사람들이 흔히 하는 소리가 있지요. "향리로 가서 초야에 묻히겠다." 하지만 초야에서는 손을 놓고 숨만 쉬면 된답니까. 농사 아무나 하나요. 어림도 없습니다. 이제 농사하겠다고 시골에 내려가보십시오. 정신나갔냐, 냉큼 서울로 가라, 하고 등을 떼밀 것입니다. 그거 아무나 하는 것이 아닙니다. 여러분, 할일이 없는 것입니다. 요새는 마당을 쓸어도 기계로 쓰니까요. 이런 답답한 노릇이 어디 있나—이게 사람을 슬프게 만든다, 하는 것입니다. 그런데 이분은 다시 말합니다. 그러면 재미있게 행복하게 사는 비결이 뭘까? 간단하게 말합니다. 구체적이고 확고한 목표를 가지고 살아야 합니다. 목적과 목표가 분명하게 사는 것입니다. 두 번째는 열정적으로 사는 것입니다. 무슨 일이든지 맡겨졌으면 즐거운 마음으로 열심히 할 것입니다. 그것이 행복하게 사는 비결입니다. 마치 무언가 잘못된 것처럼, 내가 이런 일을 해서는 안될 것처럼, 무언가 운명이 빗나간 것처럼 내가 맡은 일을 기피하고 이것을 열심으로 하지 않는 사람, 그 사람은 불행한 사람입니다. 어떤 일이든 맡았으면 열심히 하는 것, 그것이 행복의 비결입니다. 세 번째는 현재를 즐기는 것입니다. 과거는 지나갔고 미래는 하나님의 손에 있습니다. 내가 처한 지금의 처지, 내가 하는 일, 무슨 일이든지 간에 그대로, 이 환경이 변하기를 바라지도 말고 또 다른 환경을 바라지도 말고 이대로 즐기는 것입니다. 여러분, 나이가 들었습니까? 젊은사람 부러워하지 마십시오. 로맨스 그레이도 괜찮은 것입니다. 이 나이는 이 나이대로 즐기는 것입니다. 현재를 즐길 줄 아는 것, 그것이 인생을 바로 사는 비결이다, 합니다.

　　게으름은 그 자체가 병이자 불신앙입니다. 게으름의 개념을 한 번 정리해봅시다. 무엇이 게으름입니까. 첫째는 할 수 있는 일을 하지 않는 것입니다. 할 수 있는데 어떤 이유로든지 내가 하지 않습니다. 그것은 내 능력의 손실입니다. 할 수 있는 일을 하지 않으면 나중에는 하려도 하지 못하게 되어버립니다. 이것은 참으로 불행한 일입니다. 또하나는, 알 수 있는 것을 알지 아니해서 모르게 되는 것입니다. 그게 게으른 것입니다. 다시말하면 공부하지 않는 것입니다. 내가 공부하면 알 수 있는 것인데 내 노력이 없었기 때문에 몰라졌고 마지막에는 아주 알 수 없게 되어버렸습니다. 그 많은 날을 멍청하게 살았습니다. 공부하지 않았습니다. 그래 바보가 된 것입니다. 이게 게으른 것입니다. 게으름에 대한 대가가 그렇게 무섭습니다. 또한, 지금 할 일을 내일로 미루는 것입니다. 이것은 기회를 포기하는 것입니다. 순간순간, 지금 해야 할 일이 있고 오늘 해야 할 일이 있는데 내일로, 내년으로 미루는 통에 기회는 다 지나가고 맙니다. 하나님께서 주신 소중한, 은사로 주신 그 기회를 그만 날려버리고 마는 것입니다. 이것이 게으름입니다. 또, 내가 해야 할 일 남에게 맡기는 것이 게으름입니다. 여러분, 내가 할 일 내가 하고, 가능하면 남이 할 일도 내가 하십시오. 제가 말도 들었고 실제로 본 일입니다. 공항에 가서 출국수속을 할 때는 탈 때 수속하는 일이 있고 또 비행기 안에서도 써야 될 것이 있습니다. 간단한 것 몇 가지입니다. 그런데 이걸 못써서 쩔쩔매는가하면 잘못 썼다가 입국수속 하는 데서 망신하는 것을 보았습니다. 보아하니 외국출입 많이 하는 사람인데 왜 그럴까 했더니 평소에 다른 사람이 다 대신해버릇한 것입니다. 비서가 대신 해주고 마누라가 대신 해주고… 그 결코 좋은 것이 아닙니다. 제것은 제가 하여야 합니다. 간단한 것을 스스로 해버릇하지 않아서 국제적으로 망신하고 있더라니까요. 벌벌떨고 서 있는 걸 제가 한 번 도와준 일도 있습니다. 불쌍하더라고요. 왕년에 기업체 사장에다 장관까지 지낸 사람이었습니다. 그런 사람이 그 바보노릇입디다. 제가 할 일 제가 하지 않았기 때문입니다. 그런 일까지 건방지게 다른 사람에게 맡기다니요. 웬만하면 다 제가 할 것입니다. 못할 것이 뭐가 있단말입니까, 그 간단한 것을. 내가 할 일 남에게 맡겨버릇하다가 이런 바보가 된 것입니다. 여러분, 그저 가능하면 물 한그릇 뜨는 것도 스스로가 하십시오, 남 시키지 말고. 남 시키는 것 좋아하다가는 지레 죽고 맙니다. 자꾸 움직이세요. 그저 남이 할 일도 내가 하도록 힘써보십시오. 그것이 부지런함입니다. 그것이 지혜로움입니다. 될 수만 있으면 안움직이려 하고, 안하려 하고, 남을 시켜보려

하고… 그건 아주 나쁜 병입니다, 그것은 자기자신에 대한 자살행위입니다. 멍청해지고 바보되고 약해지는 것입니다. 내가 할 일 내가 하지 않고 남에게 맡기는 것, 이것이 게으름입니다. 또 나아가서는 당연히 되어야 할 존재로 되지 못하는 것이 게으름입니다. 내가 시어머니든 며느리든 자식이든 부모든 당연히 되어야 할 그 존재가 있는데 그것을, 제구실을 내가 못했다면 그것이 게으른 것이다, 하는 말씀입니다. 게으른 자는 언제나 최선을 다했다고 변명합니다. 바로 거기에 게으름이 있는 것입니다.

부지런함은 인생의 질을, 생의 질을 높입니다. 그런 효과가 있습니다. 부지런함이란 생의 부가가치를 높이는 것입니다. 여러분, 분명히 알아야 합니다. 오래 살았다고 오래 산 것이 아닙니다. 제가 미국에서 몇해동안 공부할 때 모처럼 귀한 유학을 갔으니 열심히 하여야겠다고 딴에는 열심히 공부하였습니다. 여름방학에도 어디로 놀러가지 않았습니다. 그저 도서관에 앉아서 열심히 공부하였습니다. 그런데 그 사람들 보니 보통 밤 1시까지 열심히 공부합니다. 도서관 문 닫는 11시 반까지 공부하고, 또 시험때쯤 되면 한 열흘 동안 도대체 잠을 안잡니다. 낮밤으로 열심히 해서 시험을 보고, 시험 끝나고나면 또 팬티바람에 나가서 자동차를 닦아가지고 친구들과 놀러가더라고요. 우리는 그때는 자지요. 그래서 "아니, 며칠동안 밤새웠는데 잠 좀 자지 왜 또 기어나가나?"하고 물었더니 대답이 퍽 재미있습니다. 무슨 소리냐, 자는 것은 죽는 거다, 사람의 일생은 산 시간에서 잔 시간은 빼야 된다, 몇살을 살았느냐가 중요한 것이 아니라 얼마나 깨어 있었느냐가 중요하다—꼼짝못하고 제가 당했습니다. 아닌게아니라 옳은 말이지요. 깨어 있은 시간만 산 것입니다. 멍청하게 졸고 앉아 있는 시간은 살아 있는 시간이 아닌 것입니다. '노세 노세 젊어 노세…'하는 노래가 있지요? 그게 그렇더구만요. 노는 것도 젊어서 놀아야 합니다. 나이많은 사람들 여행하는 것을 보니 차만 탔다하면 좁니다. 앉았다하면 잡니다. 그러니 본 것이 뭐 있나요? 괜히 갔다왔지. 갔다가 안내하는 노란 깃발 외에는 본 것이 아무것도 없는 것입니다. 무얼 보고 무얼 했다는 것입니까. 그렇습니다. 나이많아서 멍청하게 졸고 앉아 있는 것은 살았으나 산 것이 아닙니다. 살았다고 생각할 것도 없습니다. 깨어 있는 것, 깨어 있는 시간만이 내 생이라는 것을 잊지 마십시오. 주어진 시간은 이것뿐입니다. 이제 많이 살아야지요. 꽉차게, 꽉차게 살아야 합니다. 그것이 인간의 생의 부가가치를 높이는 것입니다. 그냥 멍청하게 '몇살 살았다' 하는데 그러니 어쩌란 얘기입니까. 소용없는 것입니다. 그거 의미가 있는 것이 아닙니다. 깊이 생각합시다.

　게으름의 또 한 가지 특성은 그것이 에스컬레이팅을 한다는 것입니다. 게을러지기 시작하면 상승작용을 해서 점점 더 게을러집니다. 여러분 잠자보십시오. 스물네 시간 다 자도 모자랍니다. 잠이라는 게 끝이 없어요, 도대체가. 잠언에 있는 게으름에 대한 이야기를 모아보면 몇가지로 요약됩니다. 첫째는 '손으로 일하기를 싫어한다' 하였습니다. 도대체가 손을 움직이는 것을 싫어합니다. 이게 게으른 것입니다. 두 번째는 잠을 많이 잔다, 하였습니다. 자자, 졸자, 눕자, 계속 자자는 것입니다. 잠 많이 자는 것, 이것이 게으름의 제2호입니다. 제3호는 이것입니다. 밖에는 사자가 있다, 위험이 있다, 하는 것입니다. 네 번째는 참 재미있습니다. '손을 그릇에 넣고도 입으로 옮기기를 괴로워하느니라' 하였습니다. 음식그릇에다 손을 넣고 그것을 입으로 가져가는 것도 힘들어한다, 이것입니다. 사람이 게으르다 보면 이 모양이 되는 것입니다. 끝도 없는 것입니다. 더 게으른 게 하나 있습니다. '게으른 자는 스스로 지혜롭게 여기느니라' 하였습니다. 자기가 잘한다는 것입니다. 어느 거지가 다리밑에 살면서 어떤 부잣집이 화재로 벌겋게 타는 것을 보고 제 아들의 손목을 잡고 그러더랍니다. "봐라, 우리는 불탈 게 없지 않으냐?" 불탈까 걱정할 것도 없다—그렇습니다. 게으름이란 게으른 동시에 자기를 스스로 지혜롭다 여깁니다.

오늘성경말씀으로 돌아가봅니다. 게으른 자는 변명을 많이 합니다. 그래서 하는 말씀입니다. "게으른 자는 말하기를 사자가 밖에 있은즉 내가 나가면 거리에서 찢기겠다 하느니라." 그런고로 나는 집안에 있을 것이고, 잠을 잘 것이다, 하는 얘기입니다. 게으른 자는 언제나 만사를 부정적으로 생각합니다. 세상에 모험 아닌 일이 어디 있습니까. 모험성이 없는 일이란 아무것도 없습니다. 거리에 나서보십시오. 얼마나 위험한가. 비행기를 타보십시오. 얼마나 위험한가. 어디가 위험하지 않을 수 있습니까. 근자에 무슨 일을 함께 처리할 사람들이 한꺼번에 타고 가던 헬리콥터가 떨어져서 한꺼번에들 변을 당했다고 합디다마는 사실 그렇게 하는 것은 아니지요. 우리교회에서 모든 교역자님들이 언젠가 함께 제주도를 가게 되었습니다. 그때 일부러 항공편을 둘로 나누었습니다. 15분간격으로 나누어서 두 비행기로 타고 갔습니다. 왜 그랬을 것같습니까. 사고란 언제나 날 수 있는 것입니다. 만일에 한꺼번에 한 비행기로 가다가 그 비행기가 사고나는 날에는 신문에 뭐라고 날 것같습니까. '소망교회 교역자 몽땅 죽다' 할 것 아닙니까. 그런고로 VIP들은 한 차를 타는 게 아닙니다. 한 비행기를 타는 게 아닌 것입니다. 사고 없을 데가 어디 있습니까. 없기를 바랄 수가 없는 것입니다. 모험은 있는 것입니다. '밖에 나가면 사자가 있다' '아, 비행기 위험하다'—그러면 아무 일도 못하는 것이지요. 만사를 부정적으로 생각하는 사람, 이게 문제입니다. 또하나는, 환경을 탓하는 것입니다. 밖에는 사자가 있다, 위험하다, 합니다. 미국 템플대학의 러셀 콘웰 박사는 4000명의 백만장자를 면밀하게 분석 연구해보았는데, 그 백만장자들에게 세 가지의 특징이 있더라고 합니다. 하나는, 뚜렷한 목적을 가지고 살았다는 것입니다. 목적을 가지고 총력을 기울이고 삽니다. 또하나는, 열심으로 삽니다. 만사에 부지런합니다. 또하나는, 다른 사람을 탓하는 일이 없다는 것입니다. 환경을 탓하지 않습니다. 어떤 경우에도 남을 원망하지 않습니다. 그게 특징이더라고 합니다. 여러분, 환경을 탓하고, 밖에는 사자가 있다, 밖에는 위험이 있다, 하는 사람은 게으른 사람입니다. 자전거를 가르쳐본 적 있습니까? 자전거를 탑니까? 자전거 처음 탈 때 무릎 안까진 사람 있습니까. 넘어지지 않고 자전거 배운 사람이 어디 있습니까. 잘못하면 다리가 부러지기도 합니다. 저는 자전거 타다 생긴 흉터가 아직도 하나 있습니다. 자전거, 아무것도 아니지만 그거 하나 배우는 데도 상처나며 부러지며 배우는 것입니다. 자동차운전, 얼마나 위험합니까. 위험 없이 얻을 수 있는 게 무엇 하나 있느냐고요. 깊이 생각하여야 합니다.

하나님께서 아브라함에게 말씀하십니다. 네 고향을 떠나라. 갈 바를 알지 못하고 그는 고향을 떠납니다. 믿음인 동시에 인간적으로는 큰 모험입니다. 60만 민족을 가나안으로 인도하라—모세가 이 명령을 받아 하나님을 믿고 출발하는 것같으나 인간적으로 보면 이

정표 하나 없이 막대기 하나 들고 어쩌라는 얘기입니까. 이런 모험이 어디 있습니까. 여호수아가 요단강을 건너 가나안땅 정복에 나섭니다. 이게 얼마나 큰 모험입니까. 신앙은 모험입니다. 그걸 잊지 말아야 합니다. 그리고 믿음은 곧 순종입니다. 순종은 모험입니다. 부지런하게 성실하게 주의 뜻을 따라가야 합니다. 피아니스트 루빈시타인은 근면하기로 유명한 사람이었습니다. 그가 남긴 유명한 좌우명이 있습니다. '하루를 연습하지 아니하면 나 자신이 알고, 이틀을 연습하지 아니하면 평론가가 알고, 사흘을 연습하지 아니하면 벌써 청중이 안다.' 음악회가 있건없건 매일같이, 하루에 다섯 시간을 내리 연습하여야 되는 것입니다. 그렇지 않으면 그 음악의 세계를 지켜갈 수가 없는 것입니다. 이걸 잊지 말아야 합니다. 엄청난 부지런, 여기에 따라야 합니다. 어느 잡지에서 읽었습니다. 세계적인 프로골퍼는 경기가 있건없건 매일같이 연습을 한다는 것입니다. 사람에게 근육이 있고, 근육이 가진 기억력이 있습니다. 이 기억력은 72시간밖에 가지 않는다고 합니다. 근육이 기억력을 가져서 척 보고 치면 그리 가게 되어 있는데, 이것은 하루도 쉬면 안된다는 것입니다. 근육이 가진 이 기억력을 지켜가기 위해서 심지어는 목욕도 하지 않는다고 합니다. 사우나에 들어가서 땀을 푹 내면 근육이 풀어지면서 기억력이 없어진다는 것입니다. 그렇게 부지런히 해서 골퍼로 성공한 것입니다. 어쩌다가 한번 나가가지고 잘된다 안된다, 그건 말도 안되는 소리입니다. 보십시오. 부지런하여야 됩니다. 특별히 예수님께서 친히 말씀하십니다. 주인으로부터 한 달란트 받았던 사람이 한 달란트를 그대로 가져왔을 때 '악하고 게으른 종'이라고 꾸짖는다는 것입니다. 게으름은 게으르기만 한 것이 아니라 악한 것입니다. 스스로 일 아니하고는 책임을 주인에게 돌리는 것입니다. 주인은 굳은 사람이라 심지 않은 데서 거두고 헤치지 않은 데서 모으는 줄 알았기에 내가 땅에 묻어놓았다가 가져왔습니다, 주인의 것이니 받으세요—내가 일 아니한 책임을 주인에게 돌리고 있습니다. 그런고로 악한 것입니다.

　미국 초대대통령 조지 워싱턴은 기자가 "당신의 성공비결이 뭡니까?" 하고 물었을 때 이렇게 대답합니다. "글쎄요, 나라고 별다를 것이 없는데… 내가 남보다 공부를 더 많이 한 것도 아니고, 더 재주가 있는 것도 아니고. 혹, 굳이 말할 수 있다면 나는 매일 새벽 네 시에 일어났다는 것이랄까. 그 외에는 이렇다할 것이 없는 것같소"라고 말했습니다. 여러분, 잠 많이 자고 뭐가 되는 법은 없습니다. 성공한 사람은 하나같이 보통사람보다 세 시간은 먼저 일어납니다. 30분이 아닙니다. 3시간입니다. 게으름은 죄요 게으름은 악입니다. 게으름은 자기자신에 대하여 죄를 짓고 있는 것이고, 게으름은 하나님께서 내게 주신 은사에 대해서 죄를 짓고 있는 것입니다. 주신 시간, 주신 환경, 주신 여건에서 얼마나 많은 일을 할 수 있고 얼마나 최선을 다하고 얼마나 꽉차게 살아가느냐가 중요한 것입니다. 성공, 실패는 묻지 맙시다. 부지런하게 사는 사람은 잡념이 없습니다. 부지런하게 사는 사람은 후회가 없습니다. 부지런하게 살 때, 보십시오. 단순한 마음을 지킬 수 있고, 건강도 지킬 수 있고, 행복도 지킬 수 있고, 충만함도 지킬 수 있습니다. 의사의 말입니다. 우리가 앓고 있는 병의 75%는 게을러서 생긴 병이라는 것입니다. 지금 성인병이라는 것이 태반이 운동 안해서 생긴 것입니다. 게으른 사람에게 내리는 벌입니다. 생각을 해보십시오.

많은 복을 달라고 빕니다. 하나님께서는 이미 주셨습니다. 그러나 우리가 감당을 못하고 있습니다. 게을러빠져서입니다. 선진국사람들 참 부지런합니다. 우리, 아직 멀었습니다. 내가 미국에서 한번 친구들하고 같이 놀러가는데 "새벽 세 시 반에 떠나자" 해서 세 시 반에 만나 차를 타고 떠나보니 그 시간쯤이면 고속도로가 훤할 줄 알았는데 꽉 찼습디다. 이 사람들, 새벽부터 뛰는 것입니다. 우리는 보통, 죄송하지만 일곱 시에만 나가도 길이 훤합니다. 이래가지고 무슨 선진국 얘기를 합니까. 안될 일입니다.

사도 바울은 말씀합니다. 로마서 12장 11절입니다. "부지런하여 게으르지 말고 열심을 품고 주를 섬기라." △